Champollion est la première collection consacrée à l'Égypte ancienne : ouvrages d'histoire et d'archéologie, textes sacrés, biographies, romans, autant de livres – inédits ou devenus rares – qui portent à la connaissance des lecteurs les richesses culturelles et la tradition spirituelle d'une des plus grandes civilisations.

Déjà parus

Le Livre des morts des anciens Égyptiens, texte et vignettes du papyrus d'Ani
Le Papyrus de la pesée de l'âme
Le Grand Secret de la construction de la pyramide de Khéops, de Louis Albertelli
La Confrérie des bâtisseurs de Pharaon, de Morris Bierbrier
Égypte, voyage au cœur du sacré, de Nicole Brisson et Brigitte Ouellet
La Momie secrète du pharaon, de Danièle Calvo Platero
Le Fils d'Horus, de Danièle Calvo Platero
Toutankhamon, le pharon maudit, de Danièle Calvo Platero
Le Pharaon des sables, de Danièle Calvo Platero
Les Livres secrets de l'Égypte, de Jean Doresse
Le Roman de la momie, de Théophile Gautier
Message spirituel de l'Égypte ancienne, de Max Guilmot
Les Dieux de l'Égypte, d'Erik Hornung
La Grande Histoire de l'égyptologie, d'Erik Hornung
Pouvoir et Sagesse selon l'Égypte ancienne, de Christian Jacq
Champollion l'Égyptien, de Christian Jacq
Maître Hiram et le roi Salomon, de Christian Jacq
Histoire de la civilisation égyptienne, de Gustave Jéquier
Ramsès II, le pharaon triomphant, de K. A. Kitchen
Champollion, le rêve inachevé, d'Alain Lunel
Philae, le domaine d'Isis, de Madeleine Peters-Destract
*Les Vergers d'Osiris**, de Guy Rachet
Néfertiti, de Guy Rachet
*Le Prêtre d'Amon (Les Vergers d'Osiris***), de Guy Rachet
L'Égypte mystique et légendaire, de Guy Rachet
Khéops et la pyramide du Soleil (Le Roman des pyramides*), de Guy Rachet
Le Rêve de pierre de Khéops (Le Roman des pyramides**), de Guy Rachet
Khéphren et Didoufri (Le Roman des pyramides***), de Guy Rachet
La Jeunesse de Djoser (La Première Pyramide*), de Bernard Simonay
La Cité sacrée d'Imhotep (La Première Pyramide**), de Bernard Simonay
Le Manuscrit secret du Nil, de Guy Rachet et Soliman Khattab
Her-Bak « Pois Chiche », d'Isha Schwaller de Lubicz
Her-Bak « disciple », d'Isha Schwaller de Lubicz
Le Pharaon Tout Ank Amon, de G. Tabouis
Hatshepsout, la femme pharaon, de Joyce Tyldesley

Joyce Tyldesley

LES FEMMES DANS L'ANCIENNE ÉGYPTE

Les filles d'Isis

Traduit de l'anglais
par Isabelle Maillet

Champollion

ÉDITIONS DU
ROCHER
Jean-Paul Bertrand

DU MÊME AUTEUR
dans la même collection

Hatshepsout, la femme pharaon, 1997

Titre original : *Daughters of Isis*, Viking, Penguin Group

ISBN 2 268 02883 6

Pour Steven et Philippa Anne Snape

SOMMAIRE

REMERCIEMENTS

Je tiens à exprimer ma gratitude envers toutes les personnes qui ont rendu possible la rédaction de cet ouvrage : Paul Bahn, Eleo Gordon et Sheila Watson pour m'avoir prodigué conseils et encouragements ; Angela Thomas et l'équipe du musée Bolton, pour m'avoir fourni des tirages photographiques, ainsi que Ian Qualtrough et Suzanne Yee, du Liverpool University SES Photography Department, pour leur aide précieuse. Merci également au professeur Elizabeth Slater, de l'université de Liverpool, qui m'a permis de photographier certains des objets appartenant à la collection de l'université, et dont aucune illustration n'avait été publiée jusque-là. Surtout, merci à Steven Snapes, mon mari, qui a fait preuve d'une patience remarquable et n'a jamais douté que cet ouvrage commencé en 1986 serait un jour terminé.

De nombreux extraits de documents de l'époque sont insérés dans le texte afin de faire entendre la voix des Égyptiens. Le lecteur familiarisé avec les publications sur l'Égypte reconnaîtra sans peine le mérite qui revient à Miriam Lichtheim pour ses travaux de traduction, à l'origine de la plupart des citations incluses.

Par ailleurs, les dessins présents dans ce livre ont été reproduits par l'auteur à partir de publications existantes ; de plus amples détails concernant ces sources sont donnés dans la liste des dessins.

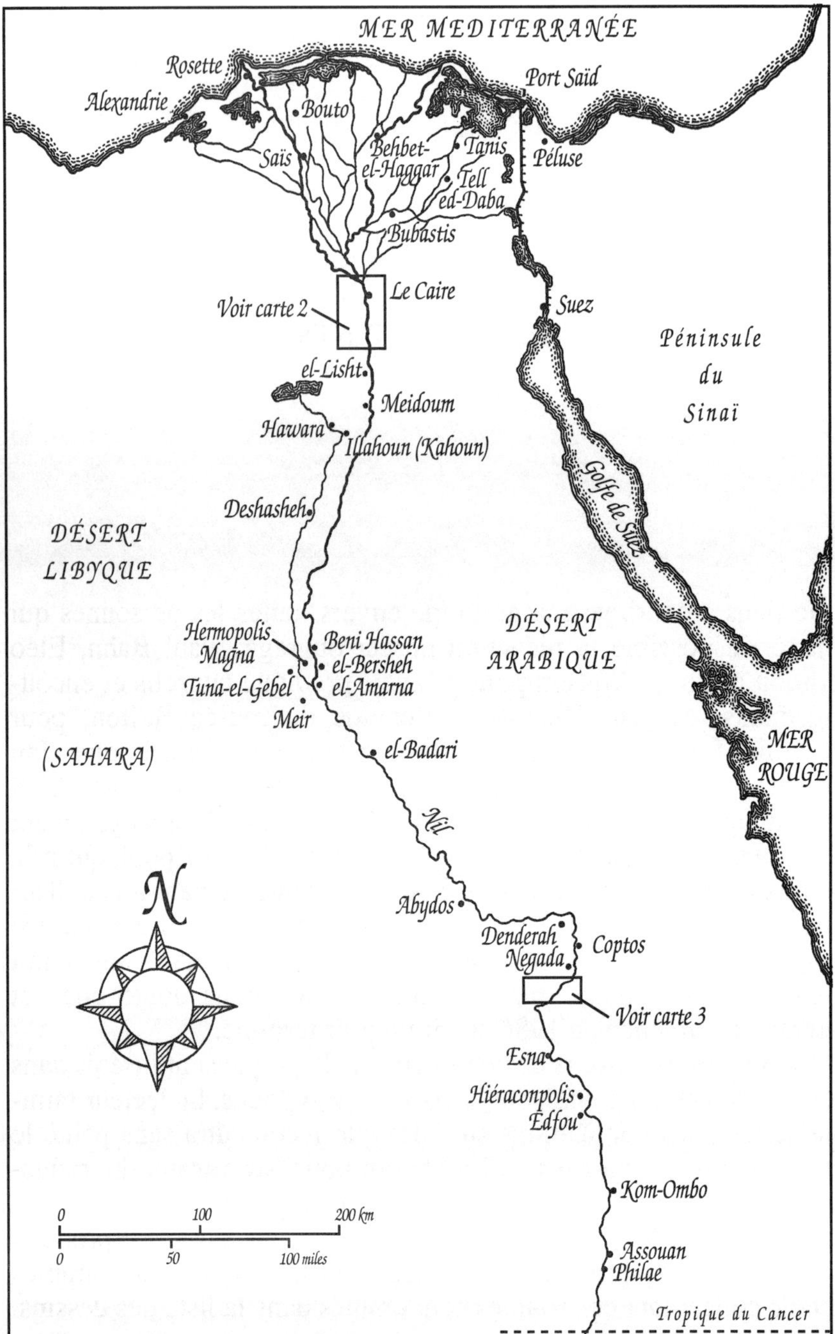
MER MEDITERRANÉE
Rosette
Alexandrie
Bouto
Saïs
Behbet-el-Haggar
Tanis
Tell ed-Daba
Port Saïd
Péluse
Bubastis
Le Caire
Voir carte 2
Suez
Péninsule du Sinaï
el-Lisht
Meidoum
Hawara
Illahoun (Kahoun)
Golfe de Suez
Deshasheh
DÉSERT LIBYQUE
DÉSERT ARABIQUE
Hermopolis Magna
Beni Hassan
el-Bersheh
Tuna-el-Gebel
el-Amarna
Meir
el-Badari
(SAHARA)
MER ROUGE
Nil
N
Abydos
Denderah
Coptos
Negada
Voir carte 3
Esna
Hiéraconpolis
Edfou
Kom-Ombo
0
100
200 km
0
50
100 miles
Assouan
Philae
Tropique du Cancer

Carte n° 1

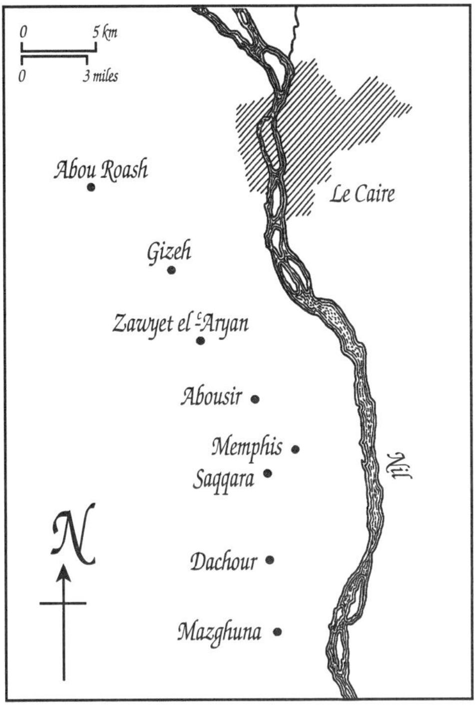

Carte n° 2

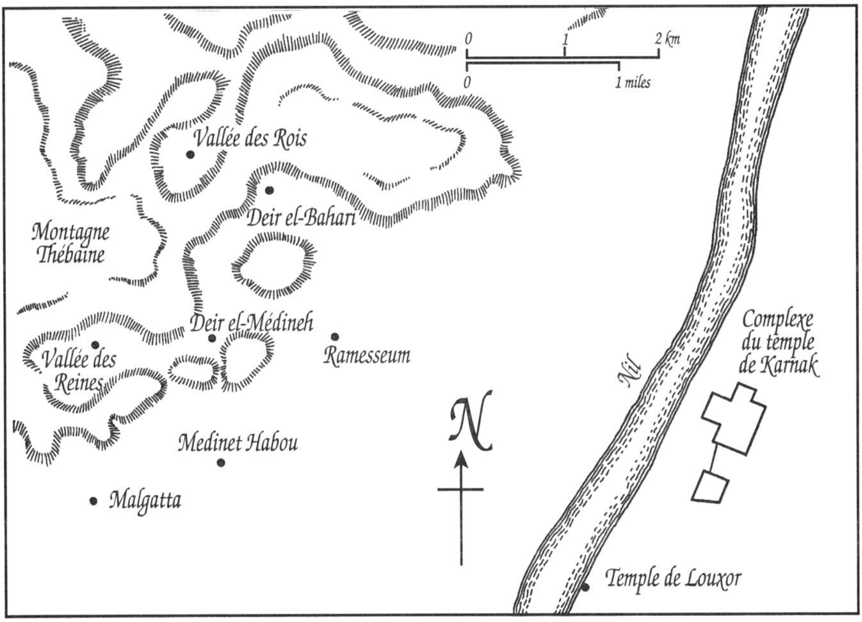

Carte n° 3

REPÈRES HISTORIQUES

Av. J.-C.	Chronologie égyptienne	Égypte	Proche-Orient	Europe
3000	Époque Archaïque	Unification de l'Égypte Reine Neïth-Hotep		
2500	Ancien Empire (Dynasties III-VI)	Pyramide à degrés de Djéser, à Saqqara Grandes pyramides à Gizeh	Sargon fonde l'empire akkadien	Alignements de pierre à Carnac, en France
	Première période intermédiaire (Dynasties VII-XI)		Ascension d'Our	Édification de Stonehenge, en Angleterre
2000	Moyen Empire (Dynasties XI-XIII)	Les rois de Thèbes réunifient l'Égypte Reine Sobek-Néférou	Hammourabi devient roi de Babylone	Période des palais en Crète minoenne
	Deuxième période intermédiaire (Dynasties XIV-XVII)	Les souverains Hyksos règnent sur l'Égypte du Nord		
1500	Nouvel Empire (Dynasties XVIII-XX)	Reine Hatshepsout Reine Néfertiti Toutankhamon Ramsès II		Destruction de la Crète minoenne Influence croissante de la civilisation mycénienne en mer Égée
1000	Troisième période intermédiaire (Dynasties XXI-XXV)	DÉBUT DE L'ÂGE DE FER Rois de Tanis Rois nubiens	EN MÉDITERRANÉE Salomon fait édifier un temple à Jérusalem Empire assyrien	ORIENTALE Fondation de l'empire de Rome
500	Basse Époque (Dynasties XXVI-XXXI)		Nabuchodonosor et l'empire babylonien	Bataille de Marathon Construction du Parthénon à Athènes
	Période ptolémaïque	ALEXANDRE L'Égypte est intégrée à l'empire romain	LE GRAND Empire des Parthes en Perse	

Introduction

CONTEXTE HISTORIQUE ET GÉOGRAPHIQUE

Non seulement le climat de l'Égypte est particulier à ce pays, et le comportement du Nil différent de celui de tous les autres fleuves, mais les Égyptiens eux-mêmes se distinguent par la plupart de leurs us et coutumes, absolument contraires aux usages en vigueur parmi le genre humain. Par exemple, les femmes font les marchés et s'occupent du commerce pendant que les hommes restent à la maison et se chargent du tissage sur des métiers... De même, les femmes portent des fardeaux sur leurs épaules alors que les hommes les portent sur leur tête... Ce ne sont pas les garçons qui ont pour obligation de subvenir aux besoins de leurs parents, sauf s'ils le décident, mais les filles, qu'elles le veuillent ou non.

Hérodote, à propos des aspects extraordinaires de l'Égypte

Lorsque, à la fin de la période dynastique, l'historien grec Hérodote se rendit en Égypte, il fut frappé par la nature extravagante à la fois du pays et de ses habitants. Aucun doute : l'Égypte était un pays bien singulier. Il y régnait un climat pour le moins inhabituel, le Nil ne se comportait comme aucun autre cours d'eau dans le monde antique, et les relations entre les sexes étaient tout simplement incroyables. Jusque-là, Hérodote n'avait jamais rencontré de femmes paraissant jouir d'une liberté égale à celle de leurs concitoyens, et il fut intrigué au plus haut point par leur attitude. Tout en sillonnant le pays, il consigna par écrit ses moindres observations, et saisit toutes les occasions de prendre part aux coutumes locales et de bavarder avec les habitants de la région. De retour en Grèce, il relata ses expériences dans un ouvrage qui tenait à la fois du guide de voyage et du livre d'Histoire : ce fut le premier document destiné à faire découvrir aux lecteurs européens le pays exotique et mystérieux des pharaons[1].

Hérodote avait raison de considérer la configuration de l'Égypte, étroite et tout en longueur, comme un facteur déterminant dans le développement de la population. Le Nil, qui coulait vers le nord et traversait une mince bande de terre cultivée pour se diviser en plusieurs bras dans le delta, dominait tous les aspects de la vie dynastique, et il serait absolument impossible de se faire une idée de la façon dont les anciens Égyptiens pensaient et agissaient sans comprendre d'abord le pays dans lequel ils vivaient. Comme Hérodote lui-même l'a fait remarquer dans une formule souvent reprise depuis : « L'Égypte est un don du Nil. »

L'Égypte est un État de l'Afrique nord-orientale limitrophe de la Palestine et du Proche-Orient. La première cataracte du Nil, au sud de la ville actuelle d'Assouan, est considérée comme la frontière méridionale traditionnelle du pays, bien qu'à l'époque de l'expansion impériale, elle se situât encore plus au sud, en Nubie. Par convention, on nomme cette région « Haute Égypte », alors que la région du nord incluant le delta du Nil est connue sous le nom de « Basse Égypte ». Celle-ci est délimitée par la Méditerranée. Durant la période dynastique, l'étroitesse de la partie fertile restreignit bel et bien l'expansion à l'est et à l'ouest du Nil, même s'il arrivait qu'au besoin, on exploitât les déserts pour leurs ressources minières. L'Égypte entretenait des relations économiques fluctuantes avec ses voisins proches – la Nubie au sud, la Syrie et la Palestine à l'est –, et par l'intermédiaire de ses contacts avec des contrées plus éloignées, telles la Mésopotamie, l'Anatolie et la Crète, la société absorba certaines influences méditerranéennes et proche-orientales. Cependant, grâce à la richesse de ses ressources naturelles et à son quasi-isolement sur le plan géographique, le pays demeura essentiellement indépendant et autonome au cours de sa longue histoire.

Les Égyptiens nommaient leur patrie « la Terre noire », en référence à cette bande de sol extrêmement fertile qui longeait les rives du Nil et dont l'importance était cruciale. Cette Terre noire, cultivée, se trouvait à son tour bordée par « la Terre rouge », une étendue de désert aride et de falaises ne servant qu'à la construction de cimetières et de tombeaux royaux. Le contraste entre la Terre noire, fertile, et la Terre rouge, stérile, a toujours été clairement marqué ; bon nombre de touristes ont d'ailleurs pu constater qu'il était réellement possible de poser un pied dans le sable du désert et l'autre dans des champs verdoyants. Ce rappel constant de l'opposition très nette entre la vie et la mort, la fertilité et la stérilité, a laissé une empreinte indélébile sur la pensée profane et religieuse ; le cycle permanent de la naissance, de la mort et de la renaissance est un thème décliné à l'infini dans tous les aspects de la vie en Égypte.

> *Acclamons tous le dieu Hâpî qui jaillit du sol pour arroser la terre !*
> *Toi dont les voies sont mystérieuses, obscures même en plein jour, et que célèbrent tes adorateurs,*
> *Tu inondes les champs que Rê a créés, et désaltères tous les assoiffés.*
>
> *Hymne à Hâpî, dieu des crues du Nil, Moyen Empire*

Le Nil permit aux premiers Égyptiens de s'établir dans une partie de l'Afrique du Nord caractérisée ailleurs par l'aridité ; il leur fournissait l'eau nécessaire pour vivre, faire la cuisine, la lessive ou encore évacuer les détritus. De plus, en l'absence de routes importantes et de véhicules équipés de roues, le fleuve constituait la principale voie d'accès aux différentes cités ; en outre, comme il coulait du sud au nord alors que le vent dominant soufflait du nord au sud, tout bateau pourvu de rames et d'une voile pouvait aisément en descendre ou en remonter le cours. Cependant, ce fut l'inondation ou crue annuelle du Nil qui eut l'influence la plus significative sur le développement de la civilisation égyptienne.

L'agriculture, pivot de l'économie, dépendait totalement de cette crue. Chaque année, de juillet à octobre, les fortes pluies estivales en Éthiopie provoquaient une montée spectaculaire du niveau des eaux, qui inondaient alors toute la partie basse de l'Égypte, irriguaient la terre, la nettoyaient et la recouvraient d'une épaisse couche de limon fertile riche en minéraux. À cette époque de l'année, une grande partie de la vallée du Nil se retrouvait immergée, et les villages, que l'on avait pris soin d'ériger sur des hauteurs et de protéger par des digues, devenaient de véritables petites îles reliées entre elles par des chemins surélevés. Lorsque les eaux se retiraient, fin octobre, elles laissaient dans leur sillage un sol épais, humide, idéal pour les cultures. Seuls les jardins privés et les champs les plus éloignés nécessitaient une irrigation artificielle. Les semailles de novembre donnaient presque invariablement des récoltes abondantes à la fin du printemps, et la terre avait ensuite tout le temps de sécher sous le chaud soleil égyptien, qui décimait en outre un grand nombre d'insectes nuisibles avant l'inondation suivante. Le niveau du Nil était toujours contrôlé avec soin à différents endroits de son cours : si une montée des eaux trop importante risquait d'endommager les villages, une série de crues insuffisantes pouvait à l'inverse se révéler dramatique à l'échelle nationale, provoquant des famines dans tout le pays. Ce fléau était susceptible d'entraîner des troubles parmi la population voire, au bout du compte, la chute des rois.

> *En hommage à son père Amon, Seigneur du Trône des Deux Terres, il fit ériger un temple magnifique à l'ouest de Thèbes. C'était un monument impérissable, conçu pour l'éternité. Les murs étaient en grès fin incrusté d'or, les dalles en argent pur et toutes les portes en or. Il était immense, splendide et construit pour résister au temps.*
>
> *Extrait de la stèle du roi Amenhotep III, Nouvel Empire*[2]

La géographie et le climat de la vallée du Nil influencèrent profondément les méthodes de construction de l'Égypte antique. En règle générale, on édifiait les temples et les tombeaux en pierre, et les palais et les maisons en modestes briques de boue séchée. À cause du temps chaud et sec, de l'abondante réserve de limon fournie par le Nil et du coût prohibitif d'un édifice en pierre, le choix de ce second matériau s'imposait presque de lui-même. Ainsi construite, l'habitation bénéficiait d'un système d'isolation naturel qui lui permettait de garder la chaleur l'hiver et la fraîcheur l'été, et présentait d'autres avantages encore : outre son prix de revient peu élevé, elle était facile d'entretien et pouvait servir à plusieurs générations. Malheureusement, cette utilisation contrastée de la pierre et de la boue a donné lieu à une interprétation incomplète ou déformée des témoignages archéologiques parvenus jusqu'à nous. Au fil des siècles, les structures domestiques en boue se sont peu à peu désagrégées, érodées puis écroulées pour ne plus former que d'énormes monticules de terre fertile qui, jusqu'à l'application relativement récente d'une législation protectrice, étaient utilisés par les paysans de la région, inconscients de leur valeur historique. C'est ainsi que bon nombre de sites séculaires furent attaqués à la bêche et répandus sur les champs avoisinants.

En revanche, les tombeaux plus résistants taillés dans la pierre, que leurs propriétaires nommaient « maisons de l'éternité », et les temples solides, « demeures des millions d'années », étaient conçus pour durer littéralement jusqu'à la fin des temps. Si la plupart des tombes ont été pillées et gravement endommagées, et les énormes blocs de nombreux temples annexés par les générations suivantes, ces structures nous sont néanmoins parvenues dans un bien meilleur état que les maisons et les palais. Par conséquent, elles ont bénéficié d'une plus grande attention de la part des égyptologues[3]. Mais ces différents degrés de dégradation des vestiges archéologiques ont eu un effet regrettable : par la force des choses, on a accordé une trop grande confiance aux informations recueillies dans les sépultures des citoyens de rang élevé ; bien que tout à fait recevable, ce genre de témoignage ne saurait s'appliquer à l'ensemble de la population. Par exemple, fonder une étude de la vie quotidienne sur les données recueillies dans le tombeau de Toutankhamon n'aurait absolument aucun sens.

Par chance, tout n'est pas aussi sombre sur le front de l'archéologie, et l'on a mis à jour certains sites domestiques importants et bien conservés, telles la ville pyramide de Kahoun et les cités ouvrières d'Amarna et de Deir el-Médineh. Il s'agissait en l'occurrence d'ensembles de logements conçus dans un but spécifique : abriter les communautés travaillant sur les chantiers royaux de grande ampleur[4]. Celles-ci incluaient non seulement les artisans et leurs contremaîtres, mais aussi leurs épouses, enfants, personnes à charge et animaux domestiques, ainsi que nombre de travailleurs rendant de multiples services aux foyers, comme les blanchisseurs, les sages-femmes ou les potiers. On ne saurait considérer ces cités comme des villages égyptiens typiques, car elles étaient construites dans des régions inhospitalières et arides, et occupées par des artisans plutôt que par des paysans, mais elles nous ont fourni un grand nombre de détails d'ordre privé sur les activités quotidiennes ordinaires de leurs occupants.

> *D'après les prêtres, Ménès fut le premier roi d'Égypte, et ce fut lui qui érigea la digue protégeant Memphis des inondations du Nil… En canalisant la rivière au niveau du coude qui se forme à*

une vingtaine de kilomètres au sud de Memphis, il assécha l'ancien lit et creusa un nouveau cours pour le fleuve...

Hérodote

Cet ouvrage couvrira une vaste période, qui s'étend de l'aube de l'âge dynastique, en 3000 av. J.-C. environ, à la conquête de l'Égypte par les forces grecques d'Alexandre le Grand en 332 av. J.-C. Autrement dit, une durée équivalente à celle de l'histoire européenne depuis le siècle précédant la création de Rome jusqu'à nos jours. Au cours de ces trois millénaires, le pays de la « Terre noire » voit se succéder trente et une dynasties royales, traverse des époques de conflits, d'anarchie et d'invasions, connaît l'essor puis le déclin d'un empire aussi vaste que puissant. Personne n'irait imaginer qu'une nation prospère et dynamique puisse stagner sur le plan culturel pendant plus de 2500 ans, et d'ailleurs, tous les aspects de la vie égyptienne ont subi des modifications subtiles. Pourtant, les institutions essentielles de la société sont restées étonnamment stables. Malgré l'évolution de certaines nuances de la pensée religieuse, les fluctuations de l'importance accordée aux divers cultes ou les changements dans les pratiques mortuaires, par exemple, la théologie n'a subi aucune altération de fond à travers les âges ; aujourd'hui comme hier, elle façonne l'existence des Égyptiens. Une stabilité semblable transparaît dans la vie quotidienne des gens ordinaires : si la paysanne de l'Ancien Empire portait des vêtements différents de ceux de sa descendante du Nouvel Empire, et si son mari participait plutôt à l'édification d'une pyramide qu'à la construction d'une tombe, leurs façons de vivre, traditions et convictions étaient sans doute très proches. C'est d'ailleurs la continuité des idées et croyances qui rend crédible une étude menée sur une période aussi longue.

On considère généralement que l'Égypte a été unifiée au début de la période dynastique par le roi guerrier Ménès qui, venu du sud avec ses troupes, triompha de l'ennemi avant de constituer un nouveau royaume dont il fut le premier souverain. Il semble néanmoins plus réaliste d'envisager un processus progressif et complexe, peut-être sous l'influence des communautés rurales implantées le long du Nil qui, à mesure qu'elles se développaient, prenaient conscience des avantages d'un rapprochement, voire d'une politique commune. Quoi qu'il en soit, l'Égypte devint un territoire trop vaste pour être gouverné par une seule entité administrative, d'où la nécessité de nommer certains gouverneurs ou princes locaux à la tête des provinces, qui conservèrent ainsi un certain degré d'indépendance.

À partir de l'unification, l'histoire égyptienne se divise en dynasties, ou périodes de durée variable définies par les différentes familles au pouvoir. L'usage veut que ces dynasties soient elles-mêmes regroupées en trois «Empires» et une «Basse Époque» ponctués par trois «Périodes intermédiaires». Cette classification n'a pas pour but de dérouter le profane. Les Égyptiens n'ont jamais disposé de l'équivalent de notre calendrier moderne; ils se contentaient de dater l'année en fonction de la longueur du règne de leur souverain. On a retrouvé par exemple dans le tombeau de Maya, remontant au Nouvel Empire, des jarres de vin portant la seule inscription «An 9». Personne n'avait jugé utile d'ajouter le nom du roi (Horemhed), puisqu'il n'y avait aucun doute sur son identité, à l'époque. Ce système d'une apparente simplicité exigeait néanmoins de tenir à jour la liste chronologique exhaustive de tous les dirigeants du pays afin de ne pas s'embrouiller. Heureusement pour nous, un grand nombre de ces listes ont survécu au temps, nous donnant ainsi la possibilité de situer avec une assez grande précision certains événements du passé.

À la fin de l'époque thinite (Ire et IIe dynasties), ou archaïque, marquée par l'unification et la consolidation du royaume, commence l'Ancien Empire (IIIe-VIe dynasties), une période de stricte domination féodale où le souverain, bénéficiant du statut d'héritier des dieux et de seul possesseur légitime des terres, avait tout à fait le droit de réquisitionner les surplus de production. En outre, c'était lui qui détenait le pouvoir de nomination aux postes clés; aussi trouve-t-on presque toujours un membre de la famille royale à la tête des institutions politiques et religieuses du moment. Rê, le dieu-soleil, devint bientôt la principale divinité de l'État et l'on vit se développer un clergé important dans l'ancienne Héliopolis, aujourd'hui une banlieue du Caire, alors que le roi siégeait à Memphis. Les gigantesques pyramides édifiées à cette période sont autant de symboles impressionnants de l'autorité de la monarchie, et donnent une idée de l'importance des ressources consacrées aux monuments censés rehausser le prestige du souverain. Personne ne sait au juste pour quelle raison l'Ancien Empire a sombré dans la discorde et l'anarchie, mais une succession de faibles crues du Nil, ayant provoqué mauvaises récoltes et famines, a dû contribuer à l'agitation parmi la population et à l'effondrement de l'autorité centralisée.

Le début du Moyen Empire (XIe-XIIIe dynasties) voit un retour progressif de l'ordre après une Première période intermédiaire troublée (VIIe-Xe dynasties). Le pays réunifié fut gouverné par des rois de grande envergure résidant à Itchtaouy, la nouvelle capitale située entre la province de Fayoum et la ville de Memphis ; ces souverains réduisirent de manière significative le pouvoir des monarques locaux en réorganisant le gouvernement provincial sous la XIIe dynastie. Celle-ci survécut à l'assassinat de son fondateur, Amenemhat I, et se caractérisa par une grande stabilité interne qui dura plus de deux siècles, favorisant l'essor de la littérature et des arts. Les pharaons se faisaient toujours construire des tombes colossales qui, sans égaler la splendeur de monuments tels que les pyramides de Gizeh ou le Sphinx, n'en étaient pas moins impressionnantes. À cette époque, la politique étrangère devint plus audacieuse, et les Égyptiens étendirent leur protectorat vers le sud tout en opérant un rapprochement avec leurs voisins à l'est.

Mais la forte immigration des peuples sémitiques dans le delta fertile du Nil se révéla un facteur de déstabilisation progressive. L'autorité centrale s'éroda peu à peu, et le pays se divisa en plusieurs enclaves géographiques distinctes et rivales : les Hyksôs et leurs vassaux égyptiens au nord, le royaume nubien de Kerma à l'extrême sud, et un petit groupe d'Égyptiens indépendants installés, comme au début du Moyen Empire, dans la ville de Thèbes. Les Hyksôs exercèrent le pouvoir pendant environ un siècle, introduisant en Égypte quelques nouveautés typiquement asiatiques telles que le cheval, le char et le métier à tisser vertical. Ils ne se retirèrent qu'après les défaites militaires infligées par Ahmosis, le belliqueux fondateur de la XVIIIe dynastie.

Le Nouvel Empire (XVIIIe-XXe dynasties) se remit rapidement de cette phase d'occupation étrangère brève mais infamante et entra bientôt dans l'une des ères les plus prospères de l'histoire égyptienne, marquée par la paix intérieure et les conquêtes extérieures. Les exigences militaires d'Ahmosis furent perpétuées par ses descendants, et l'empire connut une expansion géographique régulière. Gouverné de la capitale de Memphis, au nord, il s'étendit jusqu'au Soudan au sud, et à l'Euphrate au nord-est. Cette politique permit à l'Égypte de s'approprier des ressources naturelles précieuses et d'ouvrir des routes commerciales vers l'Afrique, l'Asie de l'ouest et la Grèce. Témoins de ces bonnes fortunes, la construction des somptueux temples de Karnak et de Louxor, ainsi que les œuvres d'art exquises dont l'extraordinaire trésor retrouvé dans le tombeau de Toutankhamon nous donne un aperçu. À cette époque, l'armée et l'administration connurent un développement sans précédent ; il fallait en effet de nombreux fonctionnaires pour entretenir les rouages de la vaste mécanique qu'était devenu l'État.

La prospérité de l'Égypte ne se démentit pas au cours des XVIIIe et XIXe dynasties, mais sous le règne de Ramsès III elle fut sérieusement affectée par les conflits avec les peuples de la mer, des hordes d'envahisseurs venus du sud de l'Europe et qui tentaient de s'implanter au Proche-Orient. Si l'Égypte réussit à bouter l'ennemi hors de ses frontières, elle sortit cependant très affaiblie de ces guerres. La XXe dynastie vit la chute de la partie asiatique de l'empire et le démantèlement des structures internes du pays.

Au cours de la Troisième période intermédiaire (XXIe-XXVe dynasties), l'Égypte se trouva divisée en plusieurs unités indépendantes, les deux plus importantes étant gouvernées par les Grands Prêtres d'Amon, à Thèbes, qui régnaient sur presque tout le sud du pays, et par les rois de la XXIe dynastie qui contrôlaient la Basse Égypte et notamment Tanis. À l'origine, ces deux pôles de gouvernement entretenaient des rapports relativement amicaux, et il existait un certain degré de coopération entre les capitales. L'éparpillement de l'autorité ne fit cependant qu'empirer, si bien qu'entre la XXIIe et la XXIVe dynastie, plusieurs chefs locaux issus de familles militaires d'origine libyenne se proclamèrent pharaons en même temps. Pour revenir à un pouvoir centralisé, il fallut attendre l'arrivée d'un roi nubien ; celui-ci, après avoir réunifié le pays, inaugura la XXVe dynastie, une période de relative stabilité qui dura près de 50 ans, mais à laquelle les armées assyriennes d'Assourbanipal mirent un terme, ravalant l'Égypte au rang de simple province de l'empire assyrien.

Les principaux collaborateurs égyptiens des Assyriens faisaient partie d'une riche famille de chefs locaux résidant à Saïs, une ville située à l'ouest du delta du Nil. Devenus puissants, ces souverains saïtes parvinrent à repousser les Assyriens et à unifier de nouveau l'Égypte au début de la Basse Époque (XXVIe-XXXIe dynasties).

Au cours de leur règne, ils tentèrent de raviver l'éclat de la culture égyptienne en renouant sur le plan artistique avec le style classique de l'Ancien Empire. Cette valorisation du caractère proprement égyptien de toutes choses semble avoir fait partie d'un calcul politique visant à souligner l'identité nationale d'un pays autrefois prédominant, mais qui jouait un rôle de plus en plus mineur sur la scène internationale. À ce stade de l'Histoire, le Proche-Orient tout entier traversait une période de grande instabilité, et les voisins de l'Égypte, fragilisés par d'incessants conflits intérieurs, représentaient des proies faciles. En 539 av. J.-C., l'armée perse de Cyrus II s'emparait de Babylone, et en 525 av. J.-C., le fils de Cyrus, Cambyse, entrait en Égypte et allait inaugurer la XXVIIe dynastie persane.

Les XXVIIIe et XXIXe dynasties furent ponctuées de conflits et de discordes témoignant sans doute de la résistance à la domination perse. Le pays fut à nouveau, et pour la dernière fois, gouverné par des souverains égyptiens au cours de la XXXe dynastie. Après Nectanébo II, il faudra attendre l'arrivée au pouvoir du président Nasser pour qu'un Égyptien de souche dirige le pays. Quant à Nectanébo II, il fut chassé vers la Nubie et relégué dans les limbes de l'Histoire par les envahisseurs venus d'Iran qui fondèrent la XXXIe dynastie. Leur brève domination s'acheva quand Alexandre le Grand conquit l'Égypte en 332 av. J.-C., agrandissant ainsi l'empire de Macédoine et permettant au général Ptolémée de devenir gouverneur, puis souverain des terres annexées. Cette date marque la fin de la période dynastique et le début de la domination gréco-romaine. Les descendants grecs de Ptolémée régnèrent sur l'Égypte jusqu'à la défaite de la célèbre reine Cléopâtre VII ; le territoire devint alors une province de l'empire romain.

> *N'épargne pas le travail à ton fils quand il peut le faire... Apprends-lui à écrire, labourer, attraper les oiseaux et poser des pièges au cas où la crue du Nil serait peu abondante, afin qu'il puisse retirer les fruits de ses leçons.*
>
> *Conseil des scribes de la Basse Époque*

Au cours de sa longue histoire, l'Égypte a maintenu une organisation sociale rigide de type pyramidal. Au sommet de la hiérarchie se trouvait le roi, ou pharaon, souverain semi-divin propriétaire du pays tout entier et chef du clergé, de l'armée et de l'administration. Bien en dessous figuraient les couches supérieures de la société, constituées par une élite qui devait son rang aux faveurs du souverain dont elle était en général parente. Ces quelques privilégiés participaient au gouvernement du pays en tant que prêtres, généraux ou fonctionnaires, et se voyaient attribuer d'importantes propriétés en récompense de leurs services. Plus bas sur l'échelle sociale venait la classe moyenne instruite qui, sachant lire et écrire, avait accès aux métiers de scribe et de comptable ; la partie inférieure de cette catégorie regroupait une population en majorité illettrée, dont les menuisiers, potiers, sculpteurs et autres artisans ou artistes. La base de la pyramide était constituée par les soldats, les serviteurs et surtout les paysans qui passaient leur vie à travailler des terres appartenant au roi, à des particuliers ou à des fondations religieuses. Les esclaves, peu nombreux pendant la période dynastique, ne formaient pas vraiment une « classe sociale ».

Ce schéma, évidemment simplifié à l'excès, ne rend pas compte des multiples variations qui ont pu exister. Néanmoins, il permet de saisir le caractère étrangement immuable de l'existence dans l'Égypte ancienne : on n'a jamais assisté à aucun changement notable entre les différentes classes, et il a toujours été difficile pour un citoyen ou une citoyenne d'accéder à un groupe social supérieur. Cette situation s'explique en partie par le système d'éducation : automatiquement, les pères prenaient leurs fils en apprentissage ou leur enseignaient les rudiments de leur profession. À vrai dire, la carrière d'un garçon était déjà tracée avant sa naissance. C'est ainsi que se sont développées des castes entières de médecins, blanchisseurs, coupeurs de roseaux ou fonctionnaires. Quant aux filles, leurs perspectives professionnelles étaient encore plus limitées, puisque l'on partait du principe qu'elles se marieraient et auraient des enfants. En l'absence des bienfaits de la médecine moderne, elles restaient soumises aux lois de la nature, une situation encore renforcée par le contexte culturel et par le manque de commodités domestiques, qui faisait de l'entretien du foyer un travail à plein temps. Aussi la plupart des femmes ne recevaient-elles ni instruction ni formation professionnelle.

Même si les Égyptiennes jouissaient d'une autonomie exceptionnelle, ce serait faire preuve de naïveté que de les considérer comme les devancières de la femme moderne, libérée et nourrissant des ambitions professionnelles. Tous les témoignages s'accordent à reconnaître qu'hommes et femmes menaient des existences radicalement différentes. Pour les Égyptiens, conservateurs dans l'âme, attachés au respect des traditions, chacun avait un rôle spécifique et prédéterminé à jouer dans le maintien de l'ordre naturel et de la stabilité. Cette idée qu'il n'existe qu'une seule manière correcte d'agir est au cœur des mentalités. Aussi, pour un peuple qui recherchait sans cesse à réaffirmer ses liens avec le passé et qui se sentait exceptionnellement proche de ses ancêtres, le caractère rigide de la structure sociale était-il perçu comme quelque chose de rassurant plus qu'étouffant. Personne ne songeait à contester la répartition inégale des biens et du pouvoir au sein de la communauté ou à remettre en question le droit successoral du pharaon à gouverner, car il s'agissait d'inégalités sociales fondées par la tradition et nécessaires pour maintenir le statu quo. Par conséquent, les jeunes filles de l'Égypte ancienne aspiraient à mener une existence pratiquement semblable à celle de leurs mères et grand-mères ; elles voyaient dans cette continuité la preuve que tout allait pour le mieux en Égypte, et donc dans le monde.

Chapitre I

PORTRAITS DE FEMMES

Où que tu ailles, méfie-toi du commerce des femmes.
Conseil d'un scribe de l'Ancien Empire

Les femmes de l'Égypte dynastique firent grande impression sur le reste du monde antique. En l'absence légale d'une tutelle masculine stricte, comparable à celle qu'imposaient aux épouses et à leurs filles des sociétés au caractère patriarcal plus marqué, ces heureuses créatures semblaient mener, aux yeux de leurs contemporains, une existence caractérisée par une indépendance enviable, parée d'un indéniable attrait romanesque. Dans un pays aux coutumes insolites, déroutantes, où le roi vivait comme un dieu, où les dieux s'incarnaient en animaux et où la population tout entière paraissait obsédée par la mort, c'étaient les femmes qui suscitaient la plus vive curiosité. L'exotisme de leur beauté, auquel venaient s'ajouter des rumeurs incroyables au sujet de mœurs dissolues et de filles légères, renforça leur pouvoir de fascination, en particulier sur les écrivains et les poètes grecs et romains. C'est d'ailleurs cette vision d'une féminité plutôt décadente que nombre d'auteurs ont perpétuée depuis Shakespeare, si bien qu'aujourd'hui encore, les noms de Néfertiti et de Cléopâtre évoquent la *femme fatale* par excellence.

Mais quelle part de vérité contient ce portrait d'une Égyptienne active, autonome et libérée sur le plan sexuel? Comment les hommes considéraient-ils leurs concitoyennes? Et comment les femmes se percevaient-elles ?[1] Il n'est pas toujours facile pour nous d'appréhender le système de croyances et d'influences culturelles caché derrière les actes du passé. Les vestiges archéologiques, inestimables lorsqu'il s'agit de cerner les aspects matériels d'une civilisation – sur lesquels se fonde cet ouvrage – donnent rarement une idée de la logique du monde antique. L'archéologie va révéler, par exemple, que les cuisines égyptiennes se situaient à l'arrière des maisons, et fournir une foule de détails factuels sur les divers fours et ustensiles utilisés. Pour autant, elle ne permet pas de déterminer qui se chargeait des préparations culinaires. S'agissait-il d'une tâche ingrate, méprisable ? Ou au contraire, la cuisinière (ou le cuisinier) jouissait-elle de l'estime générale eu égard à ses talents ?

Fig. 1.1 : Femme chargée de provisions

Grâce aux témoignages légués par les Égyptiens, il est cependant possible d'aborder la question sous deux angles différents mais complémentaires : à travers l'étude des arts de l'époque (peinture, sculpture et littérature), qui offrent une vision idéalisée de la femme conforme à l'image que les Égyptiens souhaitaient présenter d'eux-mêmes au reste du monde ; à un niveau plus réaliste, par le biais du système juridique qui, dans sa façon de traiter les citoyennes, fournit de précieuses indications sur l'influence dont elles jouissaient en pratique au sein de la communauté. En combinant ces deux approches, on se fait une meilleure idée de la place réservée aux femmes dans la société égyptienne.

Le fou qui regarde une femme est comme une mouche attirée par le sang.

Papyrus Insinger, *premier siècle apr. J.-C.*

Par l'intermédiaire de ses statues colossales, de ses fresques funéraires somptueuses et de ses bas-reliefs délicatement ciselés, l'art figuratif égyptien – auquel on doit en particulier certaines des représentations les plus durables des femmes dynastiques –, permet de mieux comprendre la société à travers l'image qu'il renvoie de ses membres. Cependant, dans la mesure où il n'obéissait pas aux mêmes normes de style et de fonction que son équivalent occidental contemporain, il est impossible de donner une interprétation correcte de la peinture ou de la statuaire égyptienne sans étudier au préalable les conventions qui régissaient le travail des artistes.

Dans l'Égypte ancienne, on ne connaissait pas le concept de « l'art pour l'art » ; toutes les œuvres répondaient à un but spécifique, chaque portrait ou statue avait une fonction précise et définie. Les considérations d'ordre esthétique ne constituaient jamais l'unique, voire le principal souci de l'artiste ou de son commanditaire. Dans cette perspective strictement utilitaire, peintres et sculpteurs apparaissaient plus comme des artisans que comme des artistes ; leur travail se limitait à des contextes particuliers, en général ceux des temples ou des tombeaux, et consistait à représenter des scènes typiques, aisément identifiables par tous, qui servaient bien sûr d'ornements, mais qui contribuaient avant tout à renforcer la dimension religieuse et/ou politique de l'édifice. Une illustration montrant le roi vainqueur de ses ennemis, gravée à bonne hauteur sur le mur d'un temple, servait à renforcer l'autorité de la monarchie en soulignant la puissance du souverain ; la peinture d'un défunt comblé par les délices de l'au-delà parait d'une aura magique le voyage de l'âme vers le Champ des Roseaux. À l'intérieur des demeures privées, les fresques étaient tout aussi impersonnelles. On ne trouve presque pas trace « d'instantanés » artistiques précis de la vie familiale, et la plupart des scènes domestiques parvenues jusqu'à nous comportent un message religieux ou magique assez direct.

Il ne faut donc pas s'étonner que cette importance accordée à l'aspect pratique eût étouffé tout élan novateur ou créateur, et favorisé le développement de conventions strictes ainsi que d'un répertoire de thèmes répétitifs répondant à l'amour des Égyptiens pour la tradition et la continuité. Si les styles ont connu des modifications sub-

Fig. 1.2 : La reine Mérèsankh lors d'une promenade dans les marécages avec sa mère, la reine Hétephérès

tiles au cours de la période dynastique, et si l'on ne trouve pas deux fresques funéraires parfaitement identiques, on s'aperçoit néanmoins que les mêmes tableaux conventionnels sont repris sans cesse avec seulement d'infimes variations.

C'est presque toujours en vertu de leur lien avec un homme en particulier, au titre d'épouse ou de fille, que les principaux personnages féminins de rang supérieur figurent dans ces scènes. Rares sont les femmes qui possèdent un tombeau, mais leur portrait orne généralement celui d'un mari, d'un père ou d'un fils. D'où cette vision stéréotypée d'une fonction de soutien passif auprès des hommes de la famille, symbolisée par une position secondaire dans la représentation des événements. Même si elles ont pris une part active à leur déroulement, exercé une grande influence sur leur cours, le défunt a forcément joué un rôle plus important encore.

Fig. 1.3 : Femmes combattant dans les rues

Comme pour renforcer cette impression, elles sont souvent dépeintes à une échelle plus petite que leur conjoint, et se tiennent la plupart du temps derrière lui. Jusqu'à quel point cette illustration formelle reflète-t-elle la réalité des relations entre les deux sexes? La réponse relève aujourd'hui de l'hypothèse. En tout cas, il semble évident que jusque dans la tombe, les maris égyptiens souhaitaient offrir l'image traditionnelle du maître de maison.

Les tombeaux des reines d'Égypte constituent l'exception à cette règle de la passivité féminine. Plusieurs de ces monuments funéraires contiennent des illustrations de femmes seules, sans leur époux, apparemment libres d'agir à leur guise. Par exemple, dans la tombe de la reine Mérèsankh («Elle-aime-la-vie»), IVe dynastie, une scène montre la souveraine cueillant des fleurs de lotus au cours d'une promenade en bateau avec sa mère[2]. Plus frappante encore, cette peinture trouvée sur le mur d'un tombeau datant de l'Ancien Empire, à De Shasheh, où l'on voit les habitantes d'un village asiatique assiégé défendre leur maison contre les archers égyptiens, avec pour seules armes des couteaux ou leurs mains nues. S'agit-il d'une façon de louer le courage de ces vaillantes guerrières (non égyptiennes)? D'une appréciation moins flatteuse sur leurs concitoyens? À ce jour, personne n'a tranché[3].

> *J'étais un artiste doué pour mon art, inégalé dans ma technique... Je savais comment rendre les mouvements d'un homme et le maintien d'une femme... À part moi et mon fils aîné, chair de ma chair, nul n'y parvient aussi bien.*
>
> *Inscription du sculpteur Irtisen*

Les personnages de premier plan figurant dans les fresques apparaissent la plupart du temps comme des modèles de perfection physique, vêtus de tenues blanches immaculées, parés de joyaux extraordinaires et rayonnants de santé. Les femmes en particulier, avec leur poitrine et leurs fesses bien rondes, sont toutes superbes. Chacune des lignes de leur corps idéalisé est présentée sous son meilleur jour, ou le plus caractéristique. Elles dégagent une impression de grâce nullement affectée par les attitudes assez peu naturelles, voire acrobatiques, que leur attribuaient les artistes pour les peindre selon les normes en vigueur: debout, la tête de profil, un œil et un sourcil de face, de même que le torse, les hanches de profil et les jambes légèrement écartées.

Pour un observateur moderne, habitué à des reproductions fidèles de la réalité et à l'utilisation désormais classique du raccourci des figures vues en perspective, cette stylisation sur deux dimensions relève d'une technique picturale artificielle, voire primitive, qui confère à l'art égyptien son caractère unique. Dans l'optique des Égyptiens, cependant, cette composition plus conventionnelle que réaliste constituait une précaution nécessaire ; selon une logique imparable, si on ne voyait pas une partie du corps, c'était forcément parce qu'elle n'existait pas. Il était donc crucial de faire un portrait complet des personnages principaux sur les parois des tombeaux, car si par malchance le corps du défunt devait défier l'art des embaumeurs et se décomposer après la mort, son esprit se réfugierait dans cette représentation. Inutile de préciser que la perspective de profiter des joies de l'au-delà avec un bras ou une jambe en moins ne tentait personne[4] !

Le « beau sexe », censé travailler à l'intérieur des demeures, loin des ardeurs du soleil, se distingue par une carnation plus claire que celle des hommes, en général ocre rouge. Cette convention ne reflétait absolument pas le mélange racial présent dans toutes les couches de la société, mais une nouvelle fois, on ne saurait en tenir rigueur aux artistes puisque leur art n'obéissait pas à un impératif de réalisme. À ce titre, la peau sombre de certaines femmes n'implique pas forcément une origine négro-africaine. Le noir, couleur du sol fertile, symbolisait la régénération ; on l'employait pour désigner les êtres prêts à renaître dans l'au-delà. De même, devant le portrait d'une dame peinte en vert, l'observateur comprenait qu'elle était morte, mais surtout dans l'attente de la résurrection, car cette teinte représentait en général la vie et non la putréfaction. Quoi qu'il en soit, soucieux d'offrir l'image la plus complète possible de leurs personnages décédés ou vivants, les peintres prenaient soin de colorer l'ensemble de la silhouette, sans l'ombrer.

À l'époque, la plupart des hommes de poids, c'est le cas de le dire, choisissaient d'entrer dans la postérité affublés de bourrelets de graisse stylisés autour d'une taille conséquente – procédé peu subtil pour souligner leur aisance financière. Seuls les Égyptiens les plus fortunés pouvaient en effet se permettre de consommer de grosses quantités de nourriture sans avoir à effectuer des tâches manuelles harassantes, propres à épuiser leurs réserves. La graisse devint synonyme de pouvoir, un message illustré par certaines scènes ornant les parois des tombeaux, où l'on voit des ouvriers et autres serviteurs squelettiques travailler pour des maîtres obèses. Dans quelques cas au moins, cette bedaine symbolique, conventionnellement attribuée aux classes supérieures, dut s'inspirer d'un modèle bien réel car les riches Égyptiens adoraient boire et manger. Les corps momifiés de plusieurs pharaons du Nouvel Empire, dont Thoutmosis II et Ramsès II, présentent d'ailleurs de larges replis de chair molle sur la région abdominale, révélateurs d'un problème de surpoids[5].

On voit en revanche très peu d'Égyptiennes grasses. Les diverses épouses, filles et sœurs d'un défunt sont toujours dotées d'une silhouette élancée mise en valeur par des vêtements moulants. À cet égard, la reine de Pount, obèse et sans doute stéatopyge, et sa fille également bien en chair ont dû intriguer, voire dérouter les artistes chargés de graver leur portrait sur les murs du temple de la reine Hatshepsout à Deir el-Bahari. Cette exception mise à part, la minceur féminine relève-t-elle de la simple convention artistique ? Faut-il l'interpréter comme le signe d'un pouvoir moins grand que celui attribué aux hommes ? La question reste posée. Quant à déduire de ces représentations que toutes les Égyptiennes possédaient une ligne irréprochable, ce serait une erreur.

Les femmes d'importance moindre incluses dans les fresques ne se conforment d'ailleurs pas à ces clichés de sveltesse et de passivité. Comme elles n'étaient présentes qu'à titre anecdotique pour la plupart et n'occupaient en général qu'une petite partie de l'illustration, les artistes se sont permis des libertés quant à leur apparence, écartant les poses guindées réservées au propriétaire de la tombe et à son épouse pour adopter un style plus réaliste et léger. Aussi découvre-t-on, à l'arrière-plan de certaines scènes conventionnelles, des Égyptiennes grosses, laides, vieilles ou mal habillées ; ce sont ces personnages « naturels » représentés en plein travail, au repos ou absorbés dans diverses tâches, qui nous offrent une vision vivante et beaucoup plus typique des aspects de la vie quotidienne durant la période dynastique : des jeunes filles nubiles dansent, jouent de leurs instruments et accomplissent d'impressionnantes girations pour divertir les maîtres de maison, des servantes sereines pilent d'innombrables boisseaux de blé pour faire du pain, et des paysannes âgées peinent dans les champs pour récolter le lin ou glaner quelques épis.

Au même titre que la peinture, la statuaire égyptienne servait d'abord des desseins pratiques. Les statues étaient d'office investies

Fig. 1.4: Statue de couple

de pouvoirs magiques ou religieux, et pouvaient représenter, voire remplacer les personnes réelles le cas échéant. En l'absence de toute notion de sculpture abstraite, «inutile», les artisans se limitaient à la représentation de dieux, de rois et d'individus riches, leurs œuvres ayant pour finalité ultime de se substituer à l'individu ou à la divinité dans le temple et la tombe.

Au cours de l'Ancien Empire, la plupart des statues privées étaient en effet destinées aux monuments funéraires où elles fournissaient un support matériel commode aux porteurs d'offrandes et, comme les portraits en deux dimensions, un refuge pour l'âme du défunt si jamais le corps pourrissait. Au Moyen Empire, la grande majorité des commandes exécutées par les sculpteurs fut exposée dans les cours des grands sanctuaires à la place du dévot absent, afin d'absorber et de transmettre ensuite les bienfaits retirés de la proximité d'avec le dieu. Cette tradition se poursuivit tout au long du Nouvel Empire, si bien que les principaux temples se dotèrent d'ateliers de travail de la pierre, épargnant ainsi au pèlerin le transport d'une statue. Il la commandait sur place, selon ses désirs et ses moyens – la gamme proposée allait de quelques centimètres à la taille réelle –, puis il y faisait ajouter son nom. Cet adorateur silencieux allait ensuite rejoindre les rangs de ses semblables en face du sanctuaire; lorsqu'ils devenaient trop nombreux, on les enterrait dans une large fosse à l'intérieur de l'enceinte sacrée du temple.

Pour s'offrir une statue conséquente en pierre dure, un Égyptien devait posséder une grande fortune ou jouir d'une influence importante. La statuaire mise à jour nous donne par conséquent des indications assez précises sur les couches les plus élevées de la société. La plupart de ces sculptures représentent des hommes aisés, seuls ou en groupe, auquel cas le coût de l'ensemble était réparti entre les différents clients. On a aussi retrouvé des portraits de famille avec des enfants, et des couples où l'on voit presque toujours l'épouse poser son bras sur l'épaule de son mari en un geste de soutien. Difficile de déterminer cependant s'il s'agit d'un signe de soumission ou de solidarité. Quant aux statues du roi et de la reine, elles montrent invariablement cette dernière plus petite, sans doute pour souligner l'importance respective de chaque conjoint, mais surtout la différence entre un dieu et un mortel. Les autres couples sont en effet sculptés plus ou moins à la même échelle, sauf lorsque l'épouse était de taille normale et son mari un nain, l'écart étant alors respecté. Dans toutes ces représentations, les personnages féminins portent des tenues conventionnelles qui permettent à l'artiste de marquer leur sexualité en accentuant le contour des seins. Les statues d'Égyptiennes seules, en groupe, ou occupant une place prédominante au sein d'une composition sont très rares, ce qui laisse supposer que les femmes n'investissaient pas dans ce genre d'œuvres, soit par choix, soit par nécessité économique, soit parce qu'elles n'en avaient pas l'occasion.

> *Celui qui commet une offense, quelle qu'elle soit, contre ma concubine, devient mon ennemi et moi le sien. Voyez! Elle est ma concubine, et tout le monde sait comment traiter la concubine*

d'un homme... Lequel d'entre vous saurait se montrer patient si l'on insultait sa femme devant lui ? Alors, pourquoi devrais-je me montrer patient ?

Lettre du prêtre Hékanakht

La missive ci-dessus fut écrite sous le Moyen Empire par le prêtre funéraire Hékanakht[6] à sa famille. Elle est révélatrice d'une querelle domestique comme il pourrait en exister aujourd'hui, et les sous-entendus menaçants à peine voilés contenus dans ce message furieux ont inspiré à Agatha Christie son roman *Death Comes as the End*, situé en pleine Égypte pharaonique[7].

Les Égyptiens cultivés étaient d'infatigables écrivains, et le climat désertique a favorisé la conservation de nombreuses inscriptions sur les monuments, les papyrus fragiles et les parchemins, supports de proclamations royales impersonnelles, de textes religieux officiels ou de courrier commercial plutôt ennuyeux, mais aussi de litiges entre particuliers, de poèmes d'amour romantiques et d'une correspondance familiale qui confèrent une certaine humanité à ces vestiges archéologiques qui en sont parfois dépourvus. Les Égyptiens utilisaient les ostraca par milliers (au singulier, ostracon : éclat de calcaire ou tesson de poterie) pour rédiger des messages sans importance qui auraient gâché du papyrus coûteux. En somme, c'étaient un peu les blocs-notes du passé. Ces vestiges relativement abondants nous donnent un aperçu de l'existence quotidienne des gens ordinaires et permettent de conclure, sans réelle surprise, que les rapports humains régissant le monde antique ne différaient guère de ceux d'aujourd'hui : il existait des familles aimantes, unies, mais comme le suggère la correspondance d'Hékanakht, il y avait aussi d'amères disputes. Les mauvaises langues se chargeaient déjà de faire circuler ragots et commérages ; quant aux prétendues dépravations d'autrui, elles ont toujours suscité un intérêt universel.

Tous ces témoignages écrits doivent cependant être abordés avec précaution, car ils représentent une sélection à la fois incomplète et aléatoire. Même si nous en avons retrouvé en abondance, ils sont encore plus nombreux à avoir été détruits, effaçant la trace de pans entiers de l'existence durant la période dynastique. De plus, ces textes soulèvent plusieurs problèmes d'interprétation. En dépit de notre capacité à traduire littéralement la plupart des termes employés par les Égyptiens, nous sommes issus d'un contexte culturel et social différent ; à l'instar d'un martien essayant de comprendre les commentaires des journalistes sportifs lors d'un match de football ou les paroles d'une chanson pop grâce à son seul dictionnaire, nous risquons de passer à côté de nuances subtiles et d'expressions idiomatiques que le lecteur originel devait décoder sans peine. C'est particulièrement vrai pour les chants d'amour et les mythes et légendes, car les Égyptiens avaient volontiers recours aux métaphores et autres expressions à double sens pour donner un tour plaisant à leurs œuvres. Leur habitude d'exagérer, voire d'inventer les hauts faits gravés dans la pierre ajoute encore à la difficulté ; les Égyptiens ne voyaient en effet aucune raison pour ne pas s'approprier les monuments, et même les actes de leurs illustres ancêtres.

Surtout, seul un pourcentage restreint de la population avait accès à l'éducation, en majorité les représentants masculins des classes moyennes ou supérieures. Aussi les documents retrouvés traitent-ils en général de questions intéressant une petite partie de la communauté ; rédigés par des hommes, ils étaient destinés à des hommes. Quant aux écrits attribués aux femmes – la poésie amoureuse composée du point de vue d'une jeune fille, par exemple –, la plupart émanaient en réalité d'auteurs masculins, qui interprétaient à leur guise les sentiments supposés du beau sexe. Comme la majorité des Égyptiennes ne savait ni lire ni écrire, nombre de leurs préoccupations sont purement et simplement exclues du domaine de l'écriture [8].

> *Le commandant Ahmosis, fils légitime d'Abana, prend la parole et dit : « C'est à vous tous que je m'adresse. Je veux vous parler des faveurs dont j'ai bénéficié. À sept reprises, j'ai été récompensé par de l'or au vu et au su de la population tout entière, et aussi par des esclaves hommes et femmes. L'on m'a également gratifié de nombreuses terres. Le nom de l'homme valeureux est attaché à ses actes ; il ne périra jamais dans son pays. »*
>
> *Extrait de l'autobiographie d'Ahmosis, fils d'Abana* [9], *Nouvel Empire*

Selon une tradition dont l'origine remonte à l'Ancien Empire, de nombreux Égyptiens instruits et de rang supérieur tenaient à jour le récit de leurs activités et accomplissements quotidiens. Cette longue « autobiographie » stylisée était ensuite gravée sur les murs de leur tombeau. Elle se compose de textes relatant en détail les épreuves affrontées par le défunt au cours de son existence et les victoires qu'il a remportées. Écrits dans un style hyperbolique qu'un lecteur moderne jugerait sans doute pompeux, ils fournissent néanmoins à l'étudiant en égyptologie une mine de renseignements sur la vie du sujet. Il n'en va malheureusement pas de même pour les femmes, qui figuraient à titre secondaire dans les monuments funéraires. Nous n'avons retrouvé aucune autobiographie féminine comparable à celles des hommes[10], et les épithètes feutrées qualifiant les défuntes – « Louée par le peuple » ou « Gardienne du cœur de l'orphelin » – sont à la fois vagues et trop générales pour être révélatrices.

> *Prescription destinée à soigner une femme que son vagin fait souffrir pendant la marche : Demande-lui « Quelle odeur sens-tu ? » Si elle répond « Je sens le grillé », alors tu sauras que ce sont des symptômes nemsu. Fais-lui des fumigations à base de tout ce qui lui rappelle l'odeur de grillé.*
>
> *Extrait du* Papyrus médical de Kahoun

Un seul type de document nous permet de découvrir la véritable Égyptienne sans le léger voile protégeant son intimité : les papyrus dits « médicaux »[11], un ensemble de traités dressant la liste de tous les symptômes connus et remèdes conseillés pour diagnostiquer et soigner maladies ou accidents. Ces textes, ajoutés aux vestiges retrouvés dans les tombeaux et aux restes de corps momifiés, nous donnent un aperçu fascinant de la vie quotidienne du médecin égyptien et de ses patients. Ils révèlent en particulier que l'Égyptienne était plutôt petite, avec une peau mate, des cheveux et des yeux noirs. Elle avait une espérance de vie d'environ quarante ans, à condition de ne pas succomber au cours de son enfance ou lors de ses fréquentes grossesses.

Les scènes idylliques sur les parois des tombes laisseraient supposer que les Égyptiens étaient un peuple robuste, sain et épargné par la maladie. Impression démentie par la découverte de témoignages médicaux qui décrivent une population à la merci de diverses maladies débilitantes ou mortelles, telles la lèpre, la varicelle, le spina-bifida et la poliomyélite. Même des affections plus bénignes en apparence, comme la diarrhée, la toux ou de simples coupures, pouvaient se révéler fatales, et la majorité des Égyptiens souffrait de rhumatismes articulaires et d'abcès dentaires. Le *Papyrus Edwin Smith*, datant de la XVIIIe dynastie, brosse un tableau particulièrement réaliste des dangers présentés par une société qui d'une part se trouvait souvent en état de guerre, et de l'autre négligeait les mesures de sécurité les plus élémentaires sur les chantiers de construction. Ce document, centré sur le traitement des blessures industrielles, inclut des exemples typiques: «Instructions à suivre en cas de blessure béante à la tête avec fracture du crâne», ou «Instructions à suivre en cas de blessure béante à la tête avec mise à nu de l'os et fracture du crâne laissant apparaître le cerveau». On ne s'étonnera pas que ce cas ait été classé dans la catégorie: «Ne pas traiter.»

Le verso du *Papyrus Edwin Smith* fournit des renseignements plus appropriés à une recherche sur les femmes. Un scribe ou un médecin égyptien s'est en effet servi du dos de ces documents pour inscrire divers textes et remèdes magiques concernant certains maux. Entre autres choses, on y apprend comment soigner «les troubles féminins», «le teint» ou encore «l'anus et la région voisine». Ces prescriptions, qui mêlent allégrement conseils pratiques, connaissances scientifiques et rituels superstitieux, révèlent combien la frontière entre la médecine de l'Antiquité et la magie était ténue. Les praticiens égyptiens ne firent jamais de différence entre l'efficacité d'un traitement rationnel scientifique et les effets des amulettes ou autres remèdes surnaturels, ni entre les véritables maladies et des problèmes tels que la persistance des pellicules ou des rides faciales qui nous semblent aujourd'hui plutôt du ressort de l'esthétique. Dans leur optique, les gens naissaient tous en bonne santé; affections et infirmités, si elles n'étaient pas provoquées par un accident, résultaient forcément de la présence d'un ver parasite ou d'un esprit malin ayant pris possession du corps. Il paraissait donc logique d'appliquer des mesures concrètes pour soulager les symptômes physiques, mais aussi de faire appel aux sortilèges afin de chasser le démon et guérir la maladie.

Le *Papyrus Ebers*, qui remonte également à la XVIIIe dynastie, est peut-être le document médical le plus avancé sur le plan scientifique. Son contenu est moins spécifique que celui du *Papyrus Edwin Smith*, et présente le même assortiment de recettes magiques et de conseils pratiques pour soigner les maux les plus courants, les maladies internes et des affections largement répandues telles que la calvitie et la mauvaise haleine. La section relative aux hommes, très courte, traite de quatre maladies (les démangeaisons, le priapisme, l'impuissance et la blennorragie). La partie consacrée aux questions féminines, beaucoup plus longue, s'intéresse surtout à la contraception et à la maternité : grossesse, allaitement au sein, soins du nourrisson. Aussi étonnant que cela puisse paraître, dans un pays où les rites funéraires favorisaient la dissection du défunt, la connaissance du fonctionnement interne du corps féminin était assez limitée. La gynécologie ne constituait pas un domaine d'études spécifique, et l'on a relevé d'étranges hypothèses sur la fonction de certains organes de la femme. Par exemple, bien que la position du col de l'utérus fût connue, on ne trouve aucune mention des ovaires ; de plus, l'utérus était censé posséder une mobilité totale et flotter librement à l'intérieur du corps. De l'avis général, cette situation causait de grandes douleurs chez la patiente ; on avait donc recours à différents moyens pour ramener l'organe baladeur jusqu'au bassin, dont les fumigations à base d'excréments humains séchés.

> *Prescription à suivre pour remettre en place l'utérus d'une femme : mélanger le bitume prélevé sur la coque d'un bateau avec un peu de bière d'excellente qualité, et faire avaler ce breuvage à la patiente.*
>
> *Extrait du* Papyrus Ebers

Selon une autre de ces croyances erronées, il y avait chez la femme un passage reliant l'utérus au reste de son corps, une idée que l'on retrouvera plus tard dans la médecine grecque. De nombreux tests de fertilité avaient donc pour objet de localiser tout obstacle éventuel susceptible d'empêcher la conception en obstruant ce couloir. Le *Papyrus de Kahoun* conseillait de faire asseoir la patiente sur un mélange de farine de dattes et de bière ; une femme fertile devait vomir après ce traitement, et le nombre de haut-le-cœur donner une indication précise sur le nombre de grossesses à venir. Une prescription semblable est recommandée par le *Papyrus de Berlin*. Dans le même ordre d'idée, un test utilisé plus tard par Hippocrate consistait à insérer dans le vagin un tampon imprégné d'ail ou d'oignon qu'on laissait en place une nuit ; si, au matin, on détectait des relents d'ail dans l'haleine de la patiente, la preuve de sa fertilité était faite. De temps à autre, il arrivait tout de même que certains praticiens parviennent à déterminer la cause exacte de la stérilité féminine : quand le roi des Hittites s'adressa à son allié Ramsès II pour le prier de lui recommander un médecin égyptien capable d'aider sa sœur à concevoir, le pharaon répondit en soulignant, avec plus de lucidité que de tact, que la dame en question étant âgée d'à peu près soixante ans, les chances de succès étaient minces... !

> *Puis le paysan dit à sa femme : « Écoute, je dois aller en Égypte chercher de quoi nourrir mes enfants. Tu trouveras dans la grange les restes de la récolte d'orge de l'année dernière ; mesure-les pour moi. » Son épouse mesura douze boisseaux d'orge. Il lui dit alors : « Garde neuf boisseaux pour tes enfants et toi. Avec les trois autres, tu feras du pain et de la bière dont je me nourrirai pendant mon voyage. »*
>
> Histoire du paysan éloquent, *Moyen Empire*

La fiction égyptienne se développa relativement tard, et gagna en subtilité à mesure que les épopées populaires sous l'Ancien Empire évoluaient vers le genre allégorique, plus complexe et fascinant. Durant toute la période dynastique, cependant, les femmes ne figurèrent dans ces histoires qu'à titre secondaire. Épouses, mères ou filles des héros, elles leur fournissaient provisions et vêtements mais ne les accompagnaient jamais dans leurs aventures, apparemment satisfaites de leur seul rôle de maîtresses de maison. À la lecture de ces intrigues dominées par des personnages masculins, au contenu propre à séduire un lectorat viril, on ne peut s'empêcher de penser que les œuvres de fiction dont nous avons connaissance aujourd'hui étaient avant tout conçues par des hommes pour des hommes. Il est possible que les récits circulant parmi les femmes n'aient jamais été transcrits ; cela expliquerait en particulier la rareté des textes sentimentaux et l'absence totale de détails domestiques dans les autres. L'accent mis sur la loyauté des épouses ou parentes, par ailleurs passives et plutôt insignifiantes, confirme l'impression donnée par les peintures et sculptures de l'époque, à savoir qu'hommes et femmes menaient des existences différentes avec des devoirs distincts mais complémentaires.

À la fin de la période dynastique, alors que l'Égypte s'ouvrait aux influences étrangères, cette tradition consistant à décrire des femmes vertueuses mais considérées comme quantité négligeable connut un brusque coup d'arrêt, quand les scribes adoptèrent une attitude plus réaliste en leur attribuant des traits de caractère positifs et négatifs [12]. De fait, le négatif l'emporta assez rapidement. Témoins de ce revirement, les contes et instructions des scribes utilisés comme textes de référence dans toutes les écoles égyptiennes ;

à cet égard, les propos du scribe Ankhshéshonq, datant de la Basse Époque, semblent révélateurs d'un certain désenchantement dans le domaine conjugal :

> *Montrez vos richesses à votre femme mais ne les lui confiez pas... N'ouvrez pas votre cœur à votre femme, car ce que vous lui direz en privé sera répété dans la rue... Si une femme ne désire pas les biens de son mari, c'est qu'elle est amoureuse d'un autre.*

Ankhshéshonq avait cependant une attitude ambivalente envers le beau sexe, car dans le même texte, il exprime son admiration pour la femme vertueuse de noble caractère, qui est « comme la nourriture en temps de famine ». La comparaison sous-entend-elle qu'une telle personne se faisait rare ? Ou ses remarques perfides sur la gent féminine sont-elles destinées à faire sourire, telles ces plaisanteries désobligeantes sur les « belles-mères » si chères encore au cœur de certains comiques ?

Plusieurs femmes de fiction furent présentées sous un jour particulièrement défavorables. Le *Conte des deux frères*, sous la XIXe dynastie, relate la querelle qui éclata entre les frères Bata et Anubis quand l'épouse de celui-ci voulut séduire son beau-frère ; voyant ses avances rejetées, elle l'accusa de tentative de viol :

> *Alors la femme de son frère aîné prit peur. Elle s'enduisit d'un mélange de graisse et de terre pour faire croire qu'on l'avait frappée, et pouvoir dire à son mari : « C'est ton jeune frère qui m'a battue. » Ce soir-là, selon son habitude, l'époux rentra dans sa demeure. Quand il franchit le seuil, il trouva sa femme alitée, et apparemment mal en point. Elle ne lui versa pas d'eau sur les mains, comme à l'accoutumée, et n'alluma pas de lumière pour lui. La maison était plongée dans les ténèbres, et son épouse vomissait...*

Anubis, qui avait une confiance aveugle en sa chère moitié, se prépara sur-le-champ à tuer son cadet ; celui-ci, averti à temps par une vache douée de parole, quitta la maison familiale pour mener une existence pleine de dangers, de rebondissements et d'aventures. Malheureusement, Bata se révéla tout aussi mauvais juge des femmes que son aîné et fut à son tour trahi par une épouse infidèle.

Dans le récit intitulé *Vérité et Mensonge*, remontant au Nouvel Empire, le personnage naïf de Vérité, déjà trahi et aveuglé par les belles paroles de son frère Mensonge, fut séduit par une noble dame dont la grande beauté cachait un cœur égoïste. Elle conçut un fils, mais relégua son ancien amant au rang de portier de sa maison. Vérité dut attendre que l'enfant soit en âge de s'interroger sur ses origines pour retrouver une place décente dans la famille.

Quand je te vois, mes yeux brillent et j'aspire à te regarder, toi qui gouvernes mon cœur et que je chéris entre tous les hommes. Oh, si seulement ce moment merveilleux pouvait durer toujours ! Depuis cette nuit passée avec toi, le bonheur emplit mon cœur. Ne me quitte jamais !

Chant d'amour du Nouvel Empire

Chants d'amour lyriques et poèmes romantiques abondèrent tout au long de la période dynastique. Ces vers semi-érotiques, mélange d'allusions voilées et de références explicites à l'acte d'amour, permettaient aux jeunes Égyptiennes d'exprimer leur sexualité à travers l'affirmation d'un désir semblable à celui des hommes. Certes, rien ne prouve que ces textes n'ont pas été composés par des auteurs masculins nostalgiques d'un paradis perdu, peuplé de créatures à la sensualité débridée, dont le portrait enchanteur tient plus du rêve que de la réalité. Ils révèlent cependant la permissivité exceptionnelle de la société égyptienne envers les relations entretenues par deux personnes consentantes et célibataires, ainsi que le droit des femmes à manifester leurs sentiments d'amour et de désir.

Éloigne ta femme du pouvoir, impose-lui ta domination... Ainsi, tu la garderas à la maison.

Conseil des scribes de l'Ancien Empire aux jeunes hommes

Si le rôle de la femme dans l'art et la littérature de la période dynastique apparaît dans une large mesure stéréotypé, c'est sans doute parce qu'il est perçu à travers le regard des hommes. Peintures et sculptures présentent des portraits d'épouses, de mères ou de filles irréprochables, dont la vertu se double dans les récits d'une grande loyauté envers un conjoint à l'esprit aventureux. Leur passivité n'a d'égale que leur soumission. De leurs pensées, de leur jardin secret, nous ne savons presque rien. Ces témoignages, qui nous donnent un aperçu de la hiérarchie familiale – le mari se considérait de toute évidence comme le chef, et les hommes ignoraient tout ou presque des tâches routinières incombant à leurs compagnes – présentent une valeur incontestable ; néanmoins, la véritable Égyptienne reste retranchée derrière une foule de conventions et de traditions. Pour la cerner d'un peu plus près, et ainsi contrebalancer l'idéalisation excessive de ses représentations, il faut s'interroger sur le traitement qu'on lui réservait au sein de la société.

Malheureusement, aucun texte de loi datant de cette période n'est parvenu jusqu'à nous, mais les nombreux comptes rendus d'audience et l'abondante correspondance juridique dont nous disposons montrent bien que, en théorie du moins, hommes et femmes étaient égaux aux yeux de la loi. L'Égyptienne, mariée ou célibataire, avait par conséquent le droit d'hériter, d'acheter et de vendre des biens ou des esclaves comme elle l'entendait. En outre, elle pouvait établir un contrat légal valide, emprunter ou prêter ses possessions, voire porter une affaire devant un tribunal. Plus important peut-être, elle avait la possibilité de vivre seule, sans la protection d'un gardien. Il s'agissait là d'une situation sans précédent à une époque où les femmes des principales civilisations se voyaient reléguées à un statut subalterne et traitées, au même titre que les enfants et les malades mentaux, comme des êtres naturellement inférieurs aux hommes. Les lois écrites que l'on trouve en Mésopotamie à la même période, et celles plus tardives de la Grèce et de Rome proclamaient toutes le principe de la supériorité masculine, si bien que la réglementation du comportement féminin par une autorité mâle semblait inscrite dans le déroulement de la vie quotidienne normale au sein du monde antique [13].

En Mésopotamie, le *Code d'Hammourabi* qui, en 1750 avant J.-C., réunit pour la première fois l'ensemble des lois babyloniennes, incluait diverses clauses relatives aux femmes et à la conduite appropriée de chaque conjoint dans un couple. Il insistait en particulier sur l'autorité du chef de famille, littéralement propriétaire de son épouse et de leurs enfants. Les femmes avaient beau jouir de certains droits économiques et juridiques importants, dont le droit à la propriété et le droit à un contrat de mariage ayant valeur d'engagement, ceux-ci restaient limités. Elles avaient en particulier beaucoup de mal à obtenir le divorce, et ne disposaient pas librement de leur dot, transmise à leurs fils après leur mort [14].

Lois et coutumes grecques se distinguaient par leur caractère répressif envers les femmes, les condamnant à une protection constante, étouffante[15]. Les citoyennes de la Grèce antique, exclues de toute vie publique, n'avaient que peu de droits, à moins d'agir avec le consentement de leur *kurieia* ou tuteur légal. Résultat, de nombreuses dames de la haute société menaient une existence frustrante, confinées dans leurs appartements où elles passaient de longues journées à tisser ou à surveiller les tâches domestiques. Il n'y avait bien qu'à Sparte où l'on encourageait les jeunes filles à faire de l'exercice et à ne pas passer trop de temps sur leurs métiers; cette attitude libérale était d'ailleurs jugée outrageusement laxiste par la cité ultra-conservatrice d'Athènes. D'après la loi athénienne, épouses et filles appartenaient à leur père ou au mari qu'on leur avait choisi. Seul ce dernier assurait le contrôle de leur dot, et elles n'avaient ni le droit d'hériter ni celui de contracter des engagements. Quant à leurs enfants, ils devenaient la propriété du père et de sa famille.

On attendait de la gent féminine romaine qu'elle fasse preuve d'une retenue similaire, même si on lui accordait une gamme d'activités sociales plus étendue. La matrone pouvait se rendre dans les boutiques et les temples, servir les intérêts professionnels de son époux – jusqu'à un certain point – ou tout simplement dîner en présence d'hôtes masculins. De fait, plusieurs visiteurs grecs de passage à Rome reçurent un choc en assistant pour la première fois à des banquets où l'on avait convié les femmes de la maison. En dépit de ces quelques libertés supplémentaires, la citoyenne romaine restait sous la tutelle de son père jusqu'au mariage. S'il décidait de céder ses pouvoirs à son gendre, la mariée se retrouvait prise en charge par son mari; s'il s'abstenait, c'était à lui qu'incombait le devoir de subvenir aux besoins de sa fille, toujours considérée comme personne à charge. Dans tous les cas, l'épousée avait besoin du consentement de son tuteur pour toute question d'ordre légal, et elle n'avait aucun droit sur ses enfants.

Comment les Égyptiennes, qui jouissaient d'un degré d'autonomie rare, parvinrent-elles à établir et à conserver leur statut d'égalité? Personne n'a encore apporté de réponse satisfaisante à cette question. Les premiers égyptologues, influencés à l'excès par les travaux avant-gardistes de Frazer[16], pensaient qu'il fallait voir dans cette liberté accordée aux femmes la preuve flagrante de l'origine matriarcale du modèle de gouvernement[17]. Cette théorie est fausse, on le sait aujourd'hui, et mieux vaut sans doute chercher un éclaircissement du côté des aspects les plus caractéristiques de la culture égyptienne. La domination imposée aux femmes dans d'autres civi-

Fig. 1.5 : Stèle de Méry-Sékhmèt enfant dans les bras de sa mère

lisations visait apparemment à les priver de la liberté sexuelle accordée aux hommes, ceci afin de prévenir les naissances indésirables. Mais ces mesures destinées à protéger la pureté de l'élite dirigeante et à limiter la dispersion des biens de famille n'avaient aucune raison d'être en Égypte, compte tenu de la position unique d'un dieu-souverain et de l'absence d'une classe « citoyenne » strictement définie. Le caractère rigide du système de classes égyptien, allié au principe des unions arrangées, réduisait le risque d'éparpillement des patrimoines lors des mariages ; en outre, la remarquable fertilité de la vallée du Nil rendait presque inexistante la rivalité pour l'accès aux ressources, courante dans des sociétés moins favorisées par le sort. Enfin, l'importance accordée à la lignée maternelle autant que paternelle, caractéristique de plusieurs cultures africaines, a dû contribuer au renforcement des droits de la femme. Les Égyptiens tiraient une fierté certaine de leur ascendance maternelle, comme le prouvent les hommages rendus aux mères dans les tombeaux de leurs fils.

Leur statut d'égalité donnait aux Égyptiennes un plein accès au système juridique. Elles avaient la possibilité de faire citer leurs semblables devant la cour, d'apporter des preuves recevables, mais devaient aussi répondre publiquement de leurs crimes. La justice se fondait sur l'arbitrage d'une autorité supérieure. Tout autant que les riches, les pauvres avaient le droit de porter plainte, et le juge était censé traiter chaque litige avec objectivité. Les affaires importantes passaient devant un tribunal spécialement réuni pour la circonstance ou un jury composé de citoyens ; le vizir, chef de la justice, jugeait les cas les plus sérieux ou les plus complexes. En dépit des problèmes fréquents de corruption et de l'influence excessive exercée sur les tribunaux par certaines familles, la justice restait en théorie ouverte à tous les Égyptiens sans considération de sexe ou de classe. Des ostraca retrouvés à Deir el-Médineh semblent cependant indiquer que les femmes intentaient plus rarement des actions que les hommes, ce qui reflète leur participation moins active à la vie publique. Lorsqu'elles comparaissaient devant un tribunal, c'était surtout en position d'accusées, et bon nombre de documents font état de procès pour dettes, vol, voire négligence dans les soins apportés à un parent malade.

Le cas de Mès, une longue dispute juridique mêlant faux témoignages et archives fabriquées de toutes pièces, constitue une preuve flagrante de la capacité de l'Égyptienne à hériter d'un bien foncier, à l'administrer et à défendre ses intérêts. Mès, chargé de veiller sur le trésor de Ptah, à Memphis, relata fièrement toute l'affaire sur les murs de sa tombe, à Saqqara[18]. Il raconte comment son ancêtre, un certain capitaine Neshi, reçut une petite propriété qui, transmise de génération en génération, resta dans la famille pendant plus de deux cents ans, sous l'autorité d'un administrateur agissant au nom des héritiers en titre. Pendant le règne du roi Horemheb, un certain Khay fut chargé d'occuper cette fonction, ce que contesta la dame Ournérou, la grand-mère de Mès ; au terme du procès, le tribunal la nomma administratrice des terres qu'elle possédait avec ses cinq frères et sœurs. Malheureusement, Takharou, l'une des sœurs d'Ournérou, s'opposa à l'application de cette mesure et il fut décidé que la propriété serait divisée en six parts égales à répartir entre les héritiers. Le père de Mès, Houy, et sa grand-mère, Ournérou, firent tous deux appel contre ce jugement, mais Houy mourut avant la solution de l'affaire, et la mère de Mès, Nubnofret, se vit dépossédée de son héritage par Khay. Elle eut beau porter plainte, il lui fut impossible de prouver son bon droit, car Khay avait falsifié des documents ; il s'appropria donc la part revenant à Mès. Une fois en âge de plaider sa cause, celui-ci obtint finalement réparation auprès de la Cour suprême, après avoir produit des témoignages sous serment.

> *Je suis une femme libre d'Égypte. J'ai élevé huit enfants, et leur ai fourni tout ce dont ils avaient besoin pour s'établir dans la vie. Mais voyez, maintenant que je suis devenue vieille, ils ne s'occupent pas de moi à leur tour. Ceux qui m'ont soignée recevront donc mes biens. Je ne donnerai rien à ceux qui m'ont négligée.*
>
> *Testament de la dame Naunakhté*

Le droit de posséder une propriété constituait une concession légale importante, qui assurait la sécurité des femmes célibataires, veuves ou épouses délaissées et de leurs enfants à charge. Elles avaient également toute liberté de disposer de leurs biens, comme le montre le testament de la dame Naunakhté, durant la XXe dynastie. Naunakhté, mère de huit enfants, avait hérité des richesses de sa famille et de son mari, mais avec l'âge, sa dépendance vis-à-vis de ses descendants s'était accrue. Au moment de rédiger ses dernières volontés, elle affirma devant témoin vouloir répartir ses avoirs entre les cinq fils et filles qui continuaient à s'occuper d'elle, et déshériter ceux qui ignoraient sa détresse. Comme elle ne pouvait empêcher son époux de leur attribuer à sa guise une part de l'héritage commun et ses propres ressources, elle ajouta néanmoins que « mes huit enfants recevront chacun une part des possessions de leur père ». De toute évidence, les familles d'il y a trois mille ans n'étaient pas plus fiables qu'elles ne le sont aujourd'hui.

> *Acte de transfert établi par le prêtre Wah :*
> *J'établis cet acte de transfert en faveur de ma femme, Sheftou, fille de Sopdou, plus connue sous le nom de Teti, afin de lui léguer tout ce que mon frère m'a laissé. Libre à elle de transmettre ces biens aux enfants qu'elle portera de moi. Je lui donne les trois Asiatiques que mon frère m'a offerts, qu'elle pourra à son tour donner à ses enfants si elle le désire. Elle aura sa place dans mon tombeau, sans que personne ne puisse s'y opposer. De*

plus, ma femme vivra dans la maison que mon frère a bâtie pour moi, sans que personne ne puisse l'en chasser...

Testament, Moyen Empire

Les biens acquis par un couple marié devenaient légalement des ressources communes. Outre ses propres possessions, l'épouse pouvait donc en revendiquer une partie [19] pour la transmettre à ses héritiers au moment de sa mort ou en disposer en cas de divorce ; les deux tiers restants étaient partagés entre les enfants du mari puis entre ses frères et sœurs. Si l'homme décédait avant sa femme, celle-ci recevait automatiquement un pourcentage donné des richesses de son conjoint. On vit ainsi des citoyens utiliser leur connaissance du système légal pour transférer avant leur mort le gros des propriétés communes à leur partenaire, un peu comme aujourd'hui, certains renoncent prématurément à leurs biens afin d'éviter les droits de succession.

Il existait un moyen plus retors d'empêcher frères et sœurs de revendiquer une propriété matrimoniale : l'adoption de la femme par son époux. Un document fascinant du Moyen Empire relate tous les détails de l'adoption de Nanéfer par son époux Nebnéfer : « Mon mari a établi un document écrit par lequel il fait de moi son enfant, n'ayant ni fils ni fille à part moi [20]. » Cette déclaration devant témoins avait une valeur contractuelle. À la mort de Nebnéfer, Nanéfer hérita de ses biens au titre d'épouse et de fille. Dix-sept ans plus tard, elle-même apporta une modification à l'acte légal original. Son mari et elle avaient en effet acheté une jeune esclave devenue mère de deux filles et d'un garçon que Nanéfer s'était chargée d'émanciper, puis d'adopter. Son frère ayant manifesté le désir d'épouser l'une des filles de leur servante, Nanéfer l'adopta pour pouvoir lui léguer sa fortune. Ce cas extraordinaire souligne l'importance des droits accordés à la femme, en particulier celui d'hériter d'une propriété, de la transmettre à son gré, d'adopter un enfant et d'émanciper un esclave.

Malheureusement, à mesure que les lois, les coutumes et la langue helléniques gagnaient de l'influence, cette parité entre les sexes s'éroda. De nombreuses familles grecques s'implantèrent en Égypte, important leurs façons de vivre, en particulier la tradition du *kurieia* chargé de veiller sur les femmes qui vivaient recluses. Pour les Égyptiennes, il s'agissait de mœurs étranges mais sans doute préférables aux leurs, aussi s'empressèrent-elles d'imiter les nouvelles venues. Nous avons en effet retrouvé des documents confirmant que plusieurs citoyennes demandèrent la protection d'un gardien, peut-être dans l'espoir de paraître moins provinciales, plus proches d'un certain idéal de sophistication incarné par les Grecques. Quand la culture romaine s'intégra au mélange culturel gréco-égyptien, les femmes avaient déjà perdu bon nombre de leurs anciens droits et privilèges, et même si les coutumes locales leur accordaient une liberté plus grande que celle des femmes vivant à Rome, elles étaient bien moins émancipées que leurs ancêtres de la période dynastique.

Chapitre II

FÉLICITÉ CONJUGALE

Fonde un foyer et chéris ta femme dans ta maison ainsi qu'il sied. Donne-lui de la nourriture et des vêtements pour se protéger... Comble les désirs de son cœur aussi longtemps que tu vivras.

Texte de sagesse, *Ancien Empire*

Certains esprits cyniques, ou prosaïques, considèrent sans doute le mariage comme un simple contrat économique entre un homme et une femme, destiné à créer une cellule de travail efficace et à renforcer les alliances tout en assurant la protection des intérêts matériels et la légitimité des enfants. Dans cette optique, l'amour ne constitue qu'un lien supplémentaire facultatif unissant les participants ; son absence n'affecte en aucun cas la réussite d'un couple. Pour les jeunes filles, la cérémonie nuptiale marque un changement de statut important : elle représente le passage de l'enfance à l'âge adulte et le début d'un nouveau rôle dans la société. On note une propension quasi universelle et fort injuste à témoigner aux épouses un respect dont ne bénéficient pas leurs consœurs célibataires. Quels que soient l'époque et le contexte culturel, hommes et femmes n'ont cessé d'associer la notion de célibat féminin à celle d'échec.

L'ensemble de ces généralités s'applique aussi à l'Égypte antique, où fonder une famille solide et unie apparaissait comme le meilleur moyen de se prémunir contre les rigueurs du monde extérieur.

Pourtant, mieux que tout autre peuple, les Égyptiens ont su nous transmettre à travers les peintures, les sculptures, et surtout les chants d'amour lyriques, une impression de plénitude dans leurs rapports conjugaux. Se marier et donner naissance à de nombreux enfants relevait peut-être du devoir d'un citoyen responsable, mais c'était une obligation qu'il accueillait selon toute vraisemblance avec joie, appartenant à une civilisation où l'on appréciait beaucoup les femmes.

Tradition et physiologie se mêlaient pour pousser les Égyptiennes dans la voie du mariage puis de la maternité, aussi les mères enseignaient-elles à leurs filles toutes sortes d'activités domestiques. À l'adolescence, celles-ci n'avaient pas de statut social défini, n'étant plus des enfants et pas encore des épouses ; cantonnées dans des limbes protecteurs, elles restaient avec leurs parents en attendant un parti convenable. De l'avis général, les unions les plus satisfaisantes étaient celles contractées entre membres d'une même famille, ou entre voisins de la même classe socio-professionnelle. Le scribe Ankhshéshonq conseillait d'ailleurs aux parents : « Ne laissez pas votre fils épouser une jeune fille d'une autre ville, vous risquez de le voir partir. » À l'instar des paysans égyptiens d'aujourd'hui, qui admettent qu'un cousin du côté paternel réclame la main de la fille du frère de son père, leurs ancêtres privilégiaient l'hymen entre cousins au premier degré ou entre oncles et nièces afin d'empêcher la division des biens et du droit successoral de travailler la terre, une préoccupation importante au sein de la communauté rurale. Les répercussions génétiques de ces alliances consanguines ne semblent pas avoir beaucoup inquiété les Égyptiens, même si plusieurs squelettes retrouvés dans des cimetières montrent des déformations congénitales révélatrices d'un certain nombre de problèmes.

Pour sa part, l'État faisait preuve d'une souplesse remarquable dans le domaine matrimonial, n'imposant même pas de restriction officielle aux mariages avec des étrangers, puisque les Égyptiens, contrairement à la plupart des peuples de l'Antiquité, ne voyaient pas la nécessité de préserver la pureté de la race. Il n'y a donc pas lieu de s'étonner que les harems royaux du Nouvel Empire aient compté nombre de beautés exotiques parmi leurs hôtes ; à Armana, on a même retrouvé une stèle montrant une Égyptienne assise en compagnie de son époux étranger, reconnaissable à sa coiffure et ses vêtements atypiques, en train de siroter tranquillement leur bière

Fig. 2.1 : Femmes étrangères avec leurs enfants

avec une paille. Grecs et Romains, en revanche, accordaient une grande valeur au droit successoral de citoyenneté, limité par la loi aux couches supérieures de la société, et la coutume d'isoler les femmes s'explique en partie par cette volonté de protéger la pureté de la lignée. En Égypte, la tolérance vis-à-vis des mariages mixtes s'étendait jusqu'aux unions avec des esclaves, entre deux esclaves, ou entre un esclave et une personne libre, comme en témoigne ce texte :

> *An 27 du règne de Thoutmosis III. Le barbier royal Sabastet a comparu devant le tribunal du palais royal pour déclarer : l'esclave qui m'a été attribué, et dont je suis propriétaire, se nomme Amènyoiou. Je l'ai gagné à la force de mon bras lorsque j'ai accompagné le souverain. Je lui ai donné pour épouse la fille de ma sœur Nébètta, qui se nomme Ta-Kaménèt.*
>
> *Document juridique du Nouvel Empire*

Cette attitude libérale se situe à l'opposé de la réglementation complexe des droits successoraux instaurée par les Romains, qui encourageaient les individus à chercher un conjoint dans leur propre classe sociale :

> *Les enfants nés d'une citoyenne mariée à un époux égyptien obtiennent le statut d'Égyptiens et le droit d'hériter des deux parents. Si un Romain ou une Romaine épouse une personne ayant le statut de citoyen ou d'Égyptien sans en avoir connaissance, leurs enfants se verront accorder le statut du parent inférieur. Si un Romain épouse une femme égyptienne sans avoir connaissance de son statut, leurs enfants pourront obtenir le statut de leur père après erroris probatio. Si une citoyenne épouse un Égyptien en croyant que c'est un citoyen, elle n'en sera pas tenue pour responsable et si la déclaration de naissance des enfants est faite par les deux parents, le statut de citoyen sera accordé à la progéniture*[1]*...*

L'aspect peut-être le plus étonnant de cette permissivité initiale de l'État égyptien était l'absence de tabou concernant l'union de parents proches. La plupart des sociétés, qui désapprouvent les alliances entre enfants et parents ou entre frères et sœurs, prennent des mesures en conséquence. Si le cas de l'Égypte constitue une exception notable à cette règle, il ne faudrait cependant pas en déduire que l'inceste était monnaie courante, comme le laisse entendre la croyance populaire. À l'exception des mariages consanguins au sein de la famille royale destinés à assurer la pureté de la lignée et à protéger le statut divin, les unions entre frères et sœurs demeurèrent rares jusqu'à la période romaine ; quant à celles d'un parent avec son enfant, nous n'en avons retrouvé aucune trace. En outre, les exemples d'hymen fraternel datant de cette époque concernent le plus souvent des demi-frères et des demi-sœurs. Malheureusement pour les chercheurs modernes, les Égyptiens disposaient d'une terminologie relativement limitée pour désigner les liens de parenté, et seuls les membres de la cellule familiale nucléaire avaient des noms précis (père, mère, frère, sœur, fils et fille). Les autres étaient identifiés de manière plus laborieuse, telle « la mère de la mère » (grand-mère maternelle), ou « la sœur de la mère » (tante maternelle). Pour compliquer encore les choses, ces termes s'appliquaient également à des personnes en dehors du cercle familial. Le « père », par exemple, était tout aussi bien un grand-père, un beau-père, un ancêtre ou un maître, et la « mère » une grand-mère, voire une arrière-grand-mère. Le recours au mot « sœur » pour qualifier une femme aimée – épouse, maîtresse, cousine, nièce ou tante –, allié à une théologie qui fermait les yeux sur les mariages fraternels de divinités importantes telles qu'Isis et Osiris, a contribué à une mauvaise interprétation de l'importance de l'inceste; et il semblerait que l'image fascinante d'une certaine décadence de l'Égypte pharaonique transmise par ces erreurs continue à l'emporter sur la réalité historique.

La question de la polygamie égyptienne relève d'une conception erronée du même ordre. Bien qu'il n'existât pas de loi interdisant spécifiquement cette forme d'union, et même si Hérodote était convaincu que seuls les prêtres égyptiens devaient rester monogames, les mariages multiples n'étaient pas aussi répandus qu'on veut bien le croire. La polygamie, si elle n'était pas illégale dans les faits, a toujours été le luxe de l'homme fortuné, et il en allait de même dans l'Égypte de l'Antiquité, où seuls les riches pouvaient se permettre d'entretenir plusieurs femmes. Sur ce point particulier, le malentendu s'explique par l'habitude qu'avaient les Égyptiens de représenter une ou plusieurs épouses défuntes avec leur consœur vivante sur les parois de la tombe de leur époux commun. Le témoignage le plus souvent cité pour étayer la thèse de la polygamie en Égypte concerne un papyrus rédigé par la dame Moutemheb, dans lequel elle se présente comme la quatrième épouse de Ramosé en précisant que deux de ses devancières sont mortes. Nous ignorons les circonstances précises de cette union, mais rien ne permet d'affirmer qu'elle ait eu un caractère polygame; il semblerait même plus logique d'imaginer que Ramosé avait divorcé de sa troisième épouse avant de convoler avec la quatrième. Le remariage suite à un décès ou un divorce était en comparaison assez fréquent. Dans ce domaine, le scribe Ankhshéshonq conseillait: «Ne prends pas pour épouse une femme dont le mari est encore vivant, au risque d'en faire ton ennemi.»

> *C'est un voisin qui habite tout près de la maison de ma mère, mais je ne sais comment aller vers lui. Mère a raison de vouloir lui dire: «Arrête de la voir.» Mon cœur souffre lorsque je pense à lui, et mon amour pour lui m'habite tout entière. En vérité, il est fou, et moi aussi. Il ignore combien j'aimerais l'étreindre, sinon il irait trouver ma mère.*
>
> *Poème d'amour, Nouvel Empire*

Préalablement à l'union maritale avaient lieu des négociations entre le père de la jeune fille et le prétendant ou, plus rarement, le père de celui-ci. Là encore, Ankhshéshonq faisait montre de sagesse en enjoignant à son fils de choisir «un mari prudent, pas forcément riche» pour sa fille. Une veuve avait le droit de mener ces discussions pour le compte de ses filles, mais il fallut attendre la fin de la période dynastique pour que la tradition matrimoniale s'assouplisse au point de laisser les jeunes gens s'entendre entre eux sur la question. Les textes dont nous disposons indiquent que la fiancée était «donnée» en mariage par son père ; difficile de déterminer s'il s'agissait d'une formule toute faite comparable à la tradition du père «donnant» symboliquement sa fille au cours de la cérémonie nuptiale en Occident, ou si l'opinion de la promise concernant le choix d'un époux avait un poids quelconque. L'idée d'un père attentif et dévoué, tel que le dépeignent de nombreux portraits, qui contracterait une union contre la volonté de l'intéressée, ou refuserait de donner son consentement sans une bonne raison, semble difficilement concevable, et aucun document écrit ne permet d'affirmer que les femmes aient jamais été forcées à se marier.

La loi ne définissait pas l'âge légal des jeunes gens nubiles, mais l'on pense généralement que les filles étaient candidates au moment de la puberté et des règles, c'est-à-dire vers quatorze ans. Un texte de la XXVIe dynastie, qui relate le cas d'un père refusant de donner son consentement au mariage de son enfant jugée trop jeune et pour qui «le moment n'est pas encore venu» tend à soutenir cette hypothèse. Des vestiges retrouvés à Rome, où l'on fixait la puberté féminine à douze ans sans tenir compte du développement physique de la fillette concernée, font mention de jeunes fiancées de dix ou onze ans, et il n'y aucune raison pour que ce genre de pratique n'ait pas existé en Égypte. Après tout, de semblables unions avaient cours dans les régions rurales de ce pays jusqu'à ce qu'une loi prise au cours des cinquante dernières années les interdise. En outre, des témoignages datant de la période gréco-romaine rapportent le cas de petites Égyptiennes mariées à huit ou neuf ans, et l'on a d'ailleurs découvert un cartouche funéraire rédigé en démotique identifiant le corps momifié d'une épouse âgée de onze ans.

Le fiancé, surtout lorsqu'il s'agissait d'un oncle s'apprêtant à épouser sa nièce, était sans doute beaucoup plus âgé et expérimenté que sa promise. Ankhshéshonq recommandait aux hommes de prendre femme vers vingt ans, alors que le scribe Ptahotep conseillait plutôt d'attendre d'être devenu un citoyen respectable. Quant aux fiancées, leur jeunesse ne les empêchait nullement d'avoir une activité sexuelle, et malgré les diverses méthodes de contraception mises à leur disposition, nombre de fillettes fertiles mais physiquement immatures ont dû tomber enceintes, d'où un taux de mortalité infantile et maternelle élevé durant la grossesse et l'accouchement[2]. Strabon nous renseigne sur la tolérance manifestée à l'égard des relations sexuelles prépubères en décrivant longuement le zèle religieux d'une belle jeune fille de noble naissance au service d'Amon, ou Zeus : « Elle se prostitue et couche avec qui elle veut jusqu'au moment où survient la purification de son corps. » Par « purification du corps », Strabon entendait l'arrivée des règles. Même s'il a mal compris la situation, ou s'il s'est laissé influencer par les histoires que lui racontaient les gens du cru désireux d'impressionner un étranger, cette anecdote constituait de toute évidence pour lui une source d'intérêt, non de répulsion.

> *Je vois ma sœur approcher. Mon cœur exulte et mes bras s'ouvrent pour l'accueillir. Mon cœur danse dans ma poitrine comme le poisson rouge dans son bassin. Oh, nuit, puisses-tu être mienne à jamais maintenant que ma bien-aimée est là.*
>
> *Chant d'amour du Nouvel Empire*

Dans les sociétés occidentales, les mariages ont aujourd'hui d'importantes implications légales qui relèvent de l'administration. Parfois dotés d'une valeur religieuse, ils requièrent l'approbation d'un prêtre. Ces interventions extérieures ont débouché sur l'établissement d'un protocole nuptial, avec obligation de prononcer certains vœux, de se faire enregistrer auprès de diverses autorités, voire dans certains pays, de se soumettre à des examens de sang. Résultat, il est assez facile de déterminer si un couple est marié ou pas, et de préciser la date de la cérémonie. Dans l'Antiquité, les Égyptiens considéraient l'union maritale de façon complètement différente : pour eux, il s'agissait avant tout d'une affaire privée entre deux personnes et leur famille, qui ne nécessitait ni l'intervention de l'État ni cérémonie religieuse ou civile. L'enregistrement de l'hymen n'avait donc pas un caractère déontique, et bien qu'une forme de contrat pût être établie au moment des noces ou le plus souvent après, cela n'était pas une obligation légale et ne constituait en aucun cas un acte de mariage. Par conséquent, si les Égyptiens savaient précisément qui était marié avec qui, les subtilités de leur vie privée ne sont pas toujours claires pour nous.

La différence la plus évidente entre le mariage moderne et celui de l'époque dynastique est l'absence totale de cérémonie nuptiale dans le second cas. On ne trouve aucune trace d'un terme pour qualifier les noces, d'une tenue particulière à revêtir pour la circonstance, d'un anneau symbolique à s'offrir mutuellement, ou même d'un changement de nom pour indiquer le nouveau statut de la fiancée. Peut-être préparait-on un repas spécial, avec consommation de sel, mais il s'agit là d'une simple hypothèse formulée à partir de l'interprétation d'une ligne de texte incomplète[3]. Dans ces conditions, donc, on peut penser que la cohabitation du nouveau couple constituait le seul signe extérieur du succès des négociations menées par les différentes parties ; c'était donc en quittant la demeure paternelle pour entrer dans celle de son époux qu'une jeune fille marquait le transfert d'allégeance du père au mari, et prenait son statut de femme mariée. Elle emportait toutes ses possessions, les « biens d'une femme », qui incluaient en général un lit, des vêtements, des bijoux, des miroirs, un instrument de musique et un châle coûteux, peut-être l'équivalent de notre voile de mariée. La procession nuptiale, au cours de laquelle la fiancée parée de ses plus beaux atours était escortée jusqu'à son nouveau domicile par une foule d'amis et de parents, devait donner lieu à de grandes réjouissances ; les Égyptiens de l'Antiquité étaient des noceurs invétérés qui ne manquaient jamais une occasion d'organiser un banquet somptueux, et il y a fort à parier que les festivités se poursuivaient jusque tard dans la nuit.

Nous ne connaissons pas l'importance du rituel, s'il en existait un, attaché à la consommation du mariage. Jusqu'à une date assez récente, la cérémonie de défloration constituait une étape décisive de la célébration d'une union, à laquelle assistaient diverses parentes elles-mêmes mariées, qui pouvaient ensuite témoigner de l'honneur de la nouvelle fiancée et de sa famille. Le plus souvent, le cérémonial du dépucelage consistait à maintenir la jeune fille pendant que le fiancé ou une relation féminine se servait d'un doigt couvert de gaze propre pour briser l'hymen et recueillir le sang qui ferait la preuve de sa pureté. Durant la période dynastique, où la virginité de la fiancée ne revêtait pas une importance capitale pour la société, l'acte de consommation donnait sans doute lieu à quelque chose de plus intime et de moins pénible, mais restait nécessaire pour valider le mariage sur le plan légal et lier les deux parties, comme c'est le cas dans de nombreuses sociétés modernes. En Mésopotamie, à la même époque, la fiancée devant prouver sa fertilité, le mariage n'était pas reconnu comme tel avant la grossesse, et c'était seulement après la naissance de l'enfant que la dot était payée.

Le futur mari égyptien n'avait pas pour obligation de verser de tribut à son beau-père même si, d'après une tradition née au Nouvel Empire, il était censé remettre à sa fiancée un présent en gage de son amour, sous forme d'argent et parfois de blé. La valeur marchande de ce cadeau variait de l'insignifiant au prix d'achat d'un esclave, et il semblerait qu'avant tout, il ait eu un rôle d'engagement symbolique entre les deux parties, semblable peut-être à la remise des alliances au cours de la cérémonie de mariage moderne. Quant à déterminer si cette tradition est la survivance d'une coutume plus ancienne consistant à faire un véritable paiement au père de la jeune fille pour compenser la perte de celle-ci et des services qu'elle rendait à sa famille, marquer le transfert de propriété, ou répondre à une estimation du prix d'achat attribué à la promise, c'est impossible dans l'état actuel des connaissances.

À son tour, le père de la mariée apportait sa contribution au bien-être du couple en offrant des cadeaux sous forme de biens domestiques ou de provisions, et continuait bien souvent à lui fournir d'importantes quantités de céréales sur des durées allant parfois jusqu'à sept ans, jusqu'à ce que l'union soit solidement établie, et reconnue comme un véritable mariage et non plus une simple cohabitation. À la fin de la période dynastique, il devint courant de consigner ces « dots » dans un contrat légal destiné à empêcher les querelles et à protéger les droits économiques d'une femme et de ses enfants en cas de divorce. Ces contrats de mariage n'étaient pas établis au moment de l'entrée en ménage des époux, mais souvent après que le couple avait eu plusieurs enfants[4]. L'exemple cité ci-dessous est tiré d'un document gréco-romain dans lequel le citoyen égyptien Horemheb donne son accord pour que sa femme Tais reçoive une compensation en cas d'échec du mariage :

> *Si je divorce de toi, mon épouse, et viens à te haïr et à préférer prendre une autre femme, je te donnerai deux pièces d'argent en plus des deux pièces d'argent que je t'ai données au titre de ce qui te revient de droit... Je te donnerai aussi un tiers de tous les biens acquis entre nous à partir d'aujourd'hui.*

Il est très difficile pour nous, qui nous penchons sur une culture différente à des milliers d'années de distance, de comprendre vraiment les droits et devoirs quotidiens des deux conjoints. Selon toute vraisemblance, c'était le mari qui subvenait aux besoins du foyer, alors que sa femme restait à la maison, mais nous ne sommes pas en mesure d'apprécier pleinement les subtilités de la situation, surtout que nous ne disposons d'aucun témoignage féminin décrivant l'existence quotidienne de la maîtresse de maison. Par conséquent, nous n'avons pas la moindre idée de la façon dont l'homme traitait son épouse, ni de celle dont chacun des conjoints considérait la fonction de l'autre. Entretenaient-ils des rapports d'égalité ? L'époux témoignait-il du respect à sa compagne, ou au contraire se permettait-il de l'insulter ? Entendait-on parfois parler de violences conjugales, ou ce genre d'incident faisait-il partie de la vie familiale normale et à ce titre, ne méritait même pas d'être mentionné ? Les inscriptions trouvées dans les chapelles tombales de l'Ancien Empire laisseraient entendre que l'épouse idéale se montrait soumise, « qu'elle ne prononçait aucune parole propre à [me] choquer ». Bien sûr, cette situation idyllique ne reflétait sans doute pas la réalité ; à cet égard, la remarque d'Ankhshéshonq, « si seulement le cœur d'une femme était celui de son mari », semble insinuer que les disputes conjugales étaient peut-être plus fréquentes que les hommes ne voulaient l'admettre. Quoi qu'il en soit, les instructions des scribes censées servir de guide aux jeunes gens encore célibataires stipulent que dans un monde parfait, le mari devrait traiter sa femme avec déférence sans se départir pour autant de son autorité sur les membres de son foyer. Peut-être le meilleur exemple de la façon dont l'homme percevait son devoir moral envers son épouse se trouve-t-il dans une lettre détaillée écrite sous la XIXe dynastie par un veuf souhaitant rentrer dans les bonnes grâces de sa défunte femme, dont il imaginait que le fantôme le hantait :

> *Je t'ai prise pour épouse lorsque j'étais jeune, et j'ai rempli diverses fonctions en demeurant à tes côtés. Je n'ai pas divorcé ni blessé ton cœur... Tous les biens que j'ai acquis se trouvaient à tes pieds ; ne les ai-je pas reçus dans ton intérêt ? Je ne t'ai rien caché, ta vie durant. Je ne t'ai fait souffrir en aucune façon dans mon comportement de mari. Tu ne peux m'accuser d'avoir eu le comportement d'un rustre indélicat, ni d'avoir fait l'amour avec une autre femme. Je t'ai donné des robes, des vêtements, et j'ai fait faire de nombreuses toilettes pour toi.*

Nous avons en revanche moins de mal à cerner l'aspect légal de la situation conjugale. Le nouvel époux assumait le rôle tenu jusque-là par le père de la jeune fille, à savoir la protéger et subvenir à ses besoins, même s'il ne devenait en aucune façon son gardien. La femme conservait en effet sa liberté ainsi que le droit de gérer ses propres affaires sans devenir légalement dépendante de son conjoint. Bien que le mari s'occupât en général des possessions communes acquises durant le mariage, on reconnaissait qu'une partie au moins revenait à l'épouse, qui avait le droit de la revendiquer en cas de séparation. Un texte ptolémaïque relate le cas d'une dame astucieuse qui prêta à son époux dépensier trois *deben* d'argent, remboursables en trois ans au taux annuel prohibitif de trente pour cent, illustrant parfaitement le pouvoir des femmes.

> *Je ne le quitterai pas, même s'ils me battent et m'obligent à me réfugier dans les marécages. Même s'ils me chassent jusqu'en Syrie avec des massues, en Nubie avec des stipes de palmier, dans le désert avec des bâtons ou jusqu'à la côte avec des roseaux. Je n'écouterai pas leurs machinations pour m'obliger à abandonner l'homme que j'aime.*
>
> *Chant d'amour du Nouvel Empire*

Le mariage prenait fin, comme aujourd'hui, par suite du décès de l'un des conjoints, ou d'un divorce. La mort planait comme une menace constante sur le bonheur conjugal, dans la mesure où l'espérance de vie était peu élevée et les rappels de la condition mortelle omniprésents. Peu de couples parvenaient à l'âge mûr sans avoir perdu la plupart des membres de leur famille proche, et le décès de plusieurs enfants était le lot commun accepté avec résignation. Il y avait en outre une forte probabilité pour que les jeunes filles mariées à des hommes beaucoup plus âgés deviennent veuves avant la fin de leur adolescence, ou qu'elles-mêmes meurent des suites de la grossesse ou de l'accouchement. Heureusement, le droit de la femme à hériter d'un tiers des biens communs permettait à la veuve de ne dépendre ni de la charité de ses enfants ni de celle de son père même si, par décret, les personnes frappées par un deuil devaient être au besoin prises en charge par leur famille. Considérées comme vulnérables, les femmes privées d'une protection masculine suscitaient en effet la compassion. Car, ainsi que le dit le Paysan éloquent au sujet de son juge dans une fable du Moyen Empire, l'homme est « le père de l'orphelin, l'époux de la veuve et le frère de la femme divorcée… » Des scènes tombales montrent que les couples déchirés par la mort d'un conjoint espéraient être réunis dans l'au-delà. Dans l'intervalle, on se remariait fréquemment après le veuvage ; des stèles funéraires indiquent que certains individus ont convolé trois, voire quatre fois. Nous ignorons s'il y avait une période de deuil préconisée en cas de décès de l'époux, mais la plupart des sociétés imposent un délai d'au moins six mois après la mort, une période censée servir à rendre hommage au défunt tout en s'assurant qu'il n'y a pas de doute sur la paternité des enfants posthumes.

> *Que Nekhemout jure devant le seigneur qu'il n'abandonnera pas ma fille… Tant qu'Amon vivra et que le souverain vivra. Si, à l'avenir, j'abandonne la fille de Ténèrmonthou, je serai passible d'une centaine de coups de fouet et perdrai tous les biens acquis en commun.*

Bien que de nombreuses unions fussent stables et heureuses, certaines finissaient par un divorce. Il s'agissait incontestablement d'une affaire sérieuse pour les parties impliquées mais, tout comme le mariage n'était pas considéré comme une formalité légale, le divorce pouvait être prononcé par consentement mutuel, sans qu'il faille engager de dépenses inutiles pour payer avocats et tribunaux. Les couples qui avaient eu la prévoyance d'établir un contrat de mariage s'étaient engagés sur l'honneur à en respecter les termes, alors que les autres, souvent empêtrés dans des querelles pleines d'acrimonie au sujet de la répartition des biens communs, avaient la possibilité d'engager une procédure juridique pour résoudre leurs différends. Ce recours à la loi restait cependant assez rare, et la plupart des discordes se résolvaient par une simple séparation. La femme quittait le domicile conjugal pour retourner dans la maison paternelle en emportant ses propres possessions, sa part des biens communs voire, dans certains cas, lorsqu'elle n'avait aucune responsabilité dans l'échec du mariage, un dédommagement payé par le mari. Si d'aventure la demeure appartenait à l'épouse, c'était l'homme qui devait s'en aller. Ce départ, ajouté à la restitution des avoirs respectifs, annulait l'obligation pour un conjoint d'entretenir sa compagne et permettait aux deux parties de se remarier. À ce jour, nous ignorons encore qui se voyait confier les enfants, et qui se chargeait de payer pour leur éducation et leur scolarité, même si l'on pense généralement qu'ils restaient avec leur mère. Auquel cas, il s'agirait d'une preuve supplémentaire de l'attitude libérale des Égyptiens envers les droits des citoyennes, en opposition flagrante avec les pratiques grecques et romaines attribuant au chef de famille la garde des enfants à charge en cas de divorce, alors que l'ex-femme perdait tout droit sur sa progéniture. Dans la Rome patriarcale, la loi obligeait même une veuve enceinte à offrir le nourrisson à la famille de son défunt mari ; s'ils n'en avaient pas l'utilité, alors seulement elle avait la possibilité de l'élever.

On sait depuis la XIIe dynastie qu'un homme avait le droit de mettre fin à une union en « répudiant » son épouse, mais des situations de ce genre ont dû se produire plus tôt. De même, la possibilité pour une épouse de demander le divorce n'est mentionnée que dans les documents datant du Nouvel Empire. Cependant, dans la mesure où la loi égyptienne a toujours traité les femmes mariées comme des personnes indépendantes, on peut imaginer que les cas similaires survenus à des époques antérieures n'ont tout simplement pas été transcrits. Quant aux exemples de maîtresses de maison répudiant leur époux, ils sont extrêmement rares. Parce qu'elles étaient d'un tempérament moins volage ? Parce qu'elles attendaient moins d'une union maritale que leur partenaire ? Impossible de répondre avec certitude à ces questions. Il est cependant probable que dans une société accordant une grande importance à la fertilité, et donc à la jeunesse, une femme déjà âgée fût obligée de réfléchir à deux fois avant de rejeter son mari, consciente qu'il ne lui serait peut-être pas facile de trouver un remplaçant désireux de la prendre en charge. Comme il n'existait pas de motifs spécifiquement définis par la loi pour divorcer, toutes les excuses étaient bonnes pour rompre une alliance ; de fait, le mariage pouvait prendre fin à n'importe quel moment, et sous n'importe quel prétexte. En pratique, les considérations financières, et peut-être les pressions des deux familles concernées, ayant parfois un lien de parenté, ont dû tout de même mettre un frein aux séparations. Si le divorce ne semble pas avoir entaché la réputation d'un homme au sein de la communauté, l'épouse répudiée, surtout en faveur d'une épouse plus jeune, plus jolie ou fertile, ressentait sans doute cette situation comme un affront public.

Ne divorce pas de ton épouse parce qu'elle n'a pas conçu d'enfant.
Conseil d'un scribe, Basse Époque

D'après ce que nous savons, de nombreuses raisons étaient invoquées pour se séparer, dont la plupart sont sans doute familières aux avocats d'aujourd'hui. L'échec d'un couple tenait souvent à des problèmes d'incompatibilité de caractères, au dévouement excessif du mari à son travail, ou au fait que l'un des deux conjoints était tombé amoureux de quelqu'un d'autre. Le rejet pour cause de stérilité était également un drame fréquent, bien qu'il n'obtînt pas l'approbation de la société. Parmi les excuses fallacieuses mises en avant par les conjoints, une lettre datant de la XXIe dynastie, retrouvée dans le village ouvrier de Deir el-Médineh, relate l'histoire extraordinaire et sans doute apocryphe d'un couple marié depuis vingt ans. Lorsque l'homme tomba amoureux d'une autre femme, il chercha une raison de divorcer et finit par déclarer: «Je te répudie car tu ne vois pas d'un œil.» On ne s'étonnera pas que la dame en question, partiellement aveugle depuis le début de leur union, n'ait pas été impressionnée outre mesure par cette bien piètre accusation, et se soit moquée de lui pour n'avoir pas remarqué ce handicap au cours de leurs longues années de vie commune.

Pendant longtemps, les égyptologues ont cru que les concubines, c'est-à-dire les maîtresses officielles d'hommes mariés ou célibataires, étaient bien acceptées par la société égyptienne, même si on ne leur accordait pas le respect ou les droits réservés aux épouses en titre. Il semblerait aujourd'hui que le nombre des concubines ait été largement surestimé à la suite d'une tendance à ranger dans cette catégorie toutes les célibataires dont on ne savait presque rien. Or l'étude plus approfondie des témoignages écrits révèle que beaucoup de ces dames sans attaches vivant avec les familles remplissaient en réalité les fonctions d'administratrices, de musiciennes ou de servantes. Même dans les lettres d'Hékanakht, où la dame Ioutèmhèb est désignée par le mot *hbsw.t*, un terme qui n'a par ailleurs été relevé dans aucun autre texte mais que l'on a généralement traduit par «concubine», rien ne prouve que la dame en question n'eût pas été une seconde épouse officielle[5].

Ne copule pas avec une femme mariée. Celui qui copule avec une femme mariée dans le lit de celle-ci, sa propre épouse pourrait à son tour être violée sur le sol.

Avertissement aux jeunes Égyptiens, Basse Époque

Les femmes mariées devaient s'abstenir de tout comportement licencieux, et l'adultère – «le grand péché de la gent féminine» –

constituait le crime le plus grave qu'une épouse puisse commettre. À ce titre, il en résultait un divorce infamant pour elle, accompagné d'une déchéance complète de tous ses droits. De leur côté, les hommes étaient censés respecter le lien exclusif unissant un mari à son épouse ; entretenir une liaison avec la femme d'un autre suscitait la réprobation générale, peut-être pour des raisons morales, mais surtout parce que c'était le meilleur moyen de s'attirer les foudres du mari cocufié. Même une relation entre une célibataire consentante et un homme marié pouvait se révéler dangereuse. À ce propos, une lettre retrouvée à Deir el-Médineh raconte comment un groupe de villageois se réunit pour mettre en accusation une des leurs, dont ils savaient qu'elle avait une aventure clandestine avec le mari d'une voisine[6]. Seule l'intervention de la police locale permit d'empêcher la foule d'attaquer la coupable et sa famille. L'épouse trompée avait suscité la compassion de ses concitoyens, et le mari adultère fut sommé de régulariser ses affaires et de divorcer sur-le-champ, au risque de s'exposer une seconde fois à la vindicte populaire. Comme souvent dans les cas d'adultère, la femme était considérée comme la tentatrice ayant réussi à corrompre un homme faible mais fondamentalement innocent ; mythes et textes de sagesse, tous écrits par des hommes, regorgent d'avertissements sinistres recommandant aux jeunes Égyptiens de ne pas approcher les femmes mariées susceptibles d'utiliser toute leur ruse pour les inciter à fauter.

> *Puis elle lui parla, et dit : « Tu es très fort. J'ai chaque jour la preuve de ta vigueur. » Et elle désira le connaître comme une femme peut connaître un homme. Elle se leva, le prit dans ses bras et dit : « Viens, passons une heure ensemble au lit. Ce sera agréable pour toi, et ensuite, je te confectionnerai de beaux vêtements neufs. »*
>
> Conte des deux frères, *Nouvel Empire*

Une femme coupable d'adultère encourait les châtiments corporels les plus sévères de la part de son mari. En théorie, elle pouvait même être mise à mort. Le *Papyrus Westcar*, rédigé au Nouvel Empire, et qui rassemble des histoires au sujet de la fabuleuse cour du roi Khéops sous l'Ancien Empire, raconte comment une épouse infidèle fut brûlée et ses cendres éparpillées sur le Nil. Dans le *Conte des deux frères*, Anubis finit par tuer son épouse traîtresse avant de jeter le corps aux chiens, la privant ainsi du droit à un enterrement décent. Diodore de Sicile rapporte que la femme adultère en Égypte risquait d'avoir le nez coupé, et son complice une sévère bastonnade. En pratique, divorce et disgrâce sociale semblent avoir été le lot le plus courant des coupables. Quant à l'épouse répudiée pour infidélité, elle était unanimement condamnée.

> *Instructions à suivre pour empêcher qu'une femme ne tombe enceinte pendant un, deux ou trois ans : réduire en poudre fine des gousses d'acacia et des dattes, puis mélanger avec du miel. Imprégner un tampon de ce mélange, et le placer dans le vagin.*
> Papyrus Ebers

Les enfants illégitimes semblent n'avoir souffert d'aucun mauvais traitement ou d'aucune discrimination particulière pendant la période dynastique, bien qu'au Nouvel Empire, le conte *Vérité et Mensonge* présentât un jeune garçon sans père en butte aux railleries de ses camarades d'école : « "De qui es-tu le fils ? Tu n'as pas de père." Et ils l'injuriaient et le tourmentaient ». Plusieurs méthodes de contraception, et même des préparations spécifiques pour avorter étaient à la disposition des couples souhaitant éviter une grossesse ; des ingrédients aussi divers qu'insolites entraient dans leur composition, tels des excréments de crocodile. Le recours aux déjections animales comme contraceptifs semble d'ailleurs avoir été une pratique largement répandue : en Afrique du Sud, on utilisait les crottes d'éléphant comme mesure prophylactique, alors que l'ouvrage anglais *Boke of Saxon Leechdoms*, datant de 900 apr. J.-C., conseillait aux amants avisés de « prendre du crottin de cheval et de le poser sur des braises. Le placer ensuite haut entre les cuisses pour en imprégner les atours »[7]. Si l'on ne connaît pas l'efficacité de ces prescriptions, il est cependant facile d'imaginer que l'application d'excréments d'origines diverses sur les parties intimes ait suffi à refroidir les ardeurs de n'importe quel prétendant et donc à rendre inutile toute précaution supplémentaire. Dans ces conditions, il ne semble guère étonnant que nulle part on ne trouve mention de contraceptifs « masculins » tels que les préservatifs ou autres potions à enduire sur les organes génitaux ; quant aux méthodes de *coïtus interruptus* (retrait du pénis avant l'éjaculation) ou de *coïtus obstructus* (rapport normal où le sperme pénètre dans la vessie de l'homme suite à une pression de l'urètre), elles n'ont bien sûr laissé aucune trace dans les vestiges archéologiques.

L'homme est plus impatient de copuler qu'un âne. Le seul frein à son désir est sa bourse.

Observation du scribe Ankhshéshonq

Les aspects intimes de la vie conjugale revêtaient une grande importance aux yeux des Égyptiens, qui plaçaient le cycle permanent de la naissance, de la mort et de la renaissance au cœur de leur théologie. Les relations sexuelles faisaient naturellement partie intégrante de ce cycle, et l'on abordait la question sans fausse pudeur. À la différence de la plupart des considérations modernes sur le paradis, centrées sur l'épanouissement spirituel plutôt que physique, virilité et fertilité constituaient des attributs nécessaires à la plénitude dans l'au-delà ; on prenait donc soin de doter les momies masculines de faux pénis, et les corps de leur(s) épouse(s) de seins artificiels. En outre, des statuettes féminines avec des hanches larges et des parties génitales accentuées à dessein se trouvaient fréquemment mêlées aux possessions du défunt – homme, femme ou enfant – dans sa tombe pour l'aider à recouvrer ses pouvoirs perdus. S'il s'agissait de symboles sexuels évidents, on notera cependant que ces figurines portaient souvent de minuscules bébés dans les bras, établissant un rapport sans équivoque entre la procréation et l'un de ses aspects les plus agréables, à savoir le sexe. On ne faisait à l'époque aucune distinction artificielle

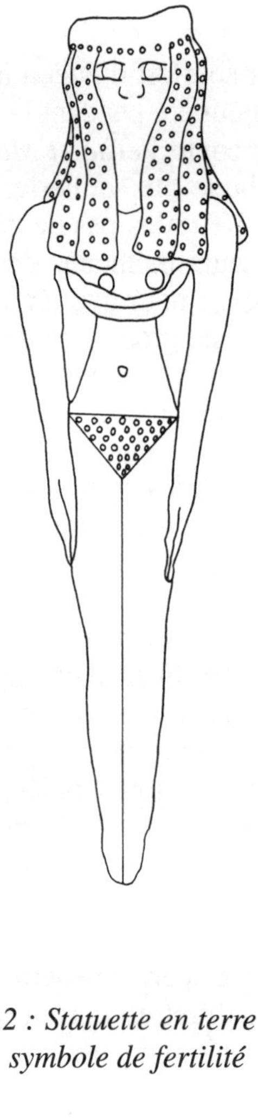

Fig. 2.2 : Statuette en terre cuite, symbole de fertilité

entre le plaisir retiré des relations intimes et le désir d'enfant ; la fécondité d'une femme contribuait par conséquent à l'attirance qu'elle exerçait sur les hommes. Pour bien comprendre la différence de mentalité avec la plupart des sociétés occidentales modernes, il suffit d'imaginer la photo d'une pin-up à la moue provocante posant dans *Playboy* avec un nourrisson…

Les Égyptiens n'étaient certainement pas prudes. Mais, comme nous avons surtout retrouvé des témoignages relevant d'un contexte religieux ou funéraire, où toute référence trop explicite aux questions intimes aurait été déplacée, on ne peut guère donner dans le voyeurisme archéologique. Chants d'amour, mythes et contes divers contiennent tous des allusions aussi vagues que voilées à la sexualité ; cela dit, graffiti, plaisanteries paillardes et autres dessins griffonnés sur des fragments de poterie ne font pas dans la dentelle. L'un des premiers exemples de pornographie, le *Papyrus Turin* dit « érotique », montre en particulier toute une série de couples manifestement souples dans diverses positions étonnantes, sinon inconfortables… Malheureusement, nous ignorons si ce document est censé témoigner de scènes réelles observées dans un bordel ou, ce qui semble plus plausible, s'il représente les fantasmes de son auteur. Autrement dit, fonder nos connaissances des relations conjugales sur le *Papyrus Turin* reviendrait à considérer les films X comme des sources d'information fiables sur le mode de vie occidental. Des renseignements plus réalistes relevés dans divers textes et ostraca indiquent que la plupart des couples privilégiaient les positions classiques, comme le « face à face » ou « la levrette ».

> *Puis Seth dit à Horus : « Viens, festoyons dans ma demeure. » Et Horus lui répondit : « J'accepte. » Le soir venu, on leur prépara un lit, et ils s'y couchèrent ensemble. Dans la nuit, Seth fit durcir son membre et l'introduisit entre les cuisses d'Horus. Alors Horus mit sa main entre ses jambes et recueillit la semence de Seth.*
>
> Histoire de Horus et de Seth, *Nouvel Empire*

Il est fort possible que, comme dans toute société sophistiquée, certains aient eu des goûts plus raffinés en matière de sexualité, mais les Égyptiens ont gardé un silence discret dans ce domaine. L'homosexualité, que bien des peuples du monde antique ne condamnaient pas, semble n'avoir occupé qu'une place mineure en Égypte ;

Fig. 2.3 : Prostituée avec son client

le *Livre des Morts*, guide indispensable pour l'au-delà, classe l'abstinence de rapports homosexuels parmi les vertus, sans préciser toutefois s'il s'agissait d'une situation fréquente. Quant à l'épisode de l'*Histoire de Horus et de Seth* cité ci-dessus, il a donné lieu à diverses interprétations : symbole de l'incapacité de Seth à régner, supériorité physique de Seth sur son neveu… Une autre version de ce conte, datant du Moyen Empire, attribue à Seth une remarque inoubliable : « Tu as des fesses de toute beauté. » Horus rapporte ces paroles surprenantes à sa mère, Isis, qui lui conseille alors de recueillir la semence de Seth afin d'éviter l'humiliation d'une pénétration par son ennemi.

Comme souvent lorsque ce sont des hommes qui écrivent les récits dans une communauté donnée, on ne trouve aucune mention de lesbianisme. Des rumeurs au sujet de pratiques sexuelles extraordinaires ont été rapportées par Hérodote, qui semblait nourrir une fascination certaine pour les aspects les plus sordides de l'existence en Égypte : « Durant mon séjour, une chose monstrueuse s'est produite dans cette province, où l'on a vu une femme avoir des relations sexuelles avec un bouc », raconte-t-il. Même si le fait est véridique, il ne s'agissait certainement pas d'une pratique courante. Quant à la nécrophilie, ou abus sexuel du corps des défuntes dans les ateliers d'embaumement, également mentionnée par Hérodote, aucun texte égyptien n'y fait allusion.

Choisis une épouse tant que tu es jeune, afin qu'elle puisse te donner un fils. Engendre-le dans ta jeunesse, pour le voir devenir un homme.

Conseil des scribes, Nouvel Empire

Fig. 2.4 : Prostituée se peignant les lèvres

Après le mariage, la nouvelle épouse devait attendre avec impatience les signes annonciateurs d'une grossesse. On ne saurait surestimer l'importance de la fertilité pour une Égyptienne. La femme capable d'enfanter réussissait dans l'existence. Parée d'un attrait supplémentaire aux yeux des hommes, elle faisait l'envie de ses consœurs moins favorisées par le sort, et mettre au monde de nombreux enfants lui valait le respect de la société et de son mari. Avide de prouver sa virilité, celui-ci devait en effet engendrer autant de filles et de fils que possible. Son épouse se soumettait à ce désir pour le combler, renforcer sa position au sein du couple et son prestige auprès de la communauté. Le rôle important joué par la mère dans la famille lui valait le respect de tous ; on la voit d'ailleurs souvent occuper la place d'honneur dans les représentations ornant les tombeaux de son mari ou de ses fils. Les enfants n'étaient cependant pas ravalés au rang de simples symboles du statut social. Selon toute vraisemblance, mari et femme aimaient profondément leur progéniture, et les hommes n'éprouvaient ni honte ni embarras à manifester leur tendresse paternelle. Donner la vie à une ribambelle d'héritiers en bonne santé était le rêve de tout Égyptien, qui considérait chaque naissance comme une véritable bénédiction et en tirait une fierté légitime allant parfois jusqu'à la vantardise. Mieux vaut penser que ce capitaine de l'armée de la XXe dynastie, affirmant avoir eu « soixante-dix enfants de la même épouse », exagérait pour souligner sa virilité plutôt que d'imaginer le sort de la malheureuse... !

Ce souhait de s'assurer une nombreuse descendance n'est pas l'apanage des Égyptiens. Les sociétés paysannes traditionnelles ont toujours témoigné un grand respect à la capacité d'enfanter ; c'est encore vrai dans l'Égypte rurale moderne, où l'on juge la valeur d'un homme au nombre de ses fils, et où l'infortunée créature qui ne tombe pas enceinte au cours de l'année qui suit son mariage devient l'objet d'infinies spéculations et de ragots. Ne pas avoir d'enfant est un drame ; les heureux parents soulignent d'ailleurs leur statut en prenant le nom de leur fils aîné, utilisant le préfixe *abu* (père de) ou *om* (mère de), tandis que les femmes n'ayant pas fait l'expérience de la maternité sont qualifiées de *om el-ghayib*, « mère de l'absent ». L'idée d'attendre pour fonder une famille ou de limiter le nombre d'héritiers ne viendrait à l'esprit de personne, et l'on a vu des hommes stériles se suicider plutôt que d'admettre qu'ils ne pouvaient procréer. Sur ce point, les Égyptiens de l'Antiquité se seraient sentis en accord avec leurs descendants.

> *Ne favorise pas l'un de tes enfants aux dépens des autres ; après tout, tu ne sais pas encore lequel se montrera le plus gentil avec toi.*
>
> *Conseil aux parents, Basse Époque*

Rares sont les peuples qui préfèrent les bébés de sexe féminin aux bébés de sexe masculin, et les Égyptiens ne faisaient pas exception à la règle. Si les filles recevaient l'amour de leurs parents, comme on peut le constater dans plusieurs portraits de famille mettant en scène des personnages aux attitudes guindées mais pleines de tendresse, les garçons jouissaient sans conteste d'une position privilégiée dans un foyer. Cette situation nous paraît peut-être injuste, mais elle s'explique assez facilement : en l'absence de régime de protection sociale ou de système de retraite, les enfants constituent une sorte de placement pour l'avenir. Les fils, qui travaillent traditionnellement à l'extérieur de la maison, représentent une source de revenus potentielle alors que les filles, dont les tâches domestiques ne sont pas rémunérées, se marient et se consacrent au bien-être de la famille de leur époux. En outre, durant la période dynastique, le fils aîné avait un rôle important à jouer dans le rituel funéraire de ses parents, rôle que ses sœurs ne pouvaient en aucun cas assumer à sa place.

Ce décalage n'a cependant pas été aussi extrême que dans d'autres sociétés du monde antique, et les Égyptiens n'ont jamais eu recours à l'infanticide des bébés de sexe féminin, une pratique devenue courante en Grèce et à Rome où l'on abandonnait purement et simplement les petites filles. Cette forme légale de meurtre, considérée comme une méthode d'avortement tardive, a été autorisée jusqu'en 374 apr. J.-C. Elle permettait au père, et à lui seul, de refuser d'élever un enfant en autorisant son épouse à avorter, ou en se débarrassant du nouveau-né. La mère n'avait pas son mot à dire, et le nourrisson non désiré finissait en général sur un tas d'ordures juste après la naissance.

> *Double la ration de nourriture que ta mère t'a donnée, et occupe-toi d'elle comme elle s'est occupée de toi. Tu as été un lourd fardeau pour elle, mais elle ne t'a pas abandonné. Lorsque tu es né, après de longs mois, elle n'a pas rompu le lien avec toi puisqu'elle t'a donné le sein pendant trois ans. Alors que tu grandissais et que tes excréments étaient dégoûtants, elle n'a pas été dégoûtée.*
>
> *Instruction des scribes, Nouvel Empire*[8]

Si le mécanisme des règles demeurait un mystère à bien des égards, la signification de leur absence ne faisait aucun doute. La plupart des femmes égyptiennes étaient capables de se prononcer sur leur état et même de prévoir la date de la naissance sans avoir recours au médecin. Celles qui avaient un doute pouvaient cependant consulter le docteur qui, moyennant finances, examinait avec attention peau, pupilles et seins, censés changer dès les premières semaines suivant la conception. À titre de test, un échantillon d'urine de la future mère était versé sur de jeunes pousses de légumes ou de céréales : si l'on constatait une forte croissance, la grossesse était confirmée. Les modifications du taux d'hormones présent dans l'urine, décelées par nos tests modernes, avaient un effet stimulant sur la végétation. En cas de réponse positive, il était même possible d'anticiper le sexe de l'embryon en étudiant de plus près le pouvoir de l'urine maternelle : si elle favorisait la croissance de l'orge plutôt que du blé, c'était un garçon ; dans le cas contraire, une fille. Les praticiens développèrent également un certain nombre de tests afin de déterminer si une femme sans enfant tomberait enceinte un jour. L'examen de la dame en question se révélait en général probant : « Si tu t'aperçois que l'un de ses yeux est semblable à ceux des Asiatiques, et l'autre à ceux des gens d'ici, elle ne concevra pas » disait-on. L'état des seins servait également à se prononcer sur la capacité d'enfanter, la grossesse, voire le sexe de l'enfant à naître.

Certains légumes symbolisant la fertilité, les femmes désireuses d'avoir un bébé consommaient entre autres choses d'énormes quantités de laitues. En Égypte, cette espèce particulière de salade poussait en hauteur, un peu comme nos laitues romaines, et lorsqu'on la pressait il s'en échappait un liquide blanc laiteux. Associée à Min, le dieu ithyphallique de la végétation et de la procréation, on la trouve souvent mentionnée dans les papyrus médicaux, au sujet du traitement contre l'impuissance. Les spécialistes, cependant, ne s'accordaient pas sur les effets de la laitue : pour Discorides et Pline, elle servait à chasser rêves et pulsions érotiques, alors qu'Hippocrate pensait qu'elle avait des vertus aphrodisiaques. Pour stimuler l'appétit sexuel, Pline recommandait plutôt de manger des poireaux.

Malheureusement, bien que la science des médecins égyptiens fût célèbre dans le monde antique, même les plus expérimentés des praticiens n'avaient guère de solutions à offrir aux couples sans enfant. S'ils comprenaient ce qu'il fallait faire pour provoquer la grossesse, ils n'avaient en revanche qu'une idée très approximative du mécanisme de la conception ; sans cette connaissance, et sans les techniques d'analyse modernes, la responsabilité de la stérilité incombait presque toujours à la femme. Résultat, le « remède » le plus fréquent consistait à divorcer ; le mari jetait alors son dévolu sur une autre partenaire qu'il espérait plus fertile. Arrivait-il parfois que l'on soupçonne l'homme d'être à l'origine du problème ? Nul ne le sait. Quoi qu'il en soit, il existait un second recours en cas de stérilité : l'adoption. Étant donné l'espérance de vie relativement limitée des parents et le taux de natalité élevé, les jeunes orphelins abondaient. Les couples privés de descendance avaient en outre la possibilité de recueillir l'enfant d'un parent plus pauvre.

Celui qui a honte de dormir avec sa femme n'aura pas d'enfants.
Scribe Ankshéshonq

L'absence de l'assistance médicale la plus élémentaire, ainsi que l'atmosphère de mystère et d'ignorance entourant la création d'une vie nouvelle, poussaient les femmes désireuses d'enfanter à se tourner vers la religion ou la magie. De tout temps, et dans toutes les sociétés, la conception et la naissance ont fait l'objet de nombreuses superstitions ou contes de bonnes femmes, et il est fort probable qu'à l'instar de leurs consœurs, les Égyptiennes aient essayé diverses méthodes officieuses dont le secret se transmettait de génération en génération. Malheureusement, c'est ce genre d'information qui nous fait défaut dans l'étude de la vie quotidienne des femmes. Pour en mesurer l'importance, on peut se reporter aux recherches faites en 1927 par Winifred Blackman sur les communautés paysannes de l'Égypte moderne, qui comportent un chapitre entier sur les rites et rituels de fertilité, tous importants pour la future mère, mais dont aucun ne laissera de trace matérielle susceptible d'éclairer les archéologues du futur. Elle a remarqué par exemple que :

> *Il existe en Égypte une croyance populaire qui veut que la mère ne puisse plus concevoir si son enfant mort est enveloppé trop étroitement dans son linceul. C'est pourquoi, juste avant l'enterrement, on desserre les cordons qui le maintiennent. On place ensuite de la terre sur les jambes du défunt, ceci, m'a-t-on raconté, pour que le corps reste sur le dos. La femme qui m'a donné cette information a précisé que parfois, le cadavre se retournait pendant le processus de décomposition, empêchant ainsi la mère d'enfanter à nouveau. Si, en dépit des précautions prises au moment des funérailles, la grossesse tarde à survenir, la mère désespérée ira au cimetière, accompagnée par une de ses amies, et demandera à l'homme préposé à cette tâche d'ouvrir le tombeau de son enfant décédé. Elle y entrera et foulera les restes à sept reprises, d'avant en arrière, avec l'espoir que l'esprit du défunt réintégrera son propre corps et renaîtra.*

Mlle Blackman a même noté que « parfois, les amies d'une épouse sans enfant l'emmènent sur la voie ferrée et la font s'allonger entre les rails pour que le train lui passe sur le corps ». Cette coutume effrayante nous renseigne sur la détresse de ces femmes prêtes à risquer leur vie pour tomber enceintes. Si aucun vestige de l'Antiquité ne permet d'affirmer qu'il existait des rituels de fertilité pendant la période dynastique, nous savons en revanche que les candidates à la maternité disposaient de diverses amulettes censées se porter à même la peau pour en accroître l'efficacité. La déesse hippopotame Thouéris, qui permettait aux femmes d'enfanter, était fréquemment sollicitée, de même que le dieu nain Bès, protecteur des mères et de leur progéniture.

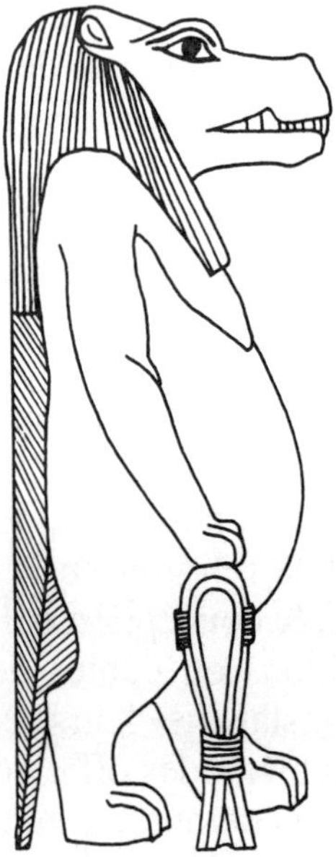

Fig. 2.5 : La déesse Thouéris

Celui qui fait germer la graine chez les femmes et crée les êtres à partir du sperme. Qui nourrit le fils dans le ventre de sa mère et apaise ses chagrins. Qui le soigne dans le ventre maternel. Celui qui donne le souffle de la vie à tout ce qu'il crée.

Grand hymne à Atoum

L'accouchement n'était pas l'affaire des hommes ni même des médecins ; on ne trouve d'ailleurs dans les papyrus médicaux que très peu d'instructions destinées aux sages-femmes traditionnellement présentes au moment de la délivrance. Le processus de la naissance constituait en effet un rite exclusivement féminin, échappant à l'entendement masculin, et par conséquent nous ne disposons d'aucune description d'accouchement remontant à l'époque dynastique. Autrement dit, pour essayer de comprendre cet événement d'une importance cruciale dans la vie d'une Égyptienne, il faut le reconstituer à partir des fragments d'histoires ou de mythes parvenus jusqu'à nous, et des représentations de naissances divines découvertes sur les murs des temples *mammisi* [9]. Mais ce type de témoignage doté d'une grande valeur rituelle et symbolique n'abonde pas en détails d'ordre pratique, loin s'en faut ! C'est dans le *Papyrus Westcar* que se trouve peut-être le récit le plus révélateur, celui de la naissance miraculeuse des triplés de la dame Rêddjedet. Celle-ci, apprend-on à la lecture de ce document, utilisa un tabouret spécial pour accoucher, et reçut l'aide de quatre déesses qui se présentèrent chez elle déguisées en sages-femmes itinérantes. Isis se tenait devant la future mère pour mettre au monde les bébés, Nephtys derrière elle, et Hékèt utilisa une technique non spécifiée pour « accélérer » la naissance. Meskhénet remplit sa mission divine en prédisant l'avenir des nouveau-nés tandis que le dieu potier Khnoum prêtait vie à leur corps. Les trois enfants furent lavés après que le cordon ombilical eut été coupé, et placés sur un cadre en briques. En guise de paiement, Rêddjedet donna du blé aux sages-femmes, puis « se purifia pendant quatorze jours ».

Fig. 2.6 : La déesse Hékèt

Même si des ostraca découverts à Deir el-Médineh laissent supposer que les parturientes se trouvaient peut-être dans une sorte de « pavillon de naissance », une structure semblable à une tente ornée de guirlandes de fleurs (cf. Chapitre VIII), ces représentations ont sans doute une signification plus symbolique que littérale, car la plupart des accouchements avaient lieu dans la maison familiale. Pour la circonstance, la future mère, nue semble-t-il, se tenait agenouillée, accroupie sur quatre briques rituelles ou assise sur un siège spécial comportant un trou suffisamment large pour laisser passer le bébé. La gravité aidait à la mise au monde et la sage-femme pouvait alors saisir l'enfant. La plupart des femmes ne recevaient pas l'assistance d'un praticien, bien que dans certains cas, on ait eu recours à des techniques médicales pour « provoquer la délivrance » : bander la partie inférieure de l'abdomen, par exemple, ou procéder à des injections vaginales. Le seul instrument chirurgical utilisé par la sage-femme était le couteau d'obsidienne servant à trancher le cordon ombilical après la naissance ; la signification rituelle de cet objet nous est inconnue à ce jour. Nous ne savons pas ce qu'il advenait du placenta, mais selon toute vraisemblance, on devait le considérer avec le plus grand respect. La tradition égyptienne l'associait en effet au destin du bébé ; aussi l'enterrait-on souvent devant la maison, à moins de le jeter dans le Nil pour assurer la survie de l'enfant. On peut même imaginer qu'étant riche en fer, il ait servi de reconstituant à la nouvelle mère. Il arrivait parfois qu'un morceau soit offert au nouveau-né ; si celui-ci baissait la tête, gémissait ou poussait un cri évoquant un « non » plutôt qu'un « oui », son entourage interprétait ce refus comme un présage de mort prochaine. Quant au cordon ombilical, il avait aussi son importance ; d'après la légende, Horus aurait retrouvé celui de son père assassiné et l'aurait enterré à Héracléopolis.

Le *Papyrus Westcar* constitue l'une des rares références à une naissance multiple. Apparemment, la perspective d'avoir des jumeaux ne suscitait guère d'enthousiasme : « nous lui donnerons des enfants mâles et femelles, mais la préserverons des jumeaux. » Peut-être faut-il juste voir dans cette attitude un rappel des dangers supplémentaires liés à la mise au monde de plusieurs enfants. Bien que nous ayons retrouvé la trace de jumeaux dans l'histoire égyptienne, ces exemples restent rares et espacés dans le temps ; certains chercheurs en ont déduit qu'en cas de gémellité, l'un des enfants, voire les deux, était supprimé. Une hypothèse qu'aucune preuve n'est cependant venue étayer jusque-là, et qui semble en contradiction avec l'idée largement répandue selon laquelle les Égyptiens auraient adoré leur progéniture[10].

Qu'il s'agisse de donner le jour à un ou plusieurs bébés, l'accouchement demeurait une épreuve aux conséquences parfois dramatiques. Des déformations pelviennes susceptibles de rendre la mise au monde difficile, ou même impossible, ont été constatées sur plusieurs momies féminines. Le corps de la dame Henhenet, qui vivait sous la XIIe dynastie, révèle une horrible déchirure de la vessie jusqu'au vagin, provoquée sans doute par les efforts pour tirer l'enfant hors du bassin anormalement étroit de sa mère. La famille royale connut elle aussi des tragédies semblables. On a retrouvé dans la tombe de Moutnédjèmet, la femme du roi Horemheb, le cadavre d'un fœtus ou d'un nouveau-né, laissant supposer que la reine était morte en donnant naissance à l'héritier du trône. Plus généralement, les archéologues n'ayant découvert qu'un petit nombre de bébés momifiés ou placés dans des tombeaux, il est fort probable qu'un enfant mort-né ou qui décédait peu après la naissance n'ait pas été considéré comme membre à part entière de la société, et donc n'ait pas eu droit à des funérailles en règle. On devait cependant lui attribuer certains pouvoirs magiques ou religieux, car le nourrisson était parfois enterré sous la maison. La présence, dans la tombe de Toutankhamon, de deux cercueils miniatures en bois doré semblerait confirmer cette hypothèse. Chacun contenait une autre bière renfermant un minuscule bébé momifié. Il s'agissait peut-être des restes de deux prématurés engendrés par le jeune roi et sa femme Ankhsenamon, mais leur place à l'intérieur du monument funéraire comporte sans doute une signification symbolique plus complexe que personne n'a encore élucidée.

Après la délivrance, la nouvelle mère était censée « se purifier » pendant quatorze jours. Le terme « purification » servait également à désigner les règles, révélant une confusion entre les saignements menstruels et les lochies ou écoulement utérin suivant l'accouchement. Faut-il voir dans l'utilisation de ce mot chargé de subjectivité, qui évoque l'idée d'impureté, de salissure, une mise à l'écart d'ordre rituel ou religieux de la femme considérée comme souillée ? Ou s'agissait-il seulement d'une expression courante sans signification particulière ? La question reste posée. Quoi qu'il en soit, l'accouchée bénéficiait d'une période de repos durant laquelle parentes ou amies se chargeaient des tâches domestiques, lui permettant ainsi de reprendre des forces et de s'occuper de son enfant.

> *J'ai fait revivre les noms de mes pères que j'ai trouvés effacés sur les portes... Vois, c'est un bon fils que celui qui perpétue le nom de ses ancêtres.*
>
> *Inscription tombale, Moyen Empire*

La mère donnait un nom au bébé immédiatement après la naissance, suivant sans doute les conseils du père dans ce domaine, pour s'assurer qu'en cas de décès de l'un ou l'autre des parents, l'enfant ne serait pas anonyme. Les Égyptiens accordaient en effet une grande importance à cette coutume, et pensaient que connaître le nom d'une personne ou d'une chose leur conférait un certain pouvoir sur elle. L'une de leurs plus grandes craintes était de sombrer dans l'oubli après la mort, et les hommes riches ne regardaient pas à la dépense pour faire bâtir des monuments commémoratifs censés prévenir un tel destin. Faire l'expérience d'une « seconde mort » dans l'au-delà – la disparition de tout souvenir terrestre du défunt, y compris son identité – constituait une perspective terrible. Des formules magiques spécifiques « pour ne pas périr au pays des morts » étaient d'ailleurs incluses dans les textes habituellement peints sur les cercueils en bois.

La plupart des citoyens égyptiens possédaient donc un nom, mais pouvaient aussi être identifiés grâce à un lien de parenté, comme Ahmosis, « fils d'Abana » et héros d'une célèbre biographie guerrière du Nouvel Empire. Certaines familles prisaient un ou plusieurs noms qu'elles attribuaient à leurs membres de façon répétée. Dans l'entourage du troisième prophète d'Amon, au Nouvel Empire, on appelait d'une génération à l'autre les fils soit Pediamennebnesttawy (littéralement, « Don d'Amon qui est le Seigneur du Trône des Deux Terres »), soit Hor (littéralement, « Horus »). Les filles aussi recevaient un nom, parfois le même que leur mère, auquel cas on les distinguait par des surnoms. Les Égyptiens n'hésitaient pas à gratifier leurs enfants de noms très longs : à cet égard, Hekamaatreemperkhons, fils d'Hekhemmout, n'a pas dû se sentir lésé ! Et on comprend sans doute mieux l'emploi fréquent des surnoms… Il était également courant d'inclure l'appellation d'un dieu ou d'une déesse dans celui de l'enfant, une manière de désigner ce dernier comme le don spécifique d'une divinité particulière, tel le susmentionné Pediamennebnesttawy. Parfois aussi, on souhaitait souligner la relation entre l'enfant et sa mère ou sa famille : Aneksi, par exemple, signifie « Elle m'appartient », et Senetenpu, « Elle est notre sœur ». Parmi le répertoire à la disposition des parents, on trouvait également les noms des membres de la famille royale, et ceux d'animaux ou de fleurs jugés plaisants. C'est ainsi que nombre d'Égyptiens ont baptisé leurs filles Susan, « un lys ».

Mon fils, Ô Roi, prends mon sein et tète-le… Il est venu à ses deux mères, des femmes aux longs cheveux et aux seins pen-

dants... Elles portent leurs seins à sa bouche et le nourrissent pour l'éternité.

Textes des pyramides, *Ancien Empire*

Il était courant de nourrir les enfants au sein pendant trois ans, une période beaucoup plus longue que ne le requiert la coutume dans les sociétés occidentales, et qui ne répondait pas à une nécessité biologique : le sevrage aurait pu intervenir plus tôt. Mais le lait maternel présentait un certain nombre d'avantages appréciables : hautement nutritif, facile à se procurer, stérile, il possédait en outre des vertus contraceptives, réduisant la probabilité d'une nouvelle grossesse trop tôt après l'accouchement. Le spectacle de l'allaitement ne choquait personne, bien au contraire. L'image de la femme accroupie ou assise sur un siège bas et offrant son sein gauche à son bébé, devenue le symbole de la maternité épanouie, est très présente dans l'art égyptien, séculier ou religieux. D'après les papyrus médicaux, mieux valait s'assurer de la qualité du lait maternel avant de nourrir l'enfant ; il devait sentir les plantes aromatiques ou la farine de caroube. Si son odeur rappelait celle du poisson, il n'était pas considéré comme consommable. Pour prévenir le manque de lait, ces mêmes textes recommandaient d'oindre le dos de la mère avec un onguent spécial, ou de lui donner à manger du pain d'orge. Ce liquide précieux, surtout si la femme avait donné naissance à un fils, servait non seulement à nourrir le nouveau-né, mais était également censé accroître la fécondité et cautériser les brûlures. Aussi le recueillait-on souvent dans de petits récipients anthropomorphes en forme de femme serrant contre elle un nourrisson.

Les Égyptiennes de la haute société et celles qui n'avaient pas la possibilité d'allaiter employaient une nourrice pour donner le sein à l'enfant. Il s'agissait de l'un des rares métiers bien payés et ouverts aux femmes issues de toutes les classes sociales. En outre, étant donné le nombre important de femmes mortes en couches, le travail ne manquait pas. Souvent, les parents établissaient un contrat avec la personne sélectionnée, par lequel celle-ci s'engageait à allaiter le bébé pendant une période déterminée et tarifée. À la Basse Époque, une clause stipulait qu'elle ne devait pas avoir de relations sexuelles pendant la durée de son service, afin d'éviter une grossesse susceptible de faire cesser la lactation. Il n'y avait aucune honte à exercer cette profession, et la place de nourrice royale fut d'ailleurs particulièrement convoitée au cours de la période dynastique, car il s'agissait de l'une des fonctions les plus importantes qu'une femme puisse remplir. Une femme choisie, en l'occurrence, parmi les épouses ou mères d'officiers de haut rang. Mais avec l'arrivée des Romains, le prestige rattaché à cette occupation baissa. Un certain nombre de contrats datant de cette époque révèlent que des nourrices furent chargées d'allaiter des enfants trouvés – sans doute ces bébés que l'on abandonnait sur les tas d'ordures. Plus tard, ceux-ci étaient vendus par leurs propriétaires, une pratique raisonnée sur le plan économique dans la mesure où les esclaves se monnayaient au prix fort.

> *La mort vole le nouveau-né dans les bras de sa mère tout comme elle emporte l'homme d'âge avancé.*
>
> *Instruction des scribes, Nouvel Empire*

Étant donné l'importance de la mortalité infantile, toute maladie frappant un fils ou une fille devait constituer une grande source d'inquiétude pour la mère. Peu de parents pouvaient se permettre d'emmener leurs enfants chez le médecin ; d'ailleurs, les praticiens ne possédaient pas en général les connaissances nécessaires pour prescrire un remède efficace. À titre d'exemple, on conseillait de faire manger une souris grillée à un enfant souffrant de maux de dents ; un véritable défi pour un bébé sans molaires ! Les affections considérées aujourd'hui comme anodines, telle la rougeole, pouvaient se révéler fatales sans un traitement approprié. Aussi les femmes se tournaient-elles souvent vers la magie pour protéger leur progéniture, se fiant à divers charmes, amulettes et autres incantations pour combattre la mort :

> *Disparais, toi qui viens de l'ombre. Toi qui rampes avec ton nez dirigé en arrière et ton visage détourné, puisses-tu oublier pourquoi tu es venue. Voulais-tu embrasser cet enfant ? Je ne te le permettrai pas.*
>
> *Formule de conjuration, Nouvel Empire*

L'esprit malin auquel cette incantation fait allusion détourne le visage afin de ne pas être reconnu. Pour accroître le pouvoir des formules magiques, on les transcrivait souvent sur un petit morceau de papyrus que l'on fourrait ensuite dans une perle en bois ou en or fabriquée à cet usage. Attachée au cou de l'enfant, elle devait le protéger. Deux mille ans plus tard, les choses n'ont guère changé dans les villages égyptiens, et Mlle Blackman a constaté que « pour prévenir ou soigner les maladies de leurs enfants, les femmes vont de magicien en magicien et achètent toutes sortes d'amulettes et de charmes écrits sans regarder à la dépense, aussi élevée soit-elle. On voit certains de ces remèdes prophylactiques suspendus au cou des bébés malchanceux. »

Les Égyptiennes consacraient sans doute la majeure partie de leur existence à élever et soigner leurs enfants, leurs frères et sœurs plus jeunes, leurs petits-enfants, voire les fils et filles d'amis ou de parents proches. Les rejetons de la famille royale sont parfois représentés en compagnie d'un tuteur ou d'un serviteur attaché à leur personne, mais en général, c'était aux femmes qu'incombait cette tâche. Malheureusement, ce travail ne laisse presque pas de traces matérielles, d'où la difficulté pour nous aujourd'hui d'explorer ce domaine[11]. Une certitude s'impose, cependant, tirée des témoignages à notre disposition : la plupart des parents remplissaient leurs devoirs avec amour et mettaient tout en œuvre pour assurer une enfance heureuse à leur progéniture.

Témoins ces jouets achetés ou fabriqués à leur intention : animaux sculptés dans le bois, bateaux miniatures, balles et toupies qui ont de tout temps fait la joie des petites filles et petits garçons. Ceux-ci avaient en outre la possibilité de s'amuser dans les champs, de s'ébattre dans la rivière et le canal, ou encore d'utiliser la boue épaisse du Nil comme pâte à modeler ; plusieurs poupées et animaux primitifs, sans doute façonnés par des enfants, ont d'ailleurs été retrouvés dans des villages ouvriers. Il ne faut cependant pas oublier que, dans une société accordant une grande valeur au travail, où les mariages entre adolescents étaient fréquents et l'éducation un luxe, l'enfance se caractérisait par sa brièveté. Très tôt, les parents inculquaient aux jeunes les rudiments du métier qu'ils exerceraient plus tard. On attendait également d'eux qu'ils veillent sur leurs cadets et s'occupent des animaux. Les filles aidaient leur mère, les garçons allaient à l'école, travaillaient dans les champs ou entraient en apprentissage. Il n'existait pas d'« adolescents » au sens d'une classe distincte de jeunes adultes. Dès l'âge de treize ou quatorze ans, une jeune fille préparait activement son mariage, pendant que sa mère, sans doute âgée de moins de trente ans, se réjouissait à la perspective d'avoir un gendre et de devenir une grand-mère respectée.

Chapitre III

MAÎTRESSE EN SA DEMEURE

Ne fais pas preuve d'autorité envers ta femme dans sa maison si tu sais qu'elle a bien accompli son travail. Ne lui dis pas : « Où est ceci, où est cela ? Va le chercher » si elle a rangé chaque chose à sa place. Ouvre les yeux et observe en silence ; alors tu reconnaîtras ses talents et ce sera une joie de mettre ta main dans la sienne. Bien des hommes ne s'en rendent pas compte, mais quand un mari ne cherche pas les querelles chez lui, elles ne surviennent pas. Tout homme qui fonde un foyer devrait réprimer les élans de son cœur impatient.

Instruction des scribes, Nouvel Empire

Dans l'esprit des Égyptiens de l'Antiquité, il n'y avait pas le moindre doute : la responsabilité des tâches ménagères incombait aux femmes. L'homme au foyer mettant la main à la pâte était une espèce encore inconnue, et le titre le plus convoité que portait la dame mariée, celui de Maîtresse de Maison, définissait parfaitement son principal devoir conjugal : assurer le bon fonctionnement journalier de la maisonnée. Il est fort improbable que l'un ou l'autre des sexes ait songé un seul instant à remettre en question cette répartition du travail ; pour tout le monde, hommes et femmes appartenaient à des catégories bien distinctes caractérisées entre autres choses par un mode de vie différent, et bouleverser l'ordre établi aurait constitué une grave erreur. Mais si, en théorie, l'épouse avait la charge de l'ensemble des corvées domestiques, la part réelle qu'elle était censée accomplir elle-même dépendait de sa position sociale. On n'attendait pas d'une reine qu'elle interrompe ses activités mondaines pour faire la cuisine, nettoyer ou changer les langes d'un enfant ! Les représentantes de la haute société bénéficiaient en effet de l'aide d'une nombreuse domesticité – servantes, cuisinières, nourrices, brasseurs –, dont elles devaient superviser l'organisation. Quant à leurs consœurs de condition plus modeste, elles n'avaient d'autre solution que de remplir leurs obligations seules, ou avec l'aide de leurs filles encore célibataires et d'amies proches. En l'absence des commodités qu'offre notre civilisation moderne, comme l'eau courante, l'électricité, le gaz, les supermarchés et les transports motorisés, entretenir une maison constituait une occupation à plein temps exigeant des efforts physiques éreintants.

Les informations recueillies sur le foyer typique de la période dynastique sont étonnamment peu abondantes. Elles semblent cependant indiquer que, tout comme dans l'Égypte rurale d'aujourd'hui, la famille ne se réduisait pas à son noyau, à l'instar du modèle occidental, mais pouvait inclure jusqu'à six adultes, voire plus. Sur le plan économique, ces unités fonctionnaient extrêmement bien, surtout dans les zones agricoles où elles exploitaient une même terre. Plus important encore, elles représentaient la sécurité pour leurs membres en garantissant soutien et assistance financière, au sein d'une société régie par un système juridique assez sommaire qui ignorait la notion de protection sociale. Pour une épouse, cette vie communautaire présentait en outre l'avantage d'une répartition des tâches entre les différentes occupantes de la maison, et il y a fort à parier que l'éducation d'un enfant ne posait pas de problèmes comparables à ceux rencontrés par les femmes d'aujourd'hui. L'observateur moderne ne manquera toutefois pas de souligner qu'en contrepartie, cette existence ne permettait qu'une intimité toute relative. On ne prenait pas en compte le besoin individuel de solitude et, à cet égard, l'idée largement répandue en Occident selon laquelle les parents et même les enfants peuvent avoir envie de leur propre espace de liberté aurait sans doute paru incongrue à des gens qui trouvaient plus rassurant qu'étouffant de dormir à quatre ou cinq dans la même pièce.

S'il arrivait que les garçons quittent la maison pour s'enrôler dans l'armée, les filles restaient presque toujours avec leurs parents jusqu'au mariage. Elles allaient alors s'installer dans une nouvelle

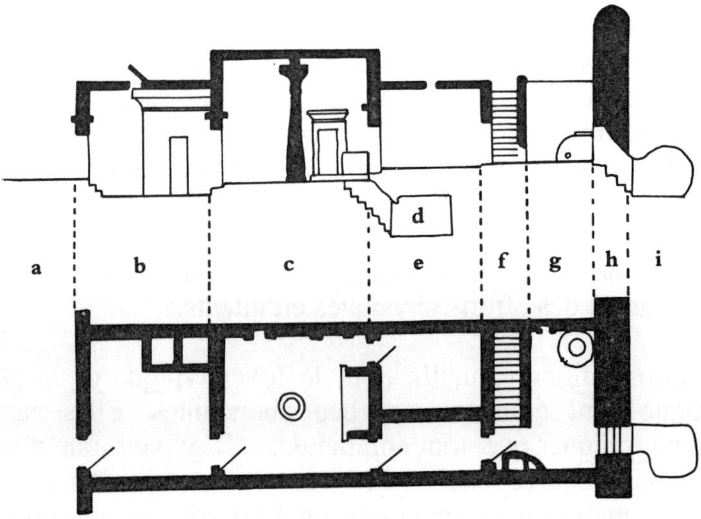

a Rue
b Pièce avec lit traditionnel ou d'accouchement
c Pièce principale
d Cellier
e Débarras ou chambre
f Escalier vers le toit
g Cuisine avec four
h Galerie de vestibule
i Cellier

Fig. 3.1 : Coupe transversale et plan d'une maison typique à Deir el-Médineh

Haut : stèle de la Première Période intermédiaire montrant les dames Hetepi et Bebi, filles du Prophète Sennedjsoui.
(Musée de Bolton)

Gauche : détails de la coiffure et de la robe d'une dame du Nouvel Empire.
(Tombeau de Ramsès, Thèbes)

Gauche : Statue d'un couple de l'Ancien Empire.
(Musée égyptien, Le Caire)

Bas : Stèle d'Iteti, le montrant en compagnie de ses trois épouses et de ses deux fils.
(Musée égyptien, Le Caire)

Droite : Stèle familiale du Moyen Empire mettant en scène l'apprenti scribe Iy, sa femme, ses enfants et ses parents. On ne sait pas quel est le rôle des six «Dames de la Maison» représentées en bas.
(Musée de Bolton)

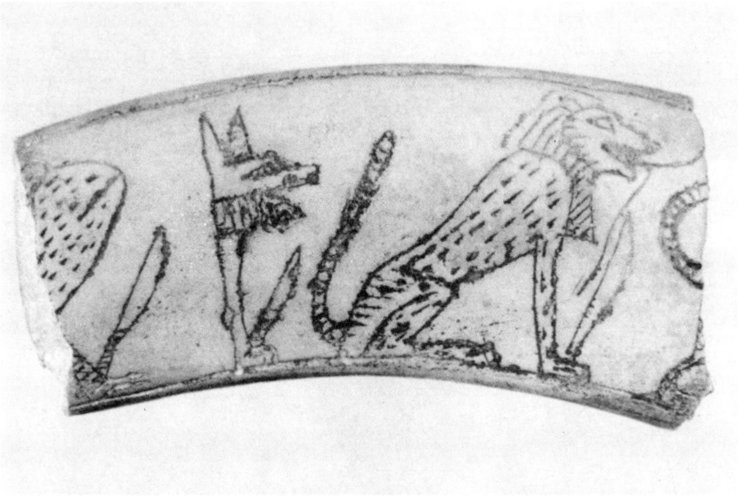

Haut gauche : Statuette de naine portant un enfant sur sa hanche, Moyen Empire.
(Université de Liverpool)

Haut droite : Le dieu nain Bès.
(Temple gréco-romain de Dendera)

Bas : Fragment d'une «baguette magique» ornée de divinités protectrices.
(Université de Liverpool)

Droite : Statuettes en bois de deux servantes qui portent chacune un coffret et deux canards.
(Garstang : Beni Hassan)

Haut : Poupées de fertilité en chanvre, Moyen Empire.
(Garstang : Beni Hassan)

Bas : Brosse et panier en roseau, accessoires typiques du Nouvel Empire.
(Université de Liverpool)

Droite : Grand panier contenant un tabouret pliant.
(Garstang : Beni Hassan)

Haut : Dames du Nouvel Empire charmées par un musicien.
(Scène du tombeau de Sakkara)

Gauche : Statuette en bois d'une *djeryt*.
(Université de Liverpool)

demeure ou dans celle de leur belle-famille. Par conséquent, la taille de chaque foyer variait d'année en année en fonction du départ ou de l'arrivée des épousées, du décès des membres les plus âgés et des naissances. D'après les informations fournies par les recensements de l'époque, on peut considérer comme typique la maisonnée du soldat Hori : l'habitation elle-même mesurait environ 12 mètres sur 15, et abritait l'épouse du propriétaire, son jeune fils Snéfrou, sa mère et cinq parentes proches, peut-être ses sœurs célibataires. À la mort de son père, Snéfrou, devenu chef de famille, continua à loger sa mère, sa grand-mère et au moins trois de ses tantes[1]. On relève une concentration semblable chez le prêtre Hékanakht qui, plus fortuné, faisait vivre sous son toit sa mère Ipi, sa concubine Ioutèmhèb, ses cinq fils et un certain nombre de filles, brus et serviteurs.

Opulentes ou modestes, la plupart des résidences égyptiennes destinées aux vivants, aux morts (tombes) ou aux dieux (temples), suivaient le même schéma directeur : d'abord une cour ou un espace ouvert, puis des salles de réception et enfin la partie privée. Chez les particuliers, celle-ci était strictement réservée aux membres de la famille. De nos jours, cette répartition vaut encore pour la plupart des villages égyptiens : une grande partie des travaux domestiques s'effectue toujours devant la maison, les invités sont reçus dans la pièce principale, et aucun visiteur n'a accès aux quartiers des femmes, à l'arrière de la maison. Il est assez difficile de déterminer s'il existait des endroits semblables destinés à l'usage exclusif des hommes, mais certaines fresques funéraires semblent indiquer que les femmes n'étaient en aucun cas cantonnées dans cette partie de l'habitation avec pour consigne d'éviter toute compagnie masculine. Recevoir l'ordre de la réintégrer était d'ailleurs considéré comme une humiliation terrible, comme le révèle le serment prononcé par les Égyptiennes appelées à témoigner au tribunal : « Que je sois renvoyée à l'arrière de la maison si je ne dis pas la vérité. »

Si le plan général demeurait le même, il y avait cependant un écart d'échelle considérable entre les différentes résidences de l'époque – des immenses palais royaux et somptueuses propriétés de campagne aux petites cabanes d'une pièce occupées par les familles les plus pauvres. Une constante, cependant : l'utilisation de la brique de boue séchée, un matériau fourni en abondance par les rives du Nil. Elle servait avant tout à édifier les cloisons externes et internes qui soutenaient un toit solide et relativement étanche fait de bouquets de roseaux posés sur des poutres scellées avec de la boue. On employait le bois surtout pour les portes, colonnes et encadrements de fenêtres. Quant à la pierre, coûteuse et moins facile à manipuler que la brique crue, elle constituait en général le dernier recours lorsqu'il n'y avait pas d'autre solution, comme à Deir el-Médineh, où l'absence de cours d'eau rendait impossible toute autre méthode de construction. Les riches propriétaires en faisaient néanmoins garnir perrons, chambranles et bases des piliers en bois – autant de signes extérieurs de richesse. Ces composants étaient souvent récupérés par les générations suivantes quand l'environnement plus fragile de boue séchée s'était effondré. Dans les demeures les plus majestueuses, on gravait des inscriptions sur ces ornements en pierre, peints en général de couleurs vives.

L'utilisation du limon séché imposait certaines obligations aux architectes égyptiens. Il leur fallait avant tout éviter les sols humides susceptibles de provoquer la désagrégation des murs. Villes et villages étaient donc souvent situés en retrait du plus haut niveau atteint par les eaux au moment des crues – une précaution qui se serait d'ailleurs révélée sage même pour des constructions en pierre. D'autre part, les caractéristiques de ce matériau influaient sur la structure interne des habitations : les cloisons devaient être assez épaisses pour pouvoir supporter le poids du toit, lui-même forcément étroit en raison de la rareté du bois nécessaire à sa fabrication. Toute augmentation du volume des pièces requérait par conséquent un accroissement correspondant du nombre des murs porteurs, et seuls les citoyens assez riches pour inclure des piliers indépendants dans les plans de construction pouvaient faire édifier des demeures spacieuses. La brique crue présentait cependant des avantages non négligeables : peu coûteuse, facile à manipuler, c'était en outre un isolant efficace permettant de conserver la fraîcheur en été et la chaleur en hiver. De plus, elle rendait assez facile l'extension ou la division des pièces, si bien que tout au long de leur existence, la plupart des logis en boue séchée furent modifiés à plusieurs reprises pour répondre aux besoins toujours changeants de leurs occupants.

Que ton cœur se réjouisse lorsque tu laboures ton lopin de terre dans le Champ des Roseaux. Tu récolteras ce que tu as semé. Ta moisson sera riche.

Inscription de la tombe de Pahéry, Nouvel Empire

Au cours de la période dynastique, l'Égypte connut plusieurs capitales – Memphis, Thèbes, Armana et Pi-Ramsès –, chacune abritant à différentes périodes de l'histoire le siège du gouvernement ou la résidence de la famille royale. Outre ces cités, on comptait une quarantaine de capitales régionales chargées de gérer les provinces dont elles étaient les centres administratifs, et plusieurs villes importantes, comme Abydos, qui se développèrent en raison de leurs liens avec les principaux temples. Les grands centres urbains prospères demeuraient cependant assez rares ; de fait, la majorité de la population se composait de paysans qui vivaient dans de petits villages insignifiants sur le plan politique, et cultivaient les terres alentour. Le peuple égyptien ne sous-estima jamais le rôle de l'agriculture dans l'économie et le bien-être collectif. Quant à l'existence rurale, sous sa forme la plus raffinée et aseptisée, elle était perçue comme idyllique par tous les citoyens de rang supérieur. Les riches passaient de longues heures à se détendre à la campagne tout en regardant les paysans s'activer. Leur conception du paradis, ou de l'au-delà, incluait d'ailleurs la surveillance des tâches agricoles dans le « Champ des Roseaux » toujours fertile.

Pour eux, la demeure idéale, souvent représentée dans les évocations funéraires de l'au-delà, était une vaste maison de plain-pied, un peu dans le style d'un ranch, ou comportant un étage, édifiée au centre d'un domaine immense protégé des turbulences de la vie par un rempart de briques crues. Modèle de perfection, cette résidence comportait un impressionnant portique à colonnes, d'élégantes salles de réception de belles proportions, des appartements familiaux spacieux, des quartiers réservés aux domestiques et naturellement, une cuisine bien aménagée. Les annexes servaient de logements supplémentaires ou de celliers, et le toit aplati, accessible par un escalier extérieur, avait une multitude d'usages. Ultime raffinement : un jardin paysager arrosé par un système d'irrigation artificielle et entretenu avec amour par une armée de jardiniers, doté d'un bassin agrémenté de poissons rouges, d'une profusion de fleurs et d'arbustes exotiques protégés par l'ombrage de grands arbres. Selon son désir, le propriétaire pouvait y faire édifier une chapelle ou un lieu de culte privé. Il va sans dire que le domaine comprenait aussi un puits et parfois même une petite ferme ; la maisonnée bénéficiait ainsi de produits de première fraîcheur. Rien de surprenant, donc, si les Égyptiens fortunés aspiraient à mener cette existence bucolique loin du stress de la vie citadine, avec le personnel nécessaire à l'accomplissement des tâches domestiques et agricoles.

> *Le jardinier porte un joug qui fait s'affaisser ses épaules avec l'âge et provoque de vilaines cloques suppurantes dans son cou. Il passe la matinée à arroser ses poireaux et la soirée à soigner son potager, après avoir peiné dans son verger à midi. Son travail, plus que tout autre, l'entraîne prématurément vers la tombe.*
>
> Satire des métiers, *Moyen Empire*

C'est à Akhétaton, capitale du roi Akhénaton née dans les sables désertiques de Moyenne Égypte, que ce rêve édénique faillit bien devenir réalité. Au cœur de cette région aride et inhospitalière, on construisit des villas luxueuses pour les officiers et autres fonctionnaires de la cour. Les plus spacieuses comportaient au moins vingt pièces, dont une vaste chambre à l'usage du maître de maison, avec salle d'ablutions particulière, ainsi que de ravissants jardins ceints d'imposants remparts en boue séchée. Quartiers des domestiques et celliers étaient situés un peu à l'écart du bâtiment principal afin de ne pas troubler la tranquillité des propriétaires. Malheureusement, Akhétaton ne fut qu'un songe éphémère et, moins de vingt ans après son édification, ses habitants l'abandonnèrent.

Cette exception mise à part, le village égyptien type devait beaucoup ressembler à son équivalent moderne : un agglomérat de maisons plus ou moins grandes groupées le long de ruelles ou de cours étroites, caractérisé par un développement anarchique en fonction des besoins du moment, sans aucune planification préalable. Les occupants disposaient sans doute d'un logement modeste de quatre ou cinq pièces tout au plus, où s'entassaient les membres de la famille proche, les parents éloignés à charge, les animaux domestiques – peut-être même quelques volailles et un ou deux moutons – et les provisions. Par chance pour la santé mentale des occupants, la clémence des conditions climatiques permettait d'effectuer une bonne partie des tâches ménagères à l'extérieur, devant la maison, dans la cour ou sur le toit, et d'échapper ainsi pour un temps à l'atmosphère surpeuplée d'un logis qui, en fin de compte, servait surtout de dortoir et de cantine.

> *Les demeures, surtout les mieux construites, sont remarquablement adaptées au climat égyptien. Une seule chose manque pour*

qu'elles soient tout à fait agréables à vivre : une propreté plus méticuleuse à l'intérieur comme dans la rue. Le salut des habitants tient principalement à ce qu'ils vivent dehors, la maison étant avant tout considérée comme l'endroit où prendre ses repas et dormir ; sinon, la mortalité serait beaucoup plus élevée qu'elle ne l'est.

Winifred Blackman, à propos de l'habitat rural moderne

En ville, les maisons étaient généralement plus petites qu'à la campagne, et disposées en rangs serrés dans la mesure où l'on se disputait l'espace disponible. Dotées de terrasses modestes, elles ne bénéficiaient cependant ni d'un jardin ni même d'une cour. Pour compenser leur étroitesse au sol, on les édifiait en hauteur, sur deux, voire trois étages. Si les descriptions réalistes de l'existence citadine au cours de la période dynastique sont assez rares, il semble toutefois évident que les agglomérations urbaines se caractérisaient par une forte densité de population et des conditions de vie sordides dans certains quartiers, où les hautes bâtisses voisinant avec les bâtiments publics importants privaient de lumière les ruelles étroites. Les cités à vocation utilitaire, comme Deir el-Médineh ou Armana, donnent une fausse idée de l'efficacité de l'urbanisme avec leurs logements soigneusement alignés le long de rues bien droites ; conçues avant tout pour répondre à un besoin précis, construites assez rapidement sur ordre du gouvernement, elles sont atypiques. Les centres traditionnels de commerce et d'échanges connaissaient au contraire une évolution lente et aléatoire. Quoi qu'il en soit, l'absence de législation sanitaire et de système d'évacuation des déchets, alliée à la surpopulation et à l'omniprésence d'animaux destinés à la consommation, rendait vraisemblablement l'existence en ville peu attrayante, sinon malsaine, surtout durant les longues journées d'été. Dans cette perspective, on comprend mieux la fascination des citadins pour les charmes de la campagne !

On a découvert sur une paroi de la tombe de Djehoutynéfer, scribe royal et gardien du trésor, un plan en coupe de la maison assez spacieuse qu'il avait occupée dans l'un des quartiers les plus résidentiels de Thèbes. D'après ce schéma, elle se composait de deux étages, à moins que ces niveaux ne représentent en fait différentes parties situées les unes à la suite des autres, une convention courante dans l'art égyptien. Le rez-de-chaussée regroupait les quartiers des domestiques, où les activités quotidiennes telles que la fabrication du pain, de la bière et le tissage pouvaient se dérouler hors de la vue du propriétaire et de sa famille. Au premier s'ouvraient de grandes salles de réception pourvues de larges fenêtres afin de laisser entrer le maximum de fraîcheur. Au-dessus se trouvaient les pièces privées réservées à la famille et aux femmes. Le toit plat servait apparemment de cuisine, et cinq silos à grain de forme conique y étaient placés. L'avantage de les édifier en haut de la maison n'est pas évident à première vue. Peut-être pour empêcher la vermine d'infester les céréales ? Cela dit, disposer d'une demeure de ville aussi luxueuse était l'apanage des riches ; les artisans vivaient pour leur part dans des habitations beaucoup plus modestes de deux ou trois pièces étroites, plus le toit que l'on pouvait protéger du soleil par des canisses et éventuellement utiliser comme logement d'appoint.

Fig. 3.2 : Femme portant des produits domestiques

À Deir el-Médineh, les maisons bâties pour les ouvriers thébains travaillant à l'édification des nécropoles étaient toutes sur le même modèle : longues, étroites, elles mesuraient environ 15 mètres sur 5, et se composaient d'une entrée carrée donnant accès à une pièce plus large, d'un cellier ou d'une petite chambre, puis d'une cour de proportions modestes faisant office de cuisine et souvent complétée par une cave. Un escalier extérieur permettait de monter sur le toit où la famille au grand complet dormait sans doute en été. Dans la ville moins prospère d'Armana, la majorité des travailleurs affectés aux basses besognes occupait des logements plus exigus encore, les soixante-douze habitations du site mesurant à peine 5 mètres sur 10. Elles se divisaient en une salle principale, une chambre ou un espace de rangement, et une cuisine. Le porche servait d'abri pour les animaux, et le toit d'annexe. Parmi ces logis plutôt sordides, on rencontrait quelques demeures d'artisans, plus grandes, de forme carrée, avec une vaste pièce de réception dotée de colonnes, plusieurs chambres et celliers, et une cour extérieure où l'on faisait la cuisine.

> *Pour chasser les puces d'une maison: l'asperger d'eau de natron jusqu'à disparition complète des parasites.*
>
> *Pour empêcher les souris d'entrer: enduire toutes choses de graisse de chat.*
>
> *Pour empêcher un serpent de sortir de son trou... placer un bulbe d'oignon dans l'ouverture. Ainsi, l'animal ne s'échappera pas.*
>
> Papyrus Ebers, *conseils domestiques*

Compte tenu de la température élevée qui régnait dans les intérieurs, du nombre important d'occupants, du manque d'hygiène et de la présence de denrées périssables et d'animaux, il n'est pas vraiment étonnant qu'insectes et vermine fussent devenus une nuisance permanente. Bien des maîtresses de maison avaient pris l'habitude de parfumer chaque pièce en faisant brûler un mélange odorant de myrrhe, d'encens et d'épices, qui présentait le double avantage de masquer les émanations déplaisantes et de fumiger la demeure. Les mouches devaient néanmoins grouiller et, même si la fumée des fours décourageait certaines des petites bestioles les moins audacieuses, on avait largement recours aux insecticides éprouvés comme la «graisse de loriot». En l'absence d'un système efficace d'évacuation des ordures, il fallait transporter tous les déchets domestiques jusqu'à la décharge locale, ou les déverser dans le canal ou la rivière proche; bon nombre d'habitants n'en voyaient pas la nécessité et se contentaient de tout jeter dans la rue, provoquant une élévation progressive du niveau du sol. Par chance, la forte chaleur garantissait une décomposition rapide sinon inodore. Les tas de détritus nauséabonds en train de pourrir entre les maisons étaient vraisemblablement infestés par les parasites, et l'on a découvert de nombreux indices signalant la présence de souris et de rats dans les habitations. Les animaux de compagnie se chargeaient sans doute d'éliminer certains rongeurs, voire les serpents, mais en cas de problème durable, il était nécessaire de poser des pièges mécaniques ou, plus simplement, de boucher les trous avec des pierres ou des chiffons.

> *Le blanchisseur lave sur la berge, à proximité du crocodile... De la crasse se mêle à sa nourriture, et aucune partie de son corps n'est propre. Il nettoie les vêtements de la femme qui a ses menstrues. Il pleure lorsqu'il a passé toute la journée à battre le linge avec un bâton et une pierre...*
>
> Satire des métiers, *Moyen Empire*

Si l'omniprésence des ordures ménagères ne semble pas avoir troublé les Égyptiens outre mesure, ils accordaient en revanche une grande importance à la propreté de la personne et de la maison. Leurs longues tuniques d'un blanc immaculé étaient célèbres dans le monde antique, à juste titre apparemment, si l'on en croit Hérodote : leurs vêtements étaient « toujours lavés avec soin », écrivait-il, « et ils veillaient tout particulièrement à ce point ». Les citoyens assez riches pour recourir aux services d'une blanchisserie s'offraient le luxe de faire prendre le linge sale devant leur porte ; on le leur rapportait un peu plus tard propre, sec, repassé et plié. En dépit du caractère péjoratif de la citation ci-dessus, le laveur de linge n'était pas nécessairement un individu méprisé ou de basse extraction. Le blanchisseur en chef de la famille royale était même souvent un jeune homme de naissance noble dont la charge jouissait d'un certain prestige et le plaçait juste en dessous du porteur de sandales dans la hiérarchie des professions rattachées à la cour. Cela dit, un officier de son rang, ayant en outre reçu de l'instruction, ne devait pas s'abaisser à effectuer lui-même les tâches manuelles ; selon toute vraisemblance, sa fonction consistait à superviser le labeur de ses semblables moins favorisés par le sort.

Seuls les foyers les plus fortunés et les grands temples s'adressaient aux professionnels ; la plupart des femmes n'osaient même pas rêver de pouvoir confier cette besogne à d'autres mains que les leurs. Faire la lessive familiale était une longue corvée éreintante, à recommencer sans cesse. Au jour dit, le linge à nettoyer était rassemblé dans des paniers et transporté au bord de la rivière ou d'un canal proche où on le roulait en boule avant de le mouiller. On l'enduisait ensuite de savon au natron, puis on le frappait vigoureusement avec un battoir en bois, ou on le frottait sur des pierres lisses avant de le rincer. Il était ensuite secoué, essoré, et mis à sécher au soleil. Une fois repassé, il était plié avec soin et rangé dans une corbeille ou un coffre à cet usage. Les quelques scènes de blanchissage dans les fresques funéraires montrent qu'il s'agissait d'une activité en plein développement ; durant le Moyen Empire, les blanchisseurs de métier utilisaient les mêmes méthodes que les maîtresses de maison mais, à la fin du Nouvel Empire, ils faisaient chauffer l'eau dans de grands récipients, une innovation qui leur permettait certainement d'obtenir un linge plus propre[2].

Pour l'entretien des intérieurs, on employait un balai à manche court auquel était attaché un faisceau de fibres végétales résistantes ; dans plusieurs illustrations de l'époque, on voit des serviteurs astucieux arroser d'abord le sol afin de fixer la poussière, puis le récurer à l'aide de brosses dont l'aspect ne diffère guère de celles que nous utilisons aujourd'hui. Le linge de maison usé ainsi que les habits trop petits pour servir à la fabrication de bandelettes funéraires faisaient des chiffons tout à fait acceptables. La tâche de la ménagère consciencieuse était facilitée par la rareté du mobilier, des tapis ou autres tentures susceptibles d'accumuler la saleté. Par rapport à des critères occidentaux modernes, même les demeures les plus luxueuses paraissent dépouillées ; la plupart des meubles mis à jour proviennent d'ailleurs des tombeaux et non des maisons. Considérés comme inutiles et encombrants, ils n'avaient même pas valeur d'ornements, puisque le concept d'objet décoratif sans utilité n'existait pas. La seule touche de fantaisie en matière d'embellissement consistait à recouvrir d'un enduit les murs de boue séchée avant de les agrémenter de fresques raffinées de couleurs vives.

Même si l'usage des tabourets, dont certains ne mesuraient pas plus d'une quinzaine de centimètres de haut, était largement répandu, les gens préféraient en général s'asseoir à même le sol ou s'accroupir. Quant aux chaises avec dossier, symbole d'une certaine aisance financière, on les trouvait seulement chez les citoyens les plus fortunés (qui n'en boudaient pas pour autant les petits sièges bas en bois !) On leur assortissait des tables mais, encore une fois, personne ne les jugeait indispensables. À l'image de ce qui se passe toujours dans l'Égypte rurale moderne, la nourriture était la plupart du temps posée sur des nattes tressées étalées par terre. Les convives assemblés autour n'avaient qu'à tendre la main pour se servir. Couteaux et cuillères servaient essentiellement à préparer les plats ; dans toutes les classes sociales, il était de bon ton de manger avec les doigts. Une illustration rien moins que protocolaire montre d'ailleurs le roi Akhénaton en train de dévorer à belles dents une superbe pièce de bœuf alors que la reine Néfertiti tient un oiseau entier rôti dans sa main droite.

Grand est le seigneur en sa ville. Il est comme une chambre fraîche qui permet à un homme de dormir jusqu'à l'aube.
Hymne au roi Senwosret III, *Moyen Empire*

Les chambres aussi se distinguaient par leur caractère spartiate. De fait, les pièces spécifiquement dévolues au repos constituaient un luxe dont profitaient surtout les riches, que l'importance de leur espace habitable autorisait à certains caprices. Mais la majorité des familles se débrouillait comme elle le pouvait pour dormir, disposant dans un coin une natte ou un drap de lin ainsi qu'une pierre incurvée ou un repose-tête censés prévenir les mauvais rêves, un attirail qu'il était facile de ranger au matin, lorsque reprenait l'activité. Les véritables chambres à coucher comportaient souvent une plate-forme basse, en brique, construite le long d'un mur, servant de support à un épais matelas formé de plusieurs épaisseurs de draps, ceci afin de se protéger du froid, de l'humidité et sans doute des insectes nuisibles. Il existait bien des lits en bois, mais outre leur prix élevé, ils prenaient de la place, handicap majeur pour un grand nombre de foyers. Pas pour les membres de la haute société, cependant, qui les prisaient comme symboles de leur statut privilégié. Quelle meilleure preuve du chaos régnant durant la Première période intermédiaire que ces observations faites par le scribe Ipouer : « Celui qui n'avait jamais dormi sur un coffre possède un lit », alors que « Ceux qui possédaient un lit sont sur le sol, et celui qui dormait dans la poussière étale maintenant une natte » ? Son indignation devant un bouleversement aussi inconvenant de la hiérarchie naturelle ne se calma qu'avec le retour à l'ordre établi. Il déclara alors :

C'est une bonne chose lorsque les lits sont faits et les repose-tête des maîtres rangés bien à l'abri. Lorsqu'une natte dans l'ombre suffit à combler les désirs de chacun, et que la porte est fermée à celui qui dort dans les buissons.

Les lits les plus confortables étaient équipés de véritables « ressorts » faits de joncs et de cordons entrelacés. Curieusement, certains des premiers modèles possédaient une inclinaison si forte vers le pied qu'il fallait recourir à un bois de lit pour empêcher le dormeur inconscient de glisser sur le sol. On remédia cependant à ce défaut au cours du Nouvel Empire, facilitant ainsi le repos des esprits agités. Quant au reste du mobilier de la chambre, il était réduit au strict minimum. Il y avait peut-être un tabouret bas servant à se coiffer ou à se maquiller, et les coffrets joliment travaillés contenant bijoux et fards devaient abonder dans les boudoirs des riches citoyennes. Sans doute à cause de la rareté du bois, on ne trouvait pas de mobilier coordonné ; l'usage des penderies, placards et commodes était peu répandu. Les ménagères disposaient de toute une gamme de coffres, boîtes et paniers tressés fermés par des liens pour ranger vêtements, draps ou affaires personnelles.

Un objet avait sa place dans chacune des pièces de la maison : la lampe. L'hiver, la nuit tombe vite en Égypte, d'où la nécessité d'un éclairage artificiel pour prolonger la vie de famille après le repas du soir. Les modèles de lampes allaient du simple bol à huile avec des mèches flottantes en tissu aux lampadaires plus sophistiqués d'aspect étonnamment moderne : de hautes colonnettes en bois soutenant une large vasque à huile en terre cuite. Feux, torches et braseros apportaient un supplément de lumière, tout en fournissant une chaleur appréciable pendant les veillées hivernales. Néanmoins, la maison devait être bien sombre après le coucher du soleil, car la majorité de la population se levait à l'aube pour se coucher au crépuscule.

En comparaison de ce que nous connaissons aujourd'hui, le coin-cuisine était d'une grande simplicité. Il comprenait généralement un foyer, au moins un petit four circulaire, diverses meules pour broyer le grain, des pots en terre et des espaces de rangement destinés à recevoir provisions et ustensiles nécessaires à la préparation des repas. Compte tenu de la difficulté à se procurer du bois, on utilisait comme combustible des excréments séchés qui offraient l'avantage de se consumer lentement, sans dégager d'odeur particulière, et d'être gratuits pour tous les propriétaires d'animaux ; des briques mêlant des déjections de moutons – qui brûlent très longtemps – à de la paille ont d'ailleurs été retrouvées dans certaines maisons de la ville d'Armana. Le revers de la médaille, c'était l'aspect contraignant de la collecte : il fallait en effet ramasser le fumier

Fig. 3.3 : Femme aux fourneaux

tous les jours, puis le façonner en y mélangeant de l'eau et de la paille avant de le faire sécher au soleil. On confiait sans doute cette tâche laborieuse et peu ragoûtante aux jeunes filles et aux enfants, comme c'est encore le cas dans l'Égypte moderne. Ensuite, il ne restait plus qu'à allumer le feu au moyen d'une mèche ou en frottant deux silex.

Le four se présentait comme un monticule trapu évoquant une ruche d'environ un mètre de hauteur, avec différents niveaux à l'intérieur et un trou à la base pour permettre de retirer les cendres. Il servait surtout à cuire le pain, mais on pouvait aussi faire chauffer des préparations culinaires en les posant sur le sommet aplati. La cuisinière surveillait les opérations, assise ou accroupie devant l'ouverture. Ceux qui préféraient le foyer à l'air libre avaient recours à un dispositif ressemblant à un trépied pour faire bouillir ou rôtir leurs plats, ou encore les exposer directement à la chaleur des braises. Certaines illustrations laissent supposer que le four était parfois installé sur le toit de la maison, ce qui semble bien périlleux eu égard aux risques d'incendie. Mais il est possible que les artistes aient juste voulu les représenter à l'extérieur de l'habitation, et que les observateurs modernes aient commis une erreur d'interprétation due à des références de style et de perspective différentes. Les vestiges archéologiques confirment en effet que les feux étaient le plus souvent allumés à l'écart du logis, sans doute pour réduire l'inconfort lié à la chaleur ou aux odeurs, et surtout le danger d'embrasement. À Armana en particulier, les cuisines se trouvaient à l'est des logements auxquels elles étaient reliées par un passage couvert. S'il arrivait que fours et foyers soient à l'intérieur, c'était généralement loin de la porte. De plus, les trous d'aération percés dans le toit de la cuisine permettaient à la chaleur, à la fumée et aux odeurs de s'échapper. Mais même ainsi, l'atmosphère dans cet espace clos devait être parfois bien étouffante.

> *Ils se nourrissent de pain d'épeautre auquel ils donnent la forme de miches... ils mangent toutes sortes de poissons crus, salés ou séchés au soleil. Des cailles aussi, des canards et des oiseaux plus petits qu'ils ne font pas cuire mais se contentent de saler. Tous les autres volatiles, à l'exception de ceux qui sont considérés comme sacrés, sont grillés ou bouillis.*
>
> *Hérodote, à propos de l'alimentation en Égypte*

Veiller à l'abondance des réserves de nourriture et de boisson destinées à la famille ainsi qu'aux invités était l'une des tâches les plus importantes de la maîtresse du logis ; menée à bien, elle représentait une source de satisfaction et de fierté pour toute la maisonnée[3]. Rares sont ceux qui n'apprécient pas un bon repas en plaisante compagnie, mais les Égyptiens semblaient vouer une véritable passion à l'organisation des banquets et aux libations entre amis. Si l'on considère à la fois les sévères mises en garde contre la gourmandise retrouvées dans les instructions des scribes et les scènes de banquets pantagruéliques sur les murs des tombes, il semble évident que le chemin le plus direct pour toucher le cœur d'un Égyptien passait par son estomac quelque peu proéminent. Les excès de table flagrants dans la haute société inquiétaient de toute évidence les couches de la population habituées à une existence plus frugale :

> *Lorsque tu t'assois pour manger, évite les plats que tu aimes. La retenue ne demande qu'un bref instant d'effort, alors que la gloutonnerie est indigne et condamnable. Un gobelet d'eau étanchera ta soif, et une bouchée d'herbes aromatiques te donnera*

des forces... Vil est celui dont l'estomac crie famine alors que l'heure du repas est passée.

Instruction des scribes, Ancien Empire

Si certains jouissaient de la possibilité de se goinfrer, c'était grâce à la gestion efficace des ressources naturelles de l'Égypte, une situation que bien des nations lui enviaient. Décrit à juste titre par Hérodote comme un « don du Nil », ce pays extraordinairement fertile fourmillait de plantes et d'animaux sauvages comestibles, et la prospérité de son économie agricole se traduisait par la production régulière d'importantes quantités de céréales et de viande. Des famines provoquées par une trop faible crue du Nil survinrent au cours de la période dynastique, mais restèrent cependant rares ; de toute façon, les montagnes de grain amassées durant les bonnes années suffisaient en général à surmonter les périodes de crise. Même les plus grandes villes égyptiennes entretenaient des liens étroits avec la campagne, si bien que la population avait la possibilité de consommer une large variété de produits frais quelle que fût la saison.

La relative facilité de se procurer de bons produits influait sur l'évolution des techniques culinaires : les cuisiniers privilégiaient les recettes simples en s'appuyant sur la qualité et la fraîcheur de leurs ingrédients pour concocter des mets appétissants, et n'éprouvaient apparemment ni l'envie ni le besoin d'expérimenter de nouvelles sauces ou combinaisons de saveurs et de textures. Cela à l'inverse de leurs collègues romains qui, souvent mal ravitaillés, devaient inventer des assaisonnements épicés et parfumés pour compenser la monotonie d'une alimentation constituée pour l'essentiel de denrées de conserve légèrement rances la plupart du temps. Les Égyptiens ne voyaient pas la nécessité de masquer les parfums naturels des composants d'une préparation et, à l'exception possible des ragoûts et des soupes, la nourriture était servie nature, sans apprêt ; c'était avant tout la variété des différents plats apportés simultanément qui flattait les papilles égyptiennes. Les illustrations de l'époque dynastique, et plus tard les œuvres des auteurs classiques, révèlent que la façon la plus traditionnelle et économique de préparer viandes et légumes consistait à les faire bouillir, alors que l'on cuisait au four le pain et les gâteaux au miel ou aux dattes. La volaille était en général rôtie à la broche, et il arrivait que l'on consomme les poissons, et parfois la viande, grillés.

Fig. 3.4 : Deux dames et une servante lors d'un banquet au Nouvel Empire

L'un des principaux problèmes auxquels cuisiniers égyptiens et romains se trouvèrent confrontés était la chaleur: en l'absence de tout système de réfrigération, il n'était pas possible de garder longtemps les denrées et, si l'on pouvait entreposer assez facilement les céréales et certaines espèces de fruits et de légumes, viandes et poissons devaient être séchés ou mis au préalable dans le vinaigre. Quant au lait et à ses dérivés, il fallait les conserver dans des pots en terre cuite humidifiés. Pour ce qui était des viandes, on réduisait le risque de les consommer avariées en tuant les animaux juste avant de les faire cuire, et la coutume des banquets garantissait qu'il n'y aurait pas trop de restes. Comme la politesse exigeait des convives qu'ils rendent l'invitation, la consommation nette de mets raffinés par individu demeurait constante. En revanche, il n'existait aucun moyen efficace de conserver sa fraîcheur au pain, et même si son faible taux de matière grasse permettait de le garder au moins vingt-quatre heures, on devait sans doute en préparer de nouvelles fournées tous les deux ou trois jours. Cette opération se déroulait vraisemblablement le matin, car c'était à midi qu'avait lieu le principal repas de la journée, un long moment de détente dont on profitait à l'intérieur, alors que les ardeurs du soleil décourageaient toute velléité de travail à l'extérieur. Outre ce solide déjeuner, les Égyptiens s'accordaient un léger petit déjeuner et peut-être un modeste souper ou une collation le soir.

Si aucun livre de recettes qui aurait permis de recréer les plats servis aux pharaons n'est parvenu jusqu'à nous, nous avons cependant retrouvé un assortiment étonnant de plats préparés. Leur approche pragmatique de la mort poussait en effet les Égyptiens à s'assurer que les défunts n'auraient pas l'estomac dans les talons au moment d'atteindre l'au-delà ; aussi entassaient-ils toutes sortes de victuailles à l'intérieur de la tombe. C'est ainsi qu'au cours de l'Ancien Empire, des repas entiers furent souvent enterrés avec le corps ; à Saqqara, on a découvert un dîner complet dans le tombeau d'une vieille femme de la IIe dynastie [4]. Au menu :

Miche de pain
Soupe d'orge
Poisson grillé
Ragoût de pigeon
Caille rôtie
Rognons cuits
Côtes et quartier de bœuf
Figues à la vapeur
Baies fraîches
Gâteaux au miel
Fromage
Vin

Le professeur Emery, qui fut le premier à pénétrer dans ce monument, remarqua avec intérêt que la défunte, dont le corps était nettement moins bien conservé que ses provisions, n'aurait jamais pu engloutir un tel festin de son vivant dans la mesure où elle souffrait d'un malencontreux dysfonctionnement des maxillaires l'obligeant à mastiquer d'un seul côté. Quoi qu'il en soit, ce menu ressemble beaucoup à celui servi lors des funérailles du roi Toutankhamon mille ans plus tard, lorsque l'on régala les huit convives de neuf canards, quatre oies, diverses pièces de bœuf et de mouton, de pain, d'un assortiment de fruits et de légumes, le tout arrosé des meilleurs vins. Ces victuailles étaient présentées en même temps, et les invités laissés libres de choisir l'une ou l'autre selon leurs préférences, une pratique encore courante dans l'Égypte moderne. On n'attachait pas d'importance particulière au fait de manger les plats chauds juste sortis du four, comme c'est le cas dans certains pays occidentaux au climat plus frais.

> *Fais une offrande abondante de pain et de bière, de petits et de grands animaux, de gibier, de vin, de fruits, d'encens et de toutes sortes de plantes délicieuses pour honorer le jour de la fondation d'Akhétaton...*
>
> *Extrait de la stèle indiquant la frontière d'Armana*

La quantité, la qualité et la diversité des ingrédients mis à la disposition du cuisinier variaient de foyer en foyer. La principale source d'approvisionnement était la ration quotidienne gagnée par les membres de la famille pour prix d'un labeur que l'on peut à juste titre qualifier de « gagne-pain ». La composition de ce paiement en nature – il n'existait pas de monnaie officielle – ne fut pas toujours la même selon les époques, mais elle incluait toujours des céréales, de la bière ou du pain ; selon toute vraisemblance, un travailleur recevait au minimum dix miches standard par jour, détail confirmé par l'histoire du Paysan éloquent (Moyen Empire), qui avait droit à cette quantité de pain et à deux cruches de bière quotidiennes pour faire vivre sa maisonnée. Plus le prestige de la profession était grand, plus la rétribution était conséquente ; certains hauts fonctionnaires pouvaient recevoir plusieurs centaines de miches qu'ils répartissaient entre les membres de leur foyer et le personnel travaillant sur leurs terres. Les rations les plus généreuses restaient cependant celles attribuées aux dieux ; il n'était pas rare de voir déposer des offrandes d'un millier de miches ou d'un bœuf entier, et dans la mesure où elles étaient redistribuées aux prêtres et aux employés du temple, les membres du clergé égyptien comptaient parmi les citoyens les mieux nourris du pays. Comme Hérodote le faisait remarquer avec une indéniable pointe d'envie :

> *Ils ne consomment aucun produit en provenance de leurs terres et ne dépensent rien. Chaque jour, on leur fabrique du pain avec du blé sacré, et chacun d'eux reçoit de la viande de bœuf et d'oie en abondance.*

Pour compléter cette ration de base, la plupart des familles avaient la possibilité de pêcher ou de chasser, et les citadins d'élever quelques poules, des moutons ou une chèvre qu'ils engraissaient avec des restes et qui leur assuraient une production quotidienne d'œufs, de lait et de fromage. Les vastes propriétés des riches fonctionnaient pratiquement en autarcie, avec leurs propres greniers à blé, boulangeries et fermes administrés par un bataillon de domestiques. Les ménagères avisées qui disposaient d'un excédent de produits, soit parce qu'elles cultivaient un potager, soit parce qu'elles préparaient des pains en surnombre, avaient toujours la ressource de les troquer au marché contre d'autres denrées. Résultat, si l'alimentation des Égyptiens les plus pauvres et les moins entreprenants se composait presque toujours de pain, d'oignons, de laitue, de radis et de légumes secs – un menu d'une régularité monotone aux propriétés quelque peu flatulentes –, leurs congénères plus débrouillards se régalaient de viandes succulentes, de volailles et de poissons, le tout agrémenté de légumes et de fruits frais ainsi que de pain et de gâteaux.

Ne mange pas ton pain sans en offrir un morceau à ton voisin. De la nourriture, il y en aura toujours. Mais l'homme ne fait que passer.

Conseil du scribe Ani

Le pain était de loin l'aliment le plus important préparé par la maîtresse de maison. En l'absence de toute autre denrée à forte concentration de glucides, comme les pommes de terre, les pâtes, le riz et les bananes, il constituait l'élément essentiel de l'alimentation, de même que l'ingrédient principal de la bière faite maison. Riches et pauvres le consommaient en grosses quantités, et l'incluaient souvent dans leurs offrandes aux dieux et aux morts. Pour les Égyptiens, c'était le symbole de toutes les nourritures : impossible de concevoir une existence sans pain, dans ce monde ou dans l'autre. Aussi n'est-il pas surprenant de voir le thème de la cuisson du pain traité à l'intérieur des tombes, sur des peintures ou sous forme de maquettes de boulangerie. De même, contes et dictons populaires soulignaient son importance.

Sans le recours de la farine tamisée, la préparation quasi quotidienne du pain devait représenter une tâche bien astreignante. D'abord, il était nécessaire de passer la farine dans un moulin à céréales à meules de pierre ; pour une famille comprenant cinq ou six adultes dotés de l'appétit solide des travailleurs manuels, il en fallait certainement une quantité impressionnante. Après l'avoir tamisée grossièrement, on la mélangeait à de l'eau et à du sel pour confectionner un chapati sans levain ou une sorte de pita que l'on cuisait sur une pierre plate placée dans le four ou sur un brasero. Pour fabriquer des pains au levain, il suffisait d'incorporer de la levure au mélange de farine et d'eau, et de le pétrir jusqu'à obtenir une pâte ferme. Épices, sel ou aromates ajoutés avant la cuisson servaient à en relever le goût. Additionnée de matière grasse, d'œufs ou de dattes, la préparation devenait un délicieux gâteau. On la façonnait à la main ou en se servant d'un moule, puis on la laissait lever avant de la mettre au four. On trouvait de nombreuses variétés et formes de pain. Il existait une quinzaine de termes pour désigner les différents types de pain durant l'Ancien Empire, et plus de quarante au Nouvel Empire. Parmi les variétés les plus populaires figuraient les miches semi-circulaires formées à la main et les miches pointues cuites dans des moules coniques, mais certaines, élaborées, représentaient des animaux. Des femmes aussi, que l'on réservait aux occasions spéciales.

> *Mieux vaut du pain et un cœur heureux que des richesses et des tracas.*
>
> *Proverbe du Nouvel Empire*

Contrairement au pain, la viande, et surtout le bœuf, faisait partie des denrées de choix que le commun de la population n'avait pas souvent l'occasion de savourer. En théorie, chacun avait la possibilité d'acheter des morceaux quand les temples écoulaient leur excédent, mais leur prix élevé ne les rendait accessibles qu'aux nantis. Compte tenu de l'absence de réfrigération, de l'omniprésence des mouches et de la saleté, cette « injustice » ne semble pas franchement regrettable aux délicats que nous sommes ; toute personne issue d'une culture dominée par les supermarchés où règnent l'emballage sous vide et l'obsession de l'hygiène, et qui voit pour la première fois une boucherie égyptienne moderne, n'est pas près d'oublier ce spectacle… Durant la période dynastique, seuls les grands domaines et les temples pouvaient se permettre d'entretenir des troupeaux uniquement destinés à la consommation. Ces bêtes étaient gavées de boules de pain, puis tuées lorsqu'il leur devenait presque impossible de marcher, produisant une viande tendre et savoureuse. Les individus moins fortunés qui faisaient l'acquisition de quelques vaches s'efforçaient de rentabiliser au mieux leur investissement en exploitant le lait et la bouse, et en les utilisant pour le labour et le battage. Comme elles n'étaient mangées qu'à la fin de leur vie active, on peut imaginer que leur chair, si elle ne manquait pas de goût, n'en était pas moins coriace et filandreuse. Quoi qu'il en soit, on ne gaspillait rien : la cervelle, les tripes, les oreilles, la langue et les pieds faisaient les délices des consommateurs, et même le sang était récupéré pour confectionner une sorte de gâteau noir. Quant à la graisse, elle avait une multitude d'usages, et entrait en particulier dans la composition de remèdes. Les classes supérieures, moins préoccupées par les problèmes de gaspillage, sont souvent représentées en train de manger les plus beaux morceaux.

Il était plus courant pour les familles de posséder du « petit bétail », à savoir moutons, chèvres ou même cochons. Les classes moyennes supérieures appréciaient tout particulièrement les repas consistants à base de mouton bouilli ou de ragoût de chèvre, même si quelques indices laissent supposer que certains nobles dévots évitaient ostensiblement de manger ce genre de viande dans des villes comme Thèbes, où le bélier était vénéré à l'égal d'un dieu. Le cheptel ovin fournissait en outre une production importante de lait, à déguster en boisson chaude ou à intégrer dans la composition de nombreuses préparations culinaires, et qui servait aussi à la fabrication de fromage et de beurre clarifié. Comme dans de nombreuses parties du monde aujourd'hui, le porc faisant l'objet d'un tabou religieux, on le jugeait impropre à la consommation, en théorie du moins. Des détails permettent en effet d'affirmer que cette défense rituelle n'était pas observée de manière stricte : la présence de troupeaux de cochons dans les fresques des tombeaux et l'abondance des ossements mis à jour dans les décharges d'Armana et de Deir el-Médineh. Fournir de la viande n'était cependant pas le seul mérite de ces animaux, qui dévoraient et recyclaient les restes de nourriture, évitant qu'ils ne pourrissent au soleil, et contribuaient ainsi au nettoyage des rues et des maisons[5].

Le Nil grouille de poissons en quantités inimaginables ; il fournit à tous les autochtones une abondance de poisson frais, mais aussi une réserve intarissable de poissons à saler.

Diodore de Sicile

On mangeait du poisson dans toutes les classes sociales; hautement nutritif, riche en protéines et en minéraux, il contribuait en particulier à équilibrer l'alimentation des plus pauvres qui, sinon, auraient souffert de carences. Si la pêche au harpon constituait l'un des passe-temps favoris des nobles, et si les pêcheurs de métier employaient une grande variété de lignes, filets et nasses afin de gagner leur vie, il n'était cependant pas nécessaire de posséder d'attirail particulier pour ramener de belles prises : bon nombre d'Égyptiens se contentaient d'attendre la décrue pour ramasser les poissons morts ou mourants échoués dans les champs boueux. On pouvait ensuite les faire griller, les manger frais ou les conserver séchés à l'air libre, fumés, salés ou marinés dans l'huile.

Les volatiles faisaient également partie des produits que les plus démunis se procuraient sans trop de difficulté. Bien avant l'apparition des poulets, à la fin du Nouvel Empire, on trouvait des canards et des oies même chez les familles modestes, qui élevaient parfois aussi colombes et pigeons domestiques dans des pigeonniers. En outre, il suffisait d'utiliser pièges ou filets pour capturer le gibier d'eau qui pullulait un peu partout; des scènes de chasse montrent des hommes poursuivant des oiseaux avec des lances et des bâtons, mais ces méthodes relevaient sans doute plus d'une activité sportive divertissante que d'une véritable technique cynégétique. Les oiseaux sauvages ainsi attrapés étaient enfermés dans des cages en bois et nourris au grain avant d'être consommés. Grâce à cette pratique, on disposait d'une réserve constante de viande fraîche sans avoir à se soucier d'élaborer des procédés de conservation tels que le séchage ou le saumurage. L'animal était tué au moment voulu, juste avant d'être accommodé, et aujourd'hui encore, il est courant de voir un ou deux volatiles « en attente » dans les cuisines égyptiennes. Les œufs des captifs venaient s'ajouter à ceux ramassés dans la nature.

Fruits frais, haricots, légumes secs et verts occupaient également une place importante dans l'alimentation quotidienne. Les Égyptiens étaient célèbres à travers le monde antique pour leur consommation immodérée de légumes crus, en particulier oignons, ail et poireaux. Melons et concombres jouissaient d'une telle popularité que même les enfants d'Israël, enfin libérés du joug infamant de la domination égyptienne, en eurent la nostalgie :

Personne ne nous donnera donc de la viande? Dire qu'en Égypte, nous avions du poisson à volonté, des concombres et des pastèques, des poireaux, des oignons et de l'ail. Aujourd'hui, nos gorges sont sèches ; partout où nos regards se portent, il n'y a que cette manne.

La manne, appelée aussi « pain des cieux », désignait sans doute les sécrétions des petits insectes qui vivent sur les branches des tamaris ; cette substance est aujourd'hui encore appréciée par les Bédouins, qui la considèrent comme un mets raffiné. Les oignons égyptiens, petits et ronds, étaient sans doute beaucoup plus sucrés que leurs équivalents européens. On les servait presque à chaque repas, et on leur attribuait même un certain degré de symbolisme religieux : durant la fête de Sokar, qui se tenait à Memphis pour célébrer le solstice d'hiver, les prêtres portaient une couronne d'oignons et en reniflaient des bouquets pendant la procession sacrée. Pour ce qui est de l'ail égyptien, moins gros que son équivalent moderne, il n'avait peut-être pas un goût aussi prononcé.

Les pauvres faisaient également une grande consommation de haricots à la richesse nutritive incontestable. Avec les pois chiches, fèves, haricots bruns (*ful mesdames*) et lentilles, déjà cultivés à la période prédynastique, et que l'on faisait bouillir, on préparait un mélange consistant en y mêlant de l'ail et de l'huile, puis on fourrait le tout dans un pain sans levain. Des recettes plus audacieuses incluaient des oignons émincés, de l'œuf, et même des boules de légumineuses rissolées semblables aux *filafil* servis aujourd'hui.

La tradition d'hospitalité qui pousse les Égyptiens à partager leur repas avec les étrangers quelques minutes à peine après avoir fait leur connaissance trouve son origine dans les coutumes de l'époque dynastique. Les banquets à caractère semi-officiel occupaient une place importante dans la vie sociale et, comme il n'y avait ni restaurants ni cafés, on les organisait toujours chez soi. En l'absence d'autres distractions, ces soirées constituaient la principale source de divertissement des riches. Car des moyens, il en fallait pour organiser ces somptueuses réceptions, mais aussi pour employer le personnel nécessaire à la préparation des plats et au nettoyage du désordre qui en résultait. Nous ne disposons malheureusement d'aucune description écrite du déroulement d'un banquet ; nos seules références dans ce domaine sont les fresques ornant les murs des tombeaux. Elles indiquent en particulier que même s'il y avait toutes les chances pour qu'un repas d'apparat dégénérât en gigantesque partie de goinfrerie collective, il commençait toujours dans le plus strict respect des convenances et autres bonnes manières. Observer le protocole étant considéré comme une preuve d'éducation, le sage Ptahotep (Ancien Empire) ne manquait pas de le recommander aux inadaptés sociaux :

> *Si tu es invité à la table d'un hôte plus important que toi, prends ce qu'on te donne à mesure qu'on le dispose devant toi. Regarde celui qui est assis en face de toi, mais sans lui jeter de coups d'œil trop fréquents, car l'offenser, c'est offenser le Ka. Ne lui adresse pas la parole tant qu'il ne t'aura pas adressé la parole – tu ne sais pas ce qui peut le contrarier. Si tu réponds seulement lorsqu'il te parle, alors tes propos contenteront son cœur.*

Dès leur arrivée, les invités étaient accueillis par de jeunes servantes légèrement vêtues qui leur offraient une guirlande de fleurs exotiques et un cône de cire parfumé à porter sur la tête. On ne séparait pas les hommes et les femmes mariés, et les serviteurs conduisaient les couples les plus en vue aux places d'honneur : des sièges ou des tabourets bas placés près de tables individuelles croulant sous une profusion de plats. Les hôtes moins prestigieux s'asseyaient ou s'accroupissaient sur des nattes étalées sur le sol, et se régalaient des mêmes mets. Tout au long du repas, les domestiques faisaient circuler des suppléments de nourriture et de vin, tandis que des troupes de jeunes danseuses nubiles, d'acrobates et de musiciens se chargeaient de divertir les convives. Les chants plutôt lugubres accompagnant leurs prouesses avaient paradoxalement pour but d'inciter la noble assistance à profiter des plaisirs de la vie. Quoi qu'il en soit, cette tonalité mineure ne gâchait pas l'harmonie de l'ensemble, et rien ne semblait devoir altérer la bonne humeur générale, pas même le point d'orgue macabre dont nous parle Hérodote dans son récit : à la fin des banquets, raconte-t-il, un serviteur à la mine sinistre montrait une momie miniature à la joyeuse assemblée de noceurs en leur conseillant de boire et de se réjouir, car une fois morts, ils auraient cette allure-là. Mais cette anecdote est sans doute plus révélatrice de la naïveté d'Hérodote que des véritables coutumes des dîneurs égyptiens.

Si les fresques funéraires montrent souvent les invités installés devant un buffet appétissant, ils ne sont cependant jamais en train de manger. Pour boire, en revanche, ils boivent ! Leurs coupes sont sans cesse remplies par des servantes complaisantes. Cette légère incohérence a incité certains linguistes, influencés par le fait que le terme égyptien *sti*, c'est-à-dire « verser », signifie également « féconder », à suggérer que ces scènes étaient peut-être des clins d'œil destinés à souligner la fertilité des défunts. Des références sexuelles plus explicites auraient en effet été déplacées dans un monument funéraire[6].

L'ivresse d'hier n'étanchera pas la soif d'aujourd'hui.
Conseil aux jeunes hommes, Basse Époque

Aucun maître de maison digne de ce nom n'aurait imaginé convier ses hôtes sans leur offrir une quantité inépuisable de ses vins les plus fins[7]. Tout le monde en buvait, les hommes comme leurs épouses. De fait, la représentation de dames visiblement éméchées et mal en point montre que l'intempérance lors des banquets prêtait à sourire, surtout lorsque la victime était une femme. L'une d'elles, dans une scène de la tombe de Pahéry, ordonne même à un serviteur, avec une certaine imprudence : « Apporte-moi dix-huit coupes de vin ! Vois, je veux m'enivrer ; l'intérieur de ma gorge est aussi sec que de la paille. » On servait en priorité du vin rouge, une boisson appréciée dès le début de l'Ancien Empire, et qui ralliait tous les suffrages. La production de vin blanc ne se développa vraisemblablement qu'à partir du Moyen Empire, pour la plus grande satisfaction des bons vivants de la période classique. Le citoyen gréco-égyptien Athanaeus ne tarissait pas d'éloges sur le vin de la région maréotique, qu'il décrivait comme « excellent, blanc, agréable, parfumé, facile à digérer, léger, ne risquant pas de monter à la tête, et diurétique » ; le vin taéniotique était « meilleur encore que le maréotique, plus pâle, un peu gras, agréable, plein d'arômes, légèrement astringent », et quant au vin de la province d'Antylla, « il surpasse tous les autres ».

Fig. 3.5 : Dame vomissant lors d'un banquet

Ne te laisse pas aller à boire de la bière au risque de prononcer des paroles regrettables et de ne plus savoir ce que tu dis.

Instruction du scribe Ani

Le vin faisait partie des plaisirs coûteux réservés aux riches. Les buveurs plus pauvres, moins raffinés, n'avaient d'autre solution que de noyer leur chagrin dans de grandes quantités de bière artisanale, une boisson douceâtre, non gazeuse et épaisse, tellement remplie d'impuretés qu'il fallait souvent la boire à l'aide d'une paille. Cette « bière » n'avait rien à voir avec la Stella que l'on vend aujourd'hui en Égypte, et était sans doute plus nutritive qu'alcoolisée. Outre son prix peu élevé et la facilité avec laquelle on pouvait se la procurer, elle avait apparemment un goût agréable, comme en témoigne le jugement approbateur de Diodore de Sicile, homme plein de discernement s'il en était, qui lui trouvait « une odeur et une saveur à peine inférieures au vin ». La coutume voulait qu'on l'offre aux dieux et aux défunts, et c'était aussi un breuvage précieux pour la médecine.

Le brassage de la bière, très proche de la fabrication du pain, relevait de la responsabilité des femmes. L'opération était somme toute assez simple : à partir d'un mélange de farine tamisée et d'eau, on préparait une pâte épaisse à laquelle on ajoutait de la levure avant de la passer brièvement au four. Une fois émiettée, la miche était mise à fermenter dans une jarre où l'on versait encore de la farine et de la bière. Enfin, on la filtrait avant d'en remplir un récipient que l'on prenait soin de boucher pour éviter qu'elle ne continue à fermenter, au risque de devenir acide. Une technique similaire est encore utilisée aujourd'hui dans une brasserie nubienne fabriquant une bière connue sous le nom de « booza ».

Chapitre IV

TRAVAIL ET LOISIRS

Je te ferai aimer le travail de scribe plus que tu n'aimes ta propre mère. J'en rendrai les charmes évidents à tes yeux, car c'est la plus noble profession qui soit, et il n'en existe nulle autre pareille dans tout le pays... Vois, tous les travailleurs œuvrent sous la surveillance d'un supérieur sauf le scribe, qui est toujours son propre maître. Par conséquent, si tu apprends à écrire, ce sera un choix bien meilleur pour toi que n'importe lequel des métiers dont je t'ai fait la liste, tous plus épouvantables les uns que les autres.

Propagande des scribes, Moyen Empire

Instruction et alphabétisation étaient les clés de la réussite professionnelle dans la société de la période dynastique. L'écriture se développa en Égypte aux environs de l'an 3000 av. J.-C. ; à partir de ce moment, seuls les lettrés possédant quelques notions d'arithmétique purent prétendre à des postes d'importance, comme ceux d'administrateur et de comptable, dans les trois principaux secteurs recrutant des employés de bureau : la fonction publique, l'armée et le clergé. Le titre de « scribe », plutôt vague à l'origine, et qui désignait toute personne instruite quel que soit son métier, devint rapidement l'une des distinctions les plus recherchées. Pour preuve, bon nombre d'hommes riches et influents choisissaient de se faire sculpter dans la position typique du scribe – assis en tailleur, un rouleau de papyrus entre les genoux, un pinceau de roseau à la main – afin de rehausser leur prestige. Outre des perspectives de carrière plus séduisantes, le statut de lettré présentait un certain nombre d'avantages non négligeables, dont celui d'être dispensé d'un travail manuel avilissant. De plus, la fréquentation du fleuron de la société renforçait encore l'ascendant des érudits. À l'inverse, les analphabètes se trouvaient affligés d'un sérieux handicap, et aucun espoir de promotion ne leur était permis. En somme, pour être quelqu'un dans l'Égypte ancienne, il fallait savoir lire et écrire.

Le futur scribe acquérait les rudiments de la lecture et de l'écriture à l'école ou à la maison puis, selon la bonne vieille méthode de l'enseignement par l'apprentissage, il progressait en travaillant sous la direction d'un spécialiste plus âgé. Celui-ci était souvent un proche parent, un père ou un oncle par exemple. Au cours de l'Ancien Empire, les riches familles prirent l'habitude de faire appel à des précepteurs pour instruire leurs enfants, et parmi les classes supérieures, cette tradition se poursuivit jusqu'au Nouvel Empire. Au Moyen Empire, cependant, la maison royale et les temples favorisèrent la création d'écoles baptisées «Maisons d'Instruction», ayant pour vocation de donner un bagage culturel solide à de jeunes garçons triés sur le volet et appelés à grossir les rangs de ces fonctionnaires dont le pays en pleine expansion avait tant besoin. Ces établissements ne se distinguaient malheureusement pas par une pédagogie créative et stimulante, aussi les élèves n'étudiaient-ils pas grand-chose en dehors de la lecture, de l'écriture et, dans une moindre mesure, de l'arithmétique. Chaque matin, ces écoliers, dont certains n'avaient que cinq ans, assistaient aux leçons, passant leur temps à déclamer, copier et recopier des textes classiques de plus en plus complexes et ennuyeux à mesure qu'ils amélioraient leurs aptitudes.

> *Lorsque ta mère t'a envoyé à l'école, où tu as appris à lire et à écrire, elle te préparait chaque jour du pain et de la bière. Lorsque tu seras un homme, que tu prendras une épouse et que tu fonderas un foyer, occupe-toi de ton fils, et élève-le comme ta mère t'a élevé.*
>
> *Instruction des scribes, Nouvel Empire*

Il n'existait pas de livres de lecture conçus pour favoriser le développement des jeunes esprits. Le premier ouvrage sur lequel on les faisait travailler était un long texte appelé le *Kemit*, qui regroupait des formules de politesse, des exemples de lettres et des conseils à l'usage des scribes en herbe. Sa calligraphie verticale démodée devait le rendre aussi déroutant pour les élèves du Nouvel Empire qu'un texte de Chaucer en vieil anglais pour les enfants des classes primaires d'aujourd'hui. Une fois ce redoutable obstacle surmonté, les écoliers s'attaquaient à des œuvres plus traditionnelles, mais ne se familiarisaient avec la littérature de leur époque qu'au bout de trois ou quatre ans, lorsqu'ils possédaient une maîtrise suffisante de la lecture et de l'écriture. Les leçons portaient en particulier sur les textes dits « de sagesse », d'où sont tirés bon nombre des citations de ce livre. La popularité de ces documents apparus à l'Ancien Empire ne se démentit pas durant toute la période dynastique. Toujours rédigés sur le même modèle, à savoir des listes de maximes aux tournures alambiquées, ils symbolisaient l'enseignement qu'un respectable professeur dispensait à son fils ou à son élève favori. Nombre de ces conseils, qui vont du général au particulier, restent valables de nos jours :

> *Si un fils écoute les paroles de son père, alors aucune de ses entreprises n'échouera.*
>
> Texte de sagesse, *Ancien Empire*

> *Ne raconte pas de mensonges sur ta mère ; les magistrats ont horreur de cela.*
>
> Texte de sagesse, *Moyen Empire*

> *Tends la main à ton aîné qui a bu trop de bière ; respecte-le comme ses enfants devraient le respecter.*
>
> Texte de sagesse, *Nouvel Empire*

> *Celui qui crache vers le ciel recevra des crachats sur la tête.*
>
> Texte de sagesse, *Basse Époque*

Les études se révélaient fastidieuses pour les élèves dans la mesure où l'on employait trois sortes d'écriture différentes, chacune étant censée s'appliquer à un type de document particulier. La plus courante se composait de signes tout en rondeurs et allait de droite à gauche. Spécialement conçue pour faciliter la transcription avec un pinceau fin, la cursive hiératique était celle de la vie de tous les jours et, par conséquent, la plus répandue. À l'inverse, on réservait les hiéroglyphes, dont la complexité nécessitait l'intervention de spécialistes minutieux, aux inscriptions à caractère éternel peintes ou gravées sur les monuments. Enfin, l'écriture cursive hiéroglyphique, qui allait de gauche à droite, se situait entre ces deux extrêmes ; c'était celle des textes religieux, magiques et scientifiques. À la fin de la période dynastique, des changements dans la langue égyptienne favorisèrent l'émergence d'un quatrième type d'écriture, le démotique, à usage essentiellement professionnel. Nul doute que les petits Égyptiens, obligés d'assimiler ces quatre calligraphies, auraient envié les enfants du monde moderne qui doivent juste apprendre à reconnaître minuscules, majuscules et italiques.

Ne gaspille pas ta journée en restant oisif, ou tu seras fouetté. L'oreille de l'élève est dans son dos. Il écoute lorsqu'on le bat.
Conseil traditionnel des scribes

Les maîtres faisaient preuve d'une grande sévérité envers leurs jeunes élèves, considérant les coups comme une partie intégrante du processus d'apprentissage. D'où cette remarque d'un adulte à son ancien mentor : « Tu as frappé mon dos, aussi ton enseignement est-il parvenu jusqu'à mon oreille. » La question du châtiment corporel mise à part, la méthode d'éducation différait grandement de la pratique usuelle en Occident. Pour enseigner la lecture, par exemple, on faisait mémoriser, répéter puis écrire des phrases entières considérées comme des entités uniques ; il n'était pas question de les analyser en réfléchissant sur chaque mot, ou de retenir l'orthographe d'un terme en identifiant et en prononçant chacune de ses composantes. Les écoliers n'étaient pas encouragés à développer une pensée critique ou à s'exprimer dans une prose créative ; au contraire, il s'agissait avant tout d'être capable de restituer dans leur ensemble les tournures apprises par cœur. Ce qui explique, entre autres choses, pourquoi bon nombre de documents égyptiens, y compris la correspondance privée, abondent en formules identiques, au point qu'on les dirait rédigés par le même scribe. Certaines lettres, uniquement composées de clichés, sont ainsi dépourvues de contenu personnel, à la manière de ces cartes d'anniversaire ou de vœux comportant déjà un message et sur lesquelles on ajoute juste quelques mots pour maintenir le contact.

Instruire une femme est comme tenir un sac de sable dont les côtés ont été déchirés.
Opinion du scribe Ankhshéshonq, Basse Époque

Fig. 4.1 : La déesse Séchat

Rien ne permet d'affirmer que les fillettes accompagnaient leurs frères à l'école. Dans la mesure où l'éducation représentait une première étape vers un apprentissage professionnel, et comme très peu de filles pouvaient espérer avoir un jour accès aux professions prestigieuses, la plupart des parents devaient juger inutile d'engager des frais pour elles dans ce domaine, surtout quand l'instruction restait un privilège réservé à quelques rares garçons parmi une population en majorité illettrée. Cela dit, et en dépit des opinions quelque peu sectaires du scribe Ankhshéshonq, la société ne voyait aucun inconvénient à ce que les filles reçoivent un enseignement. D'ailleurs, si la seule Égyptienne représentée un calame à la main est Séchat, la déesse de l'écriture, plusieurs dames figurent dans les illustrations avec l'attirail traditionnel du scribe, à savoir une palette et des pinceaux[1]. Il est évident que les princesses royales faisaient partie des lettrées ; nul doute que le titre de précepteur de la fille du monarque jouissait d'un immense prestige… Pour preuve, le puissant dignitaire Sénènmout, Deuxième Prophète d'Amon sous le règne de la reine Hatshepsout (Nouvel Empire), considérait sa fonction de précepteur de la princesse Néférouré, fille de la souveraine et héritière du trône, comme le point culminant d'une carrière exceptionnellement brillante.

Mais les ostraca de Deir el-Médineh ont permis de mettre en lumière un point plus surprenant encore : certaines ménagères de

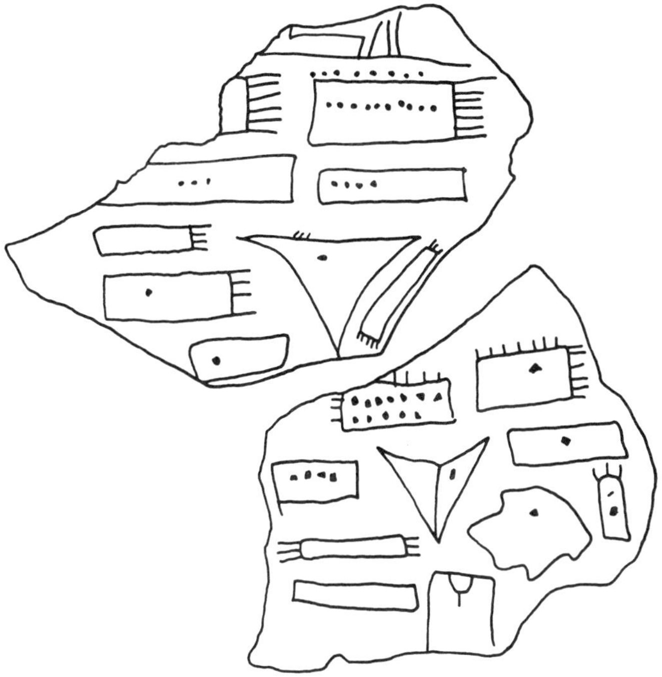

Fig. 4.2 : Hiéroglyphes primitifs de Deir el-Médineh

cette ville ouvrière savaient lire et écrire. Les documents retrouvés sont pour l'essentiel des notes griffonnées à la va-vite, des sortes d'aide-mémoire qui traitent de préoccupations féminines quotidiennes : listes d'habits à nettoyer, conseils pour coudre une robe ou des sous-vêtements… Autrement dit, le genre de textes ne nécessitant pas le recours aux services d'un scribe. Il ne faudrait cependant pas en déduire que la majorité des maîtresses de maison avait reçu de l'instruction. Selon toute vraisemblance, le taux d'alphabétisation dans une cité telle que Deir el-Médineh, qui concentrait une forte proportion de dessinateurs, maçons et artistes lettrés ainsi que leurs familles, était certainement plus important que dans une communauté rurale où l'on n'avait pas l'utilité d'un bagage culturel. On notera aussi qu'à Deir el-Médineh se sont développés des symboles utilisés manifestement par les illettrés pour identifier leurs possessions personnelles. Ces signes, qui vont de la simple forme géométrique à l'ébauche de silhouettes plus complexes rappelant les hiéroglyphes, ont été retrouvés sur les murs des maisons et des tombes, mais servaient surtout à reconnaître les diverses pièces de linge confiées au blanchisseur.

Rien ne vaut un livre ; c'est comme un bateau filant sur l'eau.
Satire des métiers, *Moyen Empire*

Parmi les quelques privilégiées qui suivaient un enseignement, rares étaient celles qui, après une période d'apprentissage, avaient l'occasion de faire une véritable carrière. Officiellement, rien ne s'opposait à ce que les femmes occupassent des postes importants et d'ailleurs, personne n'a jamais trouvé la trace d'un quelconque veto à leurs possibilités de promotions. Lesquelles étaient de fait limitées par l'organisation sociale : à l'âge où un garçon commençait sa formation, sa sœur se préparait en général à assumer ses responsabilités d'épouse. Par la suite, absorbée par les corvées domestiques et ne disposant pas d'une méthode de contraception efficace, la maîtresse de maison n'avait vraisemblablement pas le temps de se consacrer à une activité professionnelle. Quant à la dame de noble condition, qui bénéficiait du prestige attaché au statut de son mari dans la communauté, elle n'avait pas besoin de travailler pour améliorer son standing ou son train de vie.

On attendait cependant d'une épouse qu'elle assiste son conjoint dans la voie qu'il avait choisie, au point qu'elle était parfois appelée à agir en son nom. Le meilleur exemple que nous fournit l'Histoire à ce sujet est relaté dans une lettre datant du Nouvel Empire, adressée au scribe de la nécropole, Nes-Aménipet, par sa femme Henouttaouy[2]. Celle-ci raconte comment, à la demande de son mari, elle supervisa l'arrivée des deux vaisseaux apportant le grain destiné à rétribuer les ouvriers thébains. Lors des opérations de déchargement, on découvrit qu'il manquait des sacs, et Henouttaouy, sans accuser directement les marins, fit mener une enquête pour identifier les responsables. Personne ne contesta son intervention, même s'il eût été plus normal de voir le fils de Nes-Aménipet assumer ce rôle, et elle assura l'intérim avec une remarquable efficacité.

Les dames fortunées ayant la chance de disposer de temps libre se tournaient souvent vers le temple pour mettre à profit leurs heures de loisirs et valoriser leur position sociale. La religion, « carrière » éminemment respectable s'il en était, offrait aux Égyptiennes royales ou nobles la possibilité d'exercer une activité qui leur valait l'estime générale, tout comme notre société moderne encourage les riches oisives à embrasser la cause caritative. La vie publique était en effet essentiellement dominée par les hommes et, dans les grands centres provinciaux, l'élite masculine détenait les postes clés de l'administration : maire, magistrat ou haut dignitaire. Si elles ne jouaient pas un rôle politique, leurs épouses pouvaient toutefois remplir une fonction prestigieuse au sein du sanctuaire local où elles officiaient souvent comme prêtresses, surtout lorsqu'il s'agissait de servir une divinité féminine. Leurs devoirs paraissent plus ou moins nébuleux. Peut-être étaient-elles célébrantes, mais il semble plus probable qu'on leur ait attribué ce rôle à titre purement honorifique en tant que bienfaitrices du temple. En outre, on ne les considérait certainement pas comme des employées, et il y a fort à parier qu'elles n'étaient pas rétribuées pour leurs services, mais qu'au contraire, on sollicitait une contribution financière de leur part.

> *La parole sensée est plus rare qu'une pierre verte, et pourtant, on la trouve parfois chez les servantes qui bavardent autour de la meule.*
>
> Texte de sagesse, *Ancien Empire*

Selon la tradition en vigueur, l'homme devait travailler en dehors du foyer et la femme à l'intérieur. Une opinion relayée par les textes de l'époque, qui décrivaient des personnages masculins dynamiques soutenus par des épouses passives, et soulignée de manière subtile par une convention artistique consistant à représenter les Égyptiennes avec une peau plus claire que celle de leur mari – le hâle étant, dans ce contexte, le symbole d'une activité extérieure. Les fresques funéraires offrant des représentations conformes à cette approche, seules quelques scènes montrent des femmes occupées à une tâche autre que domestique, et aucune ne dépeint une citoyenne affectée à une fonction importante. Mais il faut garder en mémoire que ces illustrations proposaient à dessein une vision idéalisée et stéréotypée du mode de vie. À l'instar du code de moralité régissant la bonne société britannique à l'époque victorienne et édouardienne, selon lequel la place d'une femme était à la maison, et qui ne prenait pas en compte la pauvreté de beaucoup d'Anglaises obligées de travailler pour vivre, ces peintures et gravures égyptiennes semblaient insinuer que les activités rétribuées constituaient une prérogative masculine. Or ces clichés manquaient de réalisme, comme le prouve la rareté des portraits de maîtresses de maison faisant la cuisine, par exemple.

Dans les faits, bien entendu, rien n'était aussi tranché, et il convient de ne pas sous-estimer le rôle économique de la femme, ni la contribution des enfants qui, en l'absence d'une législation protectrice, étaient parfois mis à la tâche très jeunes. Bon nombre d'Égyptiennes n'avaient en effet d'autre solution que de chercher un emploi à l'extérieur de leur foyer pour accroître les revenus familiaux. Trois voies s'ouvraient à elles : les dames possédant des relations et de l'instruction avaient accès aux postes d'administratrices ou d'intendantes ; leurs consœurs ayant reçu la formation appropriée pouvaient se lancer dans l'industrie de la musique, du tissage ou du deuil ; les moins qualifiées rejoignaient les rangs de la domesticité.

Sur les murs des tombeaux et les stèles funéraires, on a retrouvé différentes dénominations de métiers féminins[3]. Ces titres couvrent cependant un champ d'activité assez restreint, laissant sous-entendre que les domaines professionnels accessibles aux femmes étaient limités par la coutume et par la possibilité ou non de suivre des études. Si l'on exclut de la liste les formules purement honorifiques (Unique Ornement Royal, Amie du Roi, etc.) et la désignation des tâches dévolues aux servantes (Coiffeuse, Meunière, etc.), on s'aperçoit que la majorité des femmes lettrées étaient employées comme intendantes ou comme responsables d'activités essentiellement féminines[4]. En tant que telles, elles faisaient un travail « d'intérieur », souvent pour de nobles dames qui entretenaient leur propre suite. Cette répartition des attributions selon les sexes s'appliquait à la vie privée, ainsi qu'en témoignent de nombreuses illustrations où l'on voit des servantes aux petits soins pour leur maîtresse et des serviteurs pleins de sollicitude pour leur maître, mais aussi au domaine religieux où, en règle générale, les dieux étaient honorés par des prêtres et les déesses par des prêtresses[5]. Une ségrégation qui paraissait s'opérer dès l'enfance, à en juger par les fresques représentant garçons et filles occupés à des jeux différents.

Les dames affectées à la surveillance des employées exerçant des métiers traditionnellement « féminins » répondaient à divers titres :

« Surveillante du Linge », « Intendante de la chambre des Perruques », « Intendante des danseuses du roi »... Certains hommes remplissaient parfois ces fonctions mais, pour l'essentiel, elles étaient confiées à des administratrices. En revanche, aucun témoignage ne nous permet d'affirmer que des femmes aient jamais supervisé le travail de leurs confrères. De plus, elles exerçaient leurs talents surtout dans l'enceinte des demeures de particuliers ou de la résidence royale, et bien que la fonction publique eût employé des milliers de scribes, aucune d'entre elles n'a jamais occupé de poste de haut fonctionnaire, ni joué de rôle important au sein de l'armée ou de l'administration agricole, ce qui est peut-être moins surprenant.

Le plus haut titre jamais attribué à une représentante du sexe faible fut celui de la dame Nébèt (Ancien Empire), épouse de Khouy, « Seul Ornement Royal » et « Princesse héréditaire, fille de Geb, fille de Merhou, "celle du rideau", juge et vizir, fille de Thoth, compagne du roi de Basse Égypte, fille d'Horus » ! La charge de vizir, l'une des plus prestigieuses de l'Égypte ancienne, n'était en principe pas héréditaire. Véritable bras droit du roi, dont il était souvent un proche parent, ce ministre cumulait les attributions de haut dignitaire et de juge suprême. Qu'une femme pût détenir une telle autorité paraît étonnant même dans une société libérale, et plusieurs témoignages révèlent qu'en réalité, c'était le mari de Nébèt qui assumait les devoirs liés à cette charge[6]. Il faudra toutefois attendre la XXVIe dynastie pour qu'une Égyptienne se voie gratifiée d'une distinction semblable.

C'est au cours de l'Ancien Empire que les administratrices semblent avoir eu le plus d'influence. Par la suite, si les femmes eurent toujours la possibilité d'exercer un métier rétribué au sein des grandes demeures, elles ne répondirent cependant plus aux titres de « surveillantes » ou d'« intendantes », et furent évincées de tous les postes à responsabilité, même mineurs, dans les palais royaux. Nous disposons en revanche de plusieurs exemples de « régisseuses » et « trésorières » ayant joué un rôle actif dans le secteur privé, au Moyen Empire. L'une d'elles était la dame Tchat, « Trésorière et Gardienne des Biens de son Seigneur », dont le nom et les titres figurent dans plusieurs tombeaux de particuliers de la XIIe dynastie, à Beni Hassan[7]. Tchat travaillait comme fonctionnaire dans la maison du gouverneur local Khnoumhotep, où on la traitait manifestement avec de grands égards ; sa présence auprès de Khéty, la maîtresse de maison, dans certains bas-reliefs ornant la tombe de Khnoumhotep, confirme son influence auprès de la famille. Outre ses activités professionnelles, elle était sans doute la concubine du maître. Après la mort de Khéty, elle abandonna ses charges officielles pour épouser Khnoumhotep, auquel elle donna deux fils.

> *Ciel et étoiles jouent leur musique pour toi, soleil et lune vantent tes mérites. Les dieux te rendent grâce, et les déesses t'adressent leur chant.*
>
> *Vers trouvé dans le temple d'Hathor, Denderah*

La musique offrait aux hommes comme aux femmes des possibilités de carrière particulièrement lucratives[8]. On pouvait l'exercer à titre indépendant ou en tant que serviteur rattaché à une résidence ou à un temple. Le travail ne manquait pas pour les bons interprètes, et un auteur-compositeur de talent jouissait de l'estime générale. À titre d'exemple, le duo que formaient les deux musiciennes Hekenou et Iti (Ancien Empire) connut un tel succès qu'on alla jusqu'à le représenter dans le tombeau du comptable Nikaure, un honneur tout à fait inhabituel dans la mesure où peu d'Égyptiens avaient envie de voir figurer dans leur monument funéraire des personnes sans lien

Fig. 4.3 : Musiciennes animant un banquet

Fig. 4.4 : Groupe de percussionnistes

de parenté avec eux. Quoi qu'il en soit, il serait difficile de sous-estimer l'importance de la musique dans l'Égypte dynastique. Les paysans fredonnaient les chansons populaires en travaillant leur terre, les marins ramaient sur le Nil au rythme des ballades traditionnelles et l'armée défilait au son des tambours et des trompettes. On ne concevait pas de divertissements sans chants ni danses ; des troupes de danseuses-musiciennes nubiles venaient distraire les invités à la fin des banquets et, même lors des cérémonies funéraires, les affligés frappaient dans leurs mains pour accompagner le lourd sarcophage tiré par des bœufs jusqu'à sa dernière demeure. Malheureusement, même si les fouilles ont livré à notre connaissance des instruments ainsi que de nombreuses représentations d'activités musicales, nous n'avons qu'une idée très vague des mélodies de l'époque. En l'absence de toute transcription du système de notation et de solfège, les tentatives pour reproduire les airs appréciés par les pharaons relèvent de la conjecture.

L'orchestre traditionnel typique comprenait une importante section de percussions mêlant crécelles, castagnettes et tambours, ainsi que des instruments à vent et à cordes dont des hautbois, des clarinettes, des flûtes et au moins une harpe. Du temps de l'Ancien Empire, un chef d'orchestre placé devant ses musiciens leur donnait le rythme et le ton en effectuant des gestes complexes. Il perdit de son importance au Moyen Empire, pour ne plus apparaître du tout dans les représentations du Nouvel Empire. C'est à cette époque que furent introduits en Égypte les lyres et les luths venus d'Asie, qui s'intégrèrent rapidement aux formations existantes.

Toutes les divinités égyptiennes étant censées apprécier la musique, les principaux sanctuaires employaient des groupes d'instrumentistes, des chœurs et des danseurs afin de communiquer plus harmonieusement avec les dieux et les déesses. Ces musiciens et musiciennes du temple répétaient fréquemment sous la direction de professeurs de musique soucieux d'obtenir une interprétation touchant à la perfection. Les chanteuses officielles de la divinité occupaient une position plus élevée dans la hiérarchie. Certaines nobles dames exerçant cette fonction en retiraient une telle fierté qu'elles faisaient figurer leur titre dans leur monument funéraire, même s'il s'agissait surtout d'une distinction honorifique et non d'un travail rémunéré. Ces femmes jouissaient certainement d'une grande considération, comme en témoigne la présence à Abydos d'un cimetière spécial réservé à certaines chanteuses et à leurs enfants mort-nés.

> *Jouons de la musique sacrée pour Hathor, jouons un million de fois, car tu aimes la musique, un million de musiques différentes, qui apaisent ton âme où que tu sois. Je suis celui qui oblige le chanteur à éveiller chaque jour la musique pour Hathor, à l'heure qui lui sied.*
>
> *Chanson à Hathor, Moyen Empire*

On ne trouve pas beaucoup d'instrumentistes parmi les dieux ; seul Bès, le nain très laid censé aider les femmes à concevoir et à mettre au monde les enfants, prenait plaisir à jouer si l'on en croit les représentations données par les artistes. On attribuait plutôt des qualités de musiciennes aux divinités féminines : si l'on considérait Méryt comme la personnification de la musique, c'était Hathor, déesse de l'amour présidant aux naissances royales, la véritable « Maîtresse de la Musique » ; on l'associait d'ailleurs à un instrument particulier, le sistre, réservé aux femmes. Il s'agissait d'une sorte de hochet constitué d'un cadre ovale percé de trous dans lesquels passaient des tiges mobiles qui, une fois secouées, produisaient un bruit métallique, et d'un long manche représentant souvent la tête d'Hathor. À l'origine, il symbolisait les roseaux du delta parmi lesquels, d'après la mythologie, Hathor s'était cachée avec son jeune fils. Mais peu à peu, le sistre perdit sa signification originelle pour devenir l'emblème religieux de la vie. À ce titre, il fut récupéré par des cultes différents, en particulier celui d'Isis à la fin de la période dynastique. Pour l'accompagner, les musiciennes faisaient s'entrechoquer les perles du lourd collier *menat* qu'elles tenaient à la main. Dans une moindre mesure, le tambourin rond était également caractéristique des femmes et de la religion : des illustrations datant du Nouvel Empire suggèrent un lien entre cet instrument et les cultes d'Hathor et d'Isis ; d'autre part, les mammisi jouxtant les temples révèlent qu'il était d'usage de jouer du tambourin pour célébrer la naissance divine d'un roi.

Si l'on avait tendance à associer les femmes et la musique, c'était aussi parfois pour des raisons nettement plus prosaïques. Le *Papyrus Turin* dit « érotique » comporte une scène où l'on voit une prostituée se débarrasser à la hâte de sa lyre pour copuler avec un client impatient, et un dessin retrouvé dans une tombe thébaine du Nouvel Empire montre une femme ayant un rapport sexuel avec un homme, sans lâcher son luth pour autant. Le sous-entendu est clair : les prostituées utilisaient leurs talents artistiques pour attirer les clients. Le lien entre la musique, la féminité et le sexe, voire la naissance, est également suggéré par les tatouages du dieu Bès sur les cuisses de la prostituée-musicienne. De même ces figurines d'un goût que l'on peut juger discutable, qui représentent des harpistes masculins avec leur instrument posé sur un énorme pénis en érection.

> *Le tisserand dans son atelier est en plus mauvaise posture que la femme en travail. Les genoux remontés contre la poitrine, il peut à peine respirer. S'il s'absente une journée, on lui donne cinquante coups. Il doit soudoyer le portier en lui offrant de la nourriture s'il veut voir la lumière du jour.*
>
> Satire des métiers, *Moyen Empire*

Dans le monde antique, la production de tissu était une tâche traditionnellement féminine. En Grèce et à Rome, cette spécialisation fut poussée à l'extrême : la maîtresse de maison devait subvenir à l'ensemble des besoins de sa famille dans ce domaine, c'est-à-dire leur confectionner vêtements, draps, serviettes et linceuls (toujours en laine). De quoi affoler une ménagère ! Mais fournir des étoffes faisait partie des qualités domestiques les plus appréciées, et l'on attendait des femmes de tous âges et de toutes conditions sociales qu'elles sachent filer et tisser la laine. Les vertus d'une épouse se mesuraient à sa dextérité de tisserande, et les plus nobles Grecques elles-mêmes devaient consacrer une bonne partie de leur journée à fabriquer le linge du foyer[9]. Comme il était pratiquement impossible de déplacer les lourds métiers, elles étaient condamnées à passer de longues heures dans la solitude de leur demeure.

Les Égyptiens se montraient beaucoup plus souples sur ce point. Si le tissage restait l'apanage du beau sexe, surtout à l'Ancien Empire – le hiéroglyphe pour désigner le tisserand représentait une femme assise avec une sorte de longue navette à la main –, il n'avait en aucun cas un caractère obligatoire pour l'ensemble de la gent féminine. On pouvait en effet se procurer facilement des étoffes par le biais du troc : sur les marchés, on échangeait les surplus de tissus de fabrication artisanale contre d'autres produits. Les travailleurs de condition modeste n'hésitaient pas à s'installer devant le métier, et certains ouvriers de Deir el-Médineh usèrent d'ailleurs de cette excuse commode pour justifier leurs absences sur les chantiers. Des ateliers de spécialistes, dont certains hommes, se développèrent dans les temples, les grands domaines et le harem royal afin d'assurer une production à plus grande échelle. Il est possible que les concubines du souverain se soient chargées elles-mêmes des motifs les plus délicats, mais leur véritable fonction consistait à superviser les tisserandes. Du reste, il s'agissait pour elles d'une activité comme une autre.

Parmi les textiles les plus courants, le lin était de loin le plus important. La plante du même nom, dont il provenait, fut introduite en Égypte à l'époque prédynastique et, très vite, elle permit une production importante d'étoffe et d'huile. À ce titre, elle fut bientôt considérée comme l'une des matières premières les plus rentables sur le plan économique. Sachant qu'il faut environ 375 m^2 de tissu pour envelopper le corps d'un défunt, on comprend mieux la valeur de cette culture ! Même s'il était courant, lors d'une momification, d'employer le linge domestique usé, les quantités requises impliquaient forcément une demande toujours renouvelée.

S'il était assez long, le processus de fabrication se caractérisait par une relative simplicité. Il fallait d'abord arracher chaque plante à la racine pour préserver la tige ; une récolte précoce garantissait un résultat final d'une extrême délicatesse. Après une phase initiale de traitement des fibres, celles-ci étaient enroulées sur un petit fuseau pour former une boule, le fil s'orientant naturellement vers la gauche puisque le lin penche dans cette direction lorsqu'il est mis à sécher. Ensuite, il ne restait plus qu'à le tisser. Dans les ateliers, on utilisait des métiers en bois mus à la main jusqu'à l'arrivée des Hyksôs (Seconde période intermédiaire), qui introduisirent le métier vertical. Seuls les hommes travaillaient sur ce nouveau modèle. Une fois achevé, le tissu était marqué dans un coin par le tisserand ou le propriétaire, puis entreposé sous forme de rouleaux ou de coupons (certains pouvaient mesurer jusqu'à deux mètres de large sur vingt-cinq de long) dans des paniers tressés ou des coffres. La qualité du lin d'Égypte en faisait l'un des produits les plus recherchés dans l'Antiquité.

La mort est pour moi aujourd'hui comme le désir de rentrer chez soi après de longues années de captivité.

Texte du Moyen Empire

Certaines femmes exerçaient le métier de pleureuse, une profession exclusivement féminine. On avait recours aux services de ces spécialistes du deuil pour rehausser le prestige du défunt (ou de la défunte) au moyen de diverses manifestations de chagrin lors de ses funérailles. Par conséquent, elles ne jouaient pas un rôle actif dans le déroulement du rituel funéraire, mais lui conféraient une intensité émotionnelle plus grande. Pour autant que l'on puisse en juger d'après les illustrations retrouvées dans les tombes, leur travail consistait à se vêtir pour la circonstance de lin blanc ou bleu-gris, puis de suivre le cortège funèbre en donnant tous les signes de la plus profonde détresse. Les seins nus, elles se frappaient la poitrine, poussaient des cris de douleur, se couvraient le corps de poussière ou s'arrachaient les cheveux, autant de symptômes caractéristiques des « désordres du chagrin », et qui offraient un contraste saisissant avec la réserve sereine que s'efforçaient d'observer les Égyptiennes en temps normal. De très jeunes filles accompagnaient parfois leur mère dans l'accomplissement de cette tâche, comme en témoigne la scène du tombeau de Ramosé (Nouvel Empire), à Thèbes, où l'on voit une fillette, reconnaissable à sa petite taille et à sa nudité, parmi un groupe de pleureuses. Deux d'entre elles avaient une importance particulière dans le déroulement de la cérémonie : celles incarnant les *djeryt* Isis et Nephthys, les sœurs d'Osiris qui s'étaient transformées en oiseaux pour parcourir le monde à la recherche de leur frère assassiné. Ces initiées, vêtues d'une longue robe moulante, portaient une perruque courte. Elles marchaient à côté du traîneau utilisé pour transporter le sarcophage jusqu'à la tombe, mais leur rôle s'arrêtait là.

Fig.4.5 : Pleureuses représentées dans la tombe de Néferhotep

Quelques-unes de leurs consœurs officiaient également comme prêtresses funéraires, telle Hékanakhté, que l'on cite le plus souvent à titre d'exemple. En échange d'une rétribution, elles veillaient à l'entretien du tombeau et au dépôt des offrandes rituelles. Cette charge était en général héréditaire, transmise de père en fils ou en fille jusqu'à extinction de la lignée.

Le serviteur que l'on ne bat pas a le cœur plein de ressentiment.
Conseil des scribes aux employeurs, Basse Époque

Toute Égyptienne dotée d'un naturel docile avait la possibilité de se faire engager comme servante ; en l'absence des commodités modernes telles que l'électricité et l'eau courante, il existait en effet une forte demande de main-d'œuvre domestique. Or, les serviteurs touchant des gages relativement modestes, la plupart des foyers de la petite et de la haute bourgeoisie pouvaient s'attacher les services d'au moins une bonne censée développer ses talents de ménagère tout en assumant sa part de corvées. Comme les filles rejoignaient parfois très jeunes les rangs de la domesticité, leurs mères n'avaient d'autre solution que de se fier aux maîtres de maison pour garantir la protection de ces recrues inexpérimentées et leur assurer une formation solide. Une lettre du Nouvel Empire illustre cette inquiétude relative à la sécurité des adolescentes en apprentissage : celle du scribe Ahmosis s'interrogeant sur le sort réservé à une jeune fille confiée à ses soins mais qui avait disparu dans des circonstances mystérieuses, apparemment sur ordre de son supérieur hiérarchique, le trésorier Ty :

> *Pour quelle raison avoir enlevé la servante qui m'avait été donnée, et qui appartient aujourd'hui à un autre ?.... En ce qui me concerne, sa perte ne me tracasse pas outre mesure, car elle est encore très jeune et ne connaît pas son métier... Mais sa mère m'a envoyé un message disant : « Vous avez laissé mon enfant se faire enlever alors qu'elle était sous votre responsabilité...*[10] »

Les serviteurs entretenaient apparemment des liens étroits avec leurs maîtres, mais que l'on juge leur attitude inconvenante, et ils risquaient de perdre leur travail sur-le-champ, comme en témoigne ce document :

> *Aussi, dès que Sahator t'aura porté cette lettre, fais chasser la servante Sémèn de ma maison. Vois! Si elle passe une nuit de plus sous mon toit, prends garde à toi! Je te tiendrai personnellement responsable du mal qu'elle pourrait faire à ma concubine.*
>
> *Lettre écrite par Hékanakht, Moyen Empire*

Il ne faudrait pas confondre les domestiques avec les esclaves qui, même s'ils effectuaient la plupart du temps des tâches semblables, restaient toujours la propriété légale de leurs maîtres et maîtresses[11]. Ceux-ci avaient de nombreux droits sur eux : ils pouvaient à leur gré les vendre, les transférer, les affranchir ou louer leurs services, mais en contrepartie, ils devaient les nourrir, les vêtir et prendre soin de leurs biens ; en somme, les traiter de la même façon que les serviteurs libres. Cela dit, et malgré les scènes mythiques popularisées par Cecil B. De Mille qui montrent des milliers de malheureux souffrant le martyre et se tuant à la tâche sous un soleil impitoyable, l'esclavage ne fut jamais très répandu en Égypte. Parmi le contingent voué à l'état de sujétion se trouvaient essentiellement les personnes nées en servitude et les prisonniers de guerre :

Tous ceux que mon épée a épargnés, je les ai ramenés comme captifs, entravés tels des oiseaux devant mes chevaux, avec leurs femmes et leurs enfants par milliers, ainsi que leur bétail...

Inscription de Ramsès III

Certains esclaves étaient également importés par des marchands étrangers. Mais tous les ouvriers venus d'ailleurs et installés en Égypte n'étaient pas pour autant des serfs ; la prospérité de l'économie attirait en effet de nombreux tisserands, chanteurs, danseurs et autres travailleurs originaires d'Asie. En outre, certains citoyens égyptiens nés libres choisissaient d'entrer « en servitude » au moyen d'un contrat légal par lequel ils se vendaient, la plupart du temps pour racheter une dette. Que des hommes eussent sciemment décidé de franchir le pas et de s'imposer cette contrainte, ainsi qu'à leurs descendants, laisse supposer que le sort de l'esclave durant la période dynastique n'était peut-être pas aussi terrible qu'on veut bien le croire.

Il est difficile de déterminer si les serves, ou les servantes, avaient pour obligation de se plier aux exigences sexuelles de leurs maîtres ou des invités de la maison, bien que nous ayons la preuve de nombreuses grossesses parmi les esclaves célibataires. De même, impossible de savoir si les filles de joie employées dans les bordels de l'époque étaient des femmes libres ou captives. Dans toutes les autres sociétés esclavagistes passées et présentes, les serves étaient censées satisfaire le moindre caprice de leurs maîtres ; les Grecs, moins conventionnels, allaient même jusqu'à mettre de jeunes garçons à la disposition des hommes de leur entourage. En Égypte, le cas de Nanéfer et Nebnéfer, qui achetèrent une esclave dans le but d'avoir des héritiers, est évoqué au chapitre I. D'après la loi, les enfants nés d'une telle union étaient considérés comme des esclaves, mais leur propriétaire/père avait tout à fait le droit de les affranchir et de les adopter. Ce couple frappé de stérilité ne fut sans doute pas le seul à recourir aux services d'une « mère porteuse » non libre ; cet extrait de la Bible semblerait même indiquer que le fait n'avait rien d'exceptionnel :

Sarah, l'épouse d'Abraham, ne lui donna pas d'enfants ; elle avait une servante, une Égyptienne du nom de Hagar. Alors Sarah dit à Abraham : « Vois, le Seigneur m'a rendue stérile ; je t'en prie, prends ma servante ; peut-être aurai-je des enfants à travers elle »... Et Sarah amena sa servante Hagar et la donna pour femme à Abraham, son mari.

Genèse XVI, *2*

De manière plus générale, chaque Égyptien était un serviteur du roi, qui mettait son peuple à contribution lorsqu'il le jugeait nécessaire au moyen de la « corvée » ou travail obligatoire, une pratique selon laquelle tous les citoyens étaient tenus de consacrer un certain nombre d'heures aux chantiers royaux comme la construction d'un monument public ou l'établissement de canaux d'irrigation. D'après la loi, seules les personnes déjà employées à la réalisation de grands projets, tels les serviteurs de haut rang dans les temples locaux, étaient dispensées de cet assujettissement, mais les administrateurs et autres dignitaires assez riches pour soudoyer les autorités ou envoyer quelqu'un à leur place trouvaient toujours le moyen de s'exempter eux-mêmes de leur devoir civique. Le fardeau de la « corvée » pesait donc surtout sur les pauvres, les illettrés et les paysans ; quant au travail le plus pénible – l'exploitation des mines d'or du Soudan –, il était réservé aux criminels et aux prisonniers de guerre.

Toutes les tâches imposées étaient rudes, impopulaires et, pour ne rien arranger, payées un salaire de misère. Comme de bien entendu, le châtiment infligé aux fuyards se caractérisait par une extrême sévérité ; les déserteurs risquaient l'emprisonnement à vie, ponctué de multiples périodes de travail forcé. Les femmes étaient également astreintes à la « corvée ». Un registre du Moyen Empire dressant une liste de quatre-vingts déserteurs fait état du cas de Téti, fille du paysan Sianhour, reconnue coupable d'avoir voulu s'échapper et condamnée à entendre «... prononcer contre elle la sentence relative à ceux qui s'enfuient sans avoir accompli leur labeur obligatoire ».

Ce jour-là, l'ouvrier Menna donna un pot de graisse fraîche à Mentmosé, le chef de la police. Mentmosé lui promit : « Je te paierai avec l'orge que me donnera mon frère. Il garantira la transaction. Que Rê te garde en bonne santé. »

Ostracon trouvé à Deir el-Médineh

Si les femmes devaient participer aux réalisations collectives, nombreuses furent aussi celles qui apportaient leur contribution à l'économie du ménage sans chercher activement un emploi en dehors de chez elles. En dépit des exigences de la tradition, selon lesquelles les tâches féminines et masculines étaient plus ou moins distinctes et le travail à l'extérieur une prérogative des hommes, il suffit d'établir une comparaison avec ce qui se passe dans l'Égypte moderne pour comprendre que bien des épouses devaient aider leur mari. Nous savons par exemple que les femmes de pêcheurs vidaient, puis vendaient les prises de leur époux. De même, certaines illustrations sur les murs des tombeaux montrent des paysannes s'activant dans les champs aux côtés des hommes ; elles récoltent le lin, nettoient le grain ou portent de lourds paniers jusqu'aux entrepôts. Par convention, elles ne sont pas représentées en train de labourer, de semer ou de garder les animaux, mais on les voit servir des rafraîchissements à leurs compagnons ou glaner – une activité considérée comme essentiellement féminine et dépeinte dans plusieurs fresques funéraires, où femmes et enfants suivent les moissonneurs en ramassant les épis oubliés. Une façon tout aussi importante, sinon plus, d'accroître les ressources familiales consistait à négocier entre maîtresses de maison, l'une d'elles acceptant par exemple de troquer une cruche de bière artisanale contre le poisson proposé par sa voisine. Ce type de transaction, fondement de l'économie égyptienne, permettait à l'épouse avisée de transformer un excédent de production en denrées utiles, à l'instar de son mari qui recevait sa ration quotidienne de pain en échange de son travail.

Les quelques vestiges domestiques retrouvés à Deir el-Médineh indiquent que ce genre de commerce indépendant pratiqué aussi bien par les hommes que par les femmes améliorait considérablement l'ordinaire de la famille. En théorie, pour les équipes employées à la construction des nécropoles, la semaine de travail s'étalait sur dix jours, dont huit passés sur les sites de la Vallée des Rois et deux chez soi à se reposer. La journée type comptait huit heures, avec une pause à midi. Mais l'on n'exigeait pas des ouvriers une régularité sans faille, et les congés étaient nombreux. De plus, il n'était pas rare que certains travailleurs s'absentent en invoquant divers prétextes plus ou moins convaincants mais apparemment acceptables : nécessité de brasser la bière, de tisser, de construire une maison… Aussi, comme le montre un ostracon, sur cinquante jours consécutifs, seuls dix-huit voyaient l'ensemble du personnel à la tâche. Face à ces motifs, les autorités faisaient preuve d'une tolérance remarquable, allant jusqu'à verser la ration mensuelle standard quel que soit le nombre d'heures de présence effective. Ceux qui souhaitaient arrondir leur pécule avaient donc intérêt à abandonner toute velléité de zèle pour se concentrer sur une petite entreprise privée susceptible de leur valoir une gratification immédiate. D'où l'essor des industries familiales ou artisanales à Deir el-Médineh : pour accroître leurs revenus, les tisserands, les brasseurs, les couturiers et les potiers s'efforçaient de répondre aux besoins de leur voisinage, tandis que les dessinateurs, les artistes et les charpentiers arrondissaient leurs fins de mois en décorant les monuments funéraires de l'aristocratie thébaine.

Fig. 4.6 : Scène de troc au marché

Durant la période dynastique, il n'existait pas de monnaie officielle en Égypte. Le troc, c'est-à-dire l'échange de marchandises ou de services, constituait la base de toute transaction quelle que soit son importance. Dans ces conditions, tenter d'évaluer le véritable coût de la vie à cette époque relève de l'hypothèse, d'autant que les « prix » étaient toujours comparatifs et variables à l'infini. Il est impossible d'estimer un canard, une maison ou un enterrement sans comprendre au préalable la valeur que leur accordait telle personne à tel moment. Si le gouvernement, à la fois principal pourvoyeur d'emplois et principal collecteur d'excédent de production, avait bien instauré un mécanisme grossier de contrôle des prix par ajustement des salaires et mise en vente des produits stockés, il n'existait cependant aucune politique officielle dans ce domaine, qui restait régi par la loi de l'offre et de la demande.

En dépit de l'absence de monnaie, faire ses courses en Égypte ne signifiait pas pour autant plonger dans l'anarchie la plus totale ; les personnes désireuses de traiter une affaire importante disposaient en effet d'un point de repère : le *deben*. L'utilisation de ce poids standard de cuivre, qui représentait une étape intermédiaire entre la monnaie et le troc, permit aux Égyptiens de développer un système de référence unique grâce auquel il devenait possible de comparer la valeur de deux marchandises. Pas besoin de billets ou de pièces pour comprendre par exemple qu'à un moment donné au cours du Nouvel Empire, un cochon valait cinq *deben*. Deux possibilités s'offraient alors aux éventuels acquéreurs : rassembler les cinq *deben* ou un assortiment de produits ou de services d'un montant équivalent. Restait ensuite à trouver un propriétaire de cochon prêt à souscrire à ces conditions pour faire l'échange. En étudiant les quelques listes de prix qui nous sont parvenues, on peut se faire une idée de la valeur relative des biens à une période déterminée. Au Nouvel Empire, le cochon mentionné ci-dessus coûtait relativement cher par rapport à une chèvre, estimée à deux ou trois *deben* – un écart justifié par la rareté du porc à cette époque. Une paire de chaussures valait entre un et deux *deben* alors que pour un cercueil, un objet requérant à la fois du bois et le travail d'un spécialiste, on pouvait demander plus de vingt *deben* [12].

Le collecteur d'impôts débarque sur la rive. Il jauge les récoltes et fixe l'impôt à payer, entouré de serviteurs portant des douves et de Nubiens brandissant des massues. Puis il ordonne : « Donne-nous du grain », mais il n'y en a pas pour lui. Le fermier est châtié cruellement, ligoté par les pieds et plongé tête la première dans le puits. Sa femme aussi est ligotée, ainsi que ses enfants. Les voisins s'enfuient. Et, malgré tout cela, il n'y a toujours pas de grain.

Texte de sagesse, *Nouvel Empire*

L'absence d'espèces sonnantes et trébuchantes n'empêchait pas la taxation ; tous les principaux producteurs devaient en effet payer des impôts en nature pour compenser l'écart entre les dépenses de la famille royale et les revenus générés par ses domaines. Le collecteur d'impôts était l'un des fonctionnaires les plus redoutés d'Égypte. Il arrivait toujours à la saison des moissons, jaugeait la récolte d'un œil expert puis exigeait que les fermiers paient sur l'heure, quitte à user de violence. Les débiteurs défaillants passaient devant le juge local et se voyaient infliger un châtiment sommaire ; quant à ceux qui ne pouvaient pas payer, ils encouraient des peines de travaux forcés. Une scène peinte sur le mur de la tombe du vizir Rèkhmirê (Nouvel Empire) montre le percepteur en pleine action, acceptant du maire local diverses marchandises et du bétail. Il y a fort à parier que les biens servant au paiement de la taxe – du blé, des gâteaux, de la corde, des nattes, des chèvres, des sacs, des pigeons et des lingots de métal – durent poser de sérieux problèmes de stockage à cet éminent personnage !

Par le biais du troc, les foyers qui parvenaient à accumuler un excédent substantiel de denrées périssables, suite à une récolte de légumes importante par exemple, ou à la fabrication de pain en grande quantité, avaient toujours la possibilité de proposer leurs marchandises au marché, où ils les échangeaient contre divers produits. Au jour dit, petits producteurs du cru et marchands de passage s'installaient au hasard des rues et venelles bondées de la ville, disposant au mieux leurs articles dans de larges paniers en osier. Les commerçants de métier était en minorité, et il s'agissait plus d'un vaste déballage de foire que d'une vente organisée. La gamme des objets proposés était vaste, allant des babioles, des bracelets et des sceaux artistement présentés par les bijoutiers professionnels pour séduire le chaland, aux denrées de première nécessité comme le pain, la bière et le poisson vidé que l'on trouvait aux étals plus modestes des paysans de la région. Des artisans itinérants attirés par la foule en profitaient pour offrir leurs services, et de petites échoppes se chargeaient d'activer les affaires en servant en-cas et remontants aux clients las.

À la lumière de plusieurs fresques funéraires, on se représente assez facilement l'animation qui devait régner alors dans les rues. Sur les murs de la tombe des grands fonctionnaires Nakhtmin et

Khnoumhotep, à Saqqara, on voit se dérouler un marché à l'échelle réelle : les vendeurs de fruits, de poissons et de légumes se frottent les mains, deux potiers rivalisent de bagout pour attirer l'attention sur leurs marchandises respectives, et le mercier déroule un coupon de son étoffe la plus fine pour tenter un acheteur potentiel. En face, près d'une table sur laquelle sont disposées des cruches de bière, se tient un client apparemment fatigué et nerveux. Alors que les badauds en majorité masculins déambulent avec leurs sacs à provisions sur le torse, un marchand de laitues et d'oignons discute avec un homme portant un grand pichet : « Donne-moi un peu de ta bière et je te donnerai de beaux légumes. » Un peu plus loin, près d'un autre éventaire, une scène pittoresque attire l'attention : un singe dressé arrête un voleur nu en lui mordant la jambe. Mille ans plus tard, sur les fresques de la tombe thébaine d'Ipouy (Nouvel Empire), l'ambiance est toujours la même : des commerçantes avisées ont installé leurs étals sur les quais pour tenter les marins tout

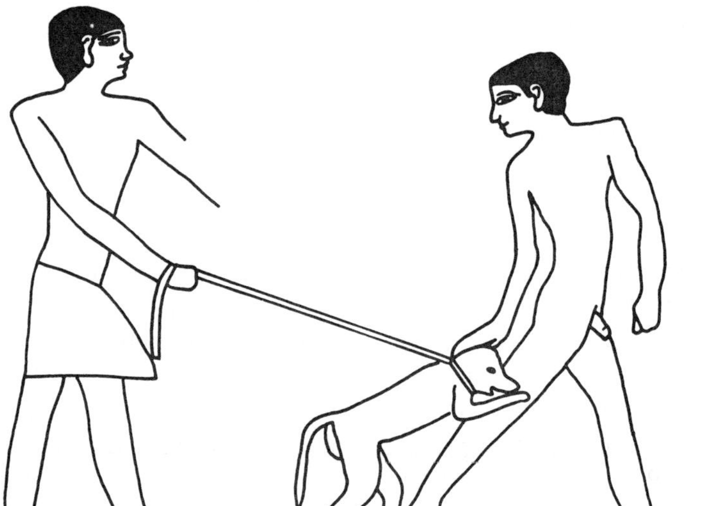

Fig. 4.7 : Singe dressé arrêtant un voleur

juste débarqués qui viennent de recevoir leur paie sous forme de ration de grain. De nouveau, on vend du pain, des légumes et du poisson ; l'échoppe omniprésente du vendeur de bière est bien fournie et prête à accueillir les premiers clients. Tous ceux qui ont eu un jour l'occasion de se plonger dans la joyeuse cohue d'un marché de village égyptien moderne constateront qu'à l'exception de l'apparition de l'argent et de la disparition des stands de bière, les choses n'ont pratiquement pas changé depuis l'époque d'Ipouy.

> *Prends du bon temps ! Et ne t'arrête pas de jouer ! Car personne n'est autorisé à partir avec ses biens, et aucun de ceux qui quittent cette vie ne revient jamais.*
>
> Chanson du harpiste, *Moyen Empire*

Les Égyptiens n'étaient jamais à court d'idées pour occuper leurs loisirs. Passer la journée en famille leur apportait de grandes satisfactions, et rien ne valait un pique-nique devant la tombe d'un ancêtre ou une promenade en bateau sur le Nil pour ravir tout le monde. Hormis peut-être ces parties de chasse et de pêche au milieu des marécages lorsque, comme le montrent certaines peintures funéraires, petits et grands s'entassaient dans une embarcation légère en roseaux pour regarder les hommes tenter d'abattre les oiseaux avec un bâton de forme incurvée. Étant donné la fragilité desdits bateaux, on peut supposer que les artistes se sont accordé une certaine liberté dans la représentation de ces joyeuses sorties de plein air ; sinon, nous aurions droit à des scènes de chavirement et aux portraits de familles ruisselantes… Chasser dans le désert, en revanche, restait une activité à la fois dangereuse et onéreuse, réservée à une poignée d'hommes riches accompagnés par des professionnels.

Rentrés chez eux, parents et enfants aimaient se détendre en jouant un moment ensemble ou avec les animaux domestiques[13]. Ceux-ci occupaient de toute évidence une place importante dans un foyer : de nombreuses scènes familiales montrent des chiens, des chats, et parfois même des singes ou des oies se tenant fièrement à côté de la chaise de leurs maîtres. La plupart des chiens qui figurent sur ces illustrations sont apparemment des bâtards ; ici et là, néanmoins, on reconnaît la silhouette typique des lévriers et peut-être aussi d'une race semblable aux salukis, d'où l'hypothèse d'une activité d'élevage. Ces compagnons fidèles, gratifiés en général de noms descriptifs tels que « Ébène », « Antilope » ou « Gardien

Vigilant », se révélaient une aide précieuse lorsqu'il s'agissait de veiller sur la maison ou de partir à la chasse. À leur mort, ils avaient souvent droit à un enterrement solennel ; sur certains sites archéologiques, on a retrouvé dans des tombes d'animaux des cercueils miniatures contenant des chiens momifiés à grands frais, témoignages poignants du lien qui les unissait aux hommes.

En dépit de son utilité, la gent canine ne ralliait cependant pas tous les suffrages : nombre d'Égyptiens voyaient dans sa loyauté un signe de servilité et de faiblesse. Les chats, en revanche, avec ce détachement mystérieux dont ils ont le secret et leur caractère farouchement indépendant, suscitaient un plus grand respect, et se virent attribuer certains pouvoirs surnaturels. Comme on les représentait en général assis sous la chaise d'une femme, mais plus rarement en compagnie d'un homme, ils devinrent des symboles de féminité et de sexualité féminine. Plusieurs divinités félines puissantes émergèrent, et le culte de la déesse Bastet, né dans la ville de Bubastis, fit de nombreux adeptes au cours de la Basse Époque et de la période gréco-romaine. Plus prosaïquement, la présence de félins dans une maison relevait presque de la nécessité : non seulement ils chassaient les serpents et la vermine, mais ils jouaient aussi un rôle important dans la chasse au gibier d'eau.

Après l'agitation diurne, maris et femmes savouraient un moment de tranquillité assis côte à côte ; ce plaisir procuré par la présence du conjoint est sans doute l'un des aspects les plus touchants de la vie de couple à cette époque. Les riches appréciaient tout particulièrement le calme des magnifiques jardins de leurs villas ; nul doute que la vue de leurs employés moins chanceux obligés de s'activer contribuait à renforcer leur impression de bien-être... Quant aux diverses distractions domestiques, elles n'ont pas laissé beaucoup de traces tangibles ; jouer et écouter de la musique, raconter des histoires faisaient certainement partie des passe-temps favoris, sans que l'on puisse cependant déterminer leur fréquence. Nous savons en revanche que les jeux de société remportaient un vif succès auprès des adultes, comme en témoignent de nombreuses fresques funéraires où l'on voit maris et femmes s'affronter lors de parties amicales. Vu leur popularité, il est d'ailleurs assez surprenant que de tels jeux ne se soient pas développés davantage. Durant toute la période dynastique, il n'en exista que deux : le « senet », conçu pour deux partenaires et qui se pratiqua jusqu'à la période romaine, et le « vingt carrés », venu d'Asie, également pour deux partenaires. On jouait sur l'envers des boîtes délicatement ouvragées contenant les pièces nécessaires, boîtes elles-mêmes souvent incluses dans les tombeaux, sans doute pour éviter les moments d'ennui dans l'au-delà.

Chapitre V

REINES DE BEAUTÉ

Ne dorlote pas ton corps ; cela fera de toi un faible. Ne te dorlote pas dans ta jeunesse ; tu deviendras faible dans ta vieillesse.
Instruction des scribes, Basse Époque

On ne devrait pas sous-estimer l'importance des soins du corps dans la société égyptienne. Loin de négliger leur apparence, les deux sexes y prêtaient au contraire une grande attention, et arboraient avec un plaisir manifeste les dernières nouveautés en matière de vêtements, de fards et de coiffures. Très vite, l'utilisation des cosmétiques fut considérée non pas comme un luxe, mais comme une nécessité dans cette vie et celle d'après, si bien que dès l'aube de la période dynastique, de nombreuses personnes se firent enterrer avec des palettes creusées d'alvéoles et des blocs de pigments pour souligner les yeux. Les nécessaires de toilette raffinés découverts dans les tombeaux royaux nous donnent d'ailleurs une idée assez précise de la valeur que leurs nobles propriétaires leur accordaient. Le commerce des onguents connut un développement important, de même que celui des vêtements, des perruques et des accessoires de beauté. Mais le souci premier des Égyptiens demeurait l'hygiène corporelle, au point qu'Hérodote, d'origine grecque, y voyait une sorte d'obsession les poussant à rechercher « une propreté supérieure à celle qu'exige la bienséance ». Pour un peuple exposé en permanence à la chaleur et à la poussière, c'était cependant une façon d'éviter certaines maladies tout en marquant son appartenance aux classes supérieures. Les pauvres, qui ne disposaient même pas des installations sanitaires les plus élémentaires, et les étrangers censés vivre dans la crasse suscitaient le mépris.

Pour les hommes comme pour les femmes, toute toilette digne de ce nom passait d'abord par une séance d'épilation ou de rasage afin de se débarrasser d'une pilosité disgracieuse, en particulier sur les jambes et le torse. À en juger par les instruments dépilatoires retrouvés dans certaines tombes féminines – pinces en métal, couteaux et rasoirs accompagnés de minuscules pierres à aiguiser –, les grandes dames ne reculaient devant rien pour se conformer à cet idéal de peau glabre. Leurs concitoyens moins fortunés disposaient de simples rasoirs en silex dont on taillait le bord pour le rendre tranchant, et en l'absence de savon, l'huile faisait office de mousse à raser. L'entretien de cette alopécie corporelle avait au moins un effet bénéfique : l'élimination des poux et autres parasites irritants.

> *... Je fus logé dans la maison d'un prince. L'intérieur en était d'un luxe inouï, avec une salle de bains et des miroirs. S'y trouvaient des richesses en provenance du trésor ; des vêtements de lin royal... Le parfum de prédilection du roi et de ses courtisans favoris régnait dans chaque pièce... On me lava le corps, qui retrouva sa jeunesse. Je fus rasé, et mes cheveux peignés. Ainsi, ma crasse retourna en territoire étranger, ma tunique aux voyageurs du désert. Je fus paré des étoffes les plus fines, oint d'huile parfumée et je dormis dans un vrai lit. J'avais laissé le sable à ceux qui y vivent, et l'huile des arbres à ceux qui s'en servent pour graisser leur corps.*
>
> Histoire de Sinouhé, *Moyen Empire*

Le premier soin apporté à ce corps glabre consistait à le baigner. Le savon n'existait pas encore, mais le natron, les cendres et la soude faisaient office de détergents efficaces. Des serviettes en lin servaient ensuite à se sécher. Quelques privilégiés bénéficiaient de salles de toilette en calcaire, dotées de douches à énergie domestique : un serviteur versait de l'eau sur la tête de son maître ou de sa maîtresse qui se tenait debout dans une sorte de cuve en pierre munie d'un système d'écoulement. Afin de ménager l'intimité du baigneur ou de la baigneuse, le préposé à la douche officiait de derrière un écran bordé de pierre, à l'instar de la pièce, pour éviter toute désagrégation de la structure en brique crue. Mais ces installations demeuraient exceptionnelles ; la majorité de la population, qui ignorait tout de ces « salles de bains », procédait à ses ablutions sur les rives du Nil ou au bord des canaux d'irrigation. Or, si le fleuve fournissait à presque tous les villages et villes de l'eau pour boire, faire la cuisine et la lessive, il servait aussi d'égout et de principal système d'évacuation des déchets en Égypte. Dans ces conditions, on peut émettre quelques réserves sur la pureté des mares stagnantes le long des berges... L'examen de certaines momies a d'ailleurs révélé que les germes transmis par l'eau, tels que la bilharzie, pullulaient.

Au cas où la toilette ne suffisait pas à éliminer certains petits désagréments corporels sources d'embarras, on pouvait toujours aller chercher dans le *Papyrus médical Ebers* la recette d'une préparation permettant de recouvrer la confiance en soi et de se sentir à l'aise en société :

> *Pour chasser une mauvaise odeur du corps d'un homme ou d'une femme : faire cuire un œuf d'autruche, une carapace de tortue et de la noix de galle du tamaris, puis oindre le corps de ce mélange.*

Les vestiges de cabinets sont assez rares. Le modèle le plus répandu, installé en général près de la salle de bains, dans une pièce à peine plus grande qu'un placard, se présente comme un siège en bois sculpté posé sur deux piles de brique, au-dessus d'une vasque de sable, dont une réserve se trouvait à côté dans un coffre ; il était en effet de bon ton de recouvrir la « cuvette » après usage. Il incombait à l'un des plus jeunes membres de la maisonnée, selon toute vraisemblance, de la vider régulièrement. Certains tombeaux contenaient également des tabourets percés d'un large trou au milieu, sous lesquels on devait certainement placer des récipients remplis de sable. Nous pouvons également supposer que l'utilisation du pot de chambre était largement répandue. Disposer de toilettes intérieures est un luxe relativement moderne, que l'Occident considère comme une nécessité seulement depuis une cinquantaine d'années. Mais à l'époque dynastique, la plupart des Égyptiens n'envisageaient même pas la possibilité de bénéficier d'installations semblables et ne voyaient aucun inconvénient à se soulager dans les champs ou le désert. À titre anecdotique, l'un des « faits » les plus étranges et sujet à caution ayant fasciné Hérodote était la rumeur selon laquelle les femmes urinaient debout, et les hommes accroupis ou assis.

La menstruation présentait manifestement un intérêt limité pour les auteurs des textes dont nous disposons aujourd'hui. Aussi nous est-il presque impossible de comprendre comment les femmes percevaient cet aspect essentiel de leur féminité et abordaient l'aspect pratique de la protection hygiénique. Certaines listes de vêtements à nettoyer retrouvées à Deir el-Médineh font cependant mention de « bandes du derrière » : des serviettes faites de deux épaisseurs de lin et que l'on donnait au blanchisseur avant de les réutiliser. Nous savons en outre que les femmes ayant leurs règles, et les menstrues elles-mêmes, étaient considérées comme impures, une opinion caractéristique des sociétés primitives où l'on ne comprend ni le mécanisme ni la fonction des règles. Dans ces conditions, voir quelqu'un perdre son sang devait sembler effrayant, voire menaçant ; nul doute que cet écoulement affectant les femmes pendant plusieurs jours d'affilée dut profondément troubler et inquiéter leurs compagnons, qui ne saignaient qu'en cas de blessure. Le terme de « purification » qualifiait aussi bien la période des règles que les lochies suivant la naissance d'un enfant, et au Moyen Empire, la *Satire des métiers* brosse un portrait pathétique des infortunés blanchisseurs obligés de manipuler des vêtements souillés de sang menstruel. Il n'était même pas souhaitable de côtoyer un homme dont une proche parente avait ses règles ; à Deir el-Médineh, un travailleur alla jusqu'à invoquer l'indisposition de son épouse ou de l'une de ses filles pour justifier son absence.

> *L'une des coutumes observées avec un soin extrême par les Égyptiens consiste à élever chaque enfant qui voit le jour, et à pratiquer la circoncision des garçons et l'excision des filles, comme il est aussi d'usage chez les Juifs, qui sont d'origine égyptienne.*
>
> *Strabon*

Au cours de l'Ancien et du Moyen Empire, les petits Égyptiens étaient en général circoncis entre six et douze ans. Une scène de circoncision, représentée avec un luxe de détails déroutant dans la tombe de l'architecte royal Ankhmahor, à Saqqara, permet d'apprécier l'importance que revêtait cette cérémonie.[1] Le jeune garçon est maintenu par derrière pendant qu'un prêtre de Ka se dresse devant lui avec un couteau et ordonne à son assistant de « l'empêcher de bouger et de s'évanouir ». Si Hérodote note avec une certaine désapprobation que l'opération était effectuée avant tout pour des raisons d'hygiène, la présence d'un prêtre plutôt que d'un médecin implique néanmoins une signification rituelle importante. D'où, peut-être, ce mépris que les Égyptiens vouaient aux étrangers non circoncis, donc barbares. Rien ne permet d'affirmer qu'une opération similaire, ou clitoridectomie, ait jamais été pratiquée sur les fillettes, et même s'il est rare qu'une société fasse ouvertement référence à ce rite, le fait que l'on n'ait pas retrouvé de momie de femme excisée semble confirmer son absence. Contrairement à une idée reçue, rien ne prouve que cette ablation, ou circoncision soudanaise, comme on l'appelle en Égypte, se soit développée pendant la période pharaonique[2]. Il est toutefois important de souligner que les corps examinés par les chercheurs étaient ceux de femmes de la haute société ; pour l'instant, personne ne sait si les classes inférieures opéraient leurs filles. Strabon, cité ci-dessus, semble persuadé que c'était le cas, mais dans la mesure où il n'explicite pas cette affirmation, nous ignorons s'il fait allusion à l'exérèse d'une partie ou de la totalité de l'appareil génital externe, ou à une simple entaille symbolique au niveau du clitoris. Il ne précise pas non plus s'il rapportait une rumeur ou un fait.

Remède pour soigner une affection de la langue : rincer la bouche avec du lait et de la graisse d'oie.

Papyrus médical Ebers

L'hygiène buccale ne semble pas avoir beaucoup préoccupé les Égyptiens, même si l'historien romain Pline note qu'ils se lavaient les dents avec un dentifrice spécial à base de racines, qu'ils appliquaient à l'aide d'une brindille ou d'un morceau de roseau. On conseillait aux femmes soucieuses de leur haleine de mâcher de petites boules de myrrhe, d'encens, de noix de jonc et de cannelle. Une recommandation sans doute dictée par l'importante consommation d'ail, d'oignon et de radis.

Les Égyptiens étaient en outre exposés à divers problèmes dentaires car le sable du désert, qui aujourd'hui encore s'insinue partout dans les maisons, se mêlait à la nourriture quotidienne ; en raison de son effet abrasif, il usait l'émail et provoquait de fréquents abcès. À en juger par le nombre de ses dents abîmées ou creuses, le roi

Ramsès II dut d'ailleurs connaître des moments difficiles au cours des dernières années de sa vie... En revanche, les caries posaient moins de problèmes qu'aujourd'hui, car les produits sucrés étaient relativement peu répandus : on ne connaissait ni le sucre raffiné ni le sucre de canne. C'étaient donc les représentants des classes supérieures, gros consommateurs de gâteaux au miel et aux dattes, qui couraient le plus de risques dans ce domaine. Cela dit, la perte prématurée des dents semble avoir affecté la population tout entière ; près de la moitié des conseils prodigués dans ce domaine par les papyrus médicaux traitent de la question. Si l'on a retrouvé des vestiges de bridges élaborés à partir de fins fils d'or ou d'argent et de dents humaines sans doute récupérées dans les ateliers d'embaumement, les spécialistes égyptiens ne firent apparemment aucune tentative pour mettre au point un dentier complet.

Les hommes et les femmes avaient l'habitude de compléter leurs ablutions par un massage corporel aux huiles hydratantes. Celles-ci permettaient de réduire les effets du vieillissement cutané provoqué par la chaleur, la poussière et l'utilisation d'un « savon » à base de natron, le principal agent déshydratant employé dans le processus de momification. Ces différents onguents étaient censés améliorer l'état de la peau et prévenir les rides, voire dissimuler au moins partiellement les séquelles de maladies telles que la varicelle ou la lèpre. Le *Papyrus Ebers* vantait d'ailleurs leurs mérites avec un enthousiasme digne de nos meilleurs publicitaires :

> *Pour se débarrasser des rides faciales : mélanger de la gomme d'encens, de la cire, de l'huile de balanes fraîches et de la noix de jonc, puis appliquer chaque jour sur le visage. Vous verrez la différence !*

Alors que le peuple devait se contenter d'huile de castor ou de lin, les riches importaient d'Orient de précieux onguents odoriférants qui, outre leur effet adoucissant, laissaient sur la peau un parfum suave. Il semblerait toutefois qu'à l'instar d'une bonne partie de nos lotions hydratantes actuelles, ces préparations se distinguaient moins par leur efficacité que par leur prix élevé et la valeur subjective qu'on leur attribuait ; de plus, si la présence d'essences parfumées séduisait l'utilisateur, elle servait au moins autant à masquer d'éventuelles odeurs rances. Quoi qu'il en soit, aucun Égyptien n'aurait envisagé de partir dans l'au-delà sans emporter sa crème de prédilection ; on a d'ailleurs retrouvé dans le tombeau de Toutankhamon une jarre entière de son produit de soin préféré. Il existait en outre des huiles spécifiquement destinées aux futures mères désirant prévenir la formation de vergetures ; on les entreposait souvent dans de petits pots à l'effigie d'une femme enceinte tenant son ventre gonflé. Que tous ces produits eussent été un luxe réservé à une élite ne fait absolument aucun doute. Diodore de Sicile était d'ailleurs persuadé que les taxes substantielles payées par les pêcheurs travaillant sur le lac Moeris servaient à acheter fards, parfums et autres lotions aux reines d'Égypte.

Répands la myrrhe sur ta tête, revêts tes plus beaux atours.
Poème du Nouvel Empire

Nombre d'onguents s'appliquaient sur la chevelure après le shampooing, afin de la protéger de l'effet desséchant du climat. Au Nouvel Empire se développa une mode plutôt énigmatique à nos yeux : celle des cônes parfumés posés en équilibre précaire sur la tête. Ces coiffes d'un genre particulier, que l'on arborait lors des festivités, étaient faites de suif imprégné de myrrhe ; en fondant sous la chaleur, elles libéraient d'agréables senteurs et dégoulinaient sur les cheveux et le visage en un mince filet de cire. Un serviteur se chargeait de les remplacer à mesure qu'elles s'amenuisaient. Cadeaux du maître de maison à ses invités et aux domestiques, ces cônes de graisse semblent avoir été de mise à chaque banquet si l'on en juge par les scènes ornant les tombes. Ils sont représentés comme des masses blanchâtres sillonnées de coulées brunes sans doute à l'origine des taches de même couleur maculant le haut des vêtements. Mais aucun de ces ornements d'un genre particulier n'a jamais été retrouvé, et il est assez difficile d'expliquer leur rôle exact dans le déroulement des réjouissances.

Mon cœur s'est empli de mon amour pour toi alors que la moitié de ma chevelure seulement était apprêtée. Je me suis précipitée à ta recherche et j'ai négligé mon apparence. À présent, si tu veux bien patienter le temps que je tresse mes cheveux, je serai à toi dans un moment.
Chant d'amour du Nouvel Empire

C'est en général par une pression morale sur ses membres que la société fixe une norme en matière de coiffure masculine et féminine. Si elle ne prend pas la forme d'une obligation légale, les deux sexes sont cependant censés s'y conformer, qu'il s'agisse de restreindre le port des cheveux longs aux seules femmes, par exemple, ou d'exiger que tous dissimulent leur chevelure. La communauté dans son ensemble ressent d'ailleurs souvent comme une menace les tentatives pour se singulariser. Cette affirmation peut sembler extrême, et pourtant... Il y a moins de cent ans, en Europe, la coupe au carré passait pour un signe de dépravation chez une femme ; aujourd'hui encore, certains considèrent qu'un homme se laissant pousser les cheveux se met délibérément en marge des conventions. Celui ou celle qui les respecte, en revanche, marque son appartenance ou son désir d'appartenance à un groupe particulier en adoptant telle ou telle coiffure. Témoins les mouvements punks ou hippies : que l'on arbore une crête bleu vif ou une cascade de boucles d'un blond artificiel, le message envoyé aux autres est de même nature. Pour en revenir à la société égyptienne de l'époque dynastique, notre champ d'investigation se limite malheureusement aux couches supérieures de la société représentées de façon idéalisée. L'impact des modes sur le peuple demeure largement inconnu.

Nous savons cependant que pour une femme, le choix d'une coiffure dépendait parfois du statut social ou du métier. Même lorsque la mode était aux cheveux courts, danseuses et acrobates les portaient généralement longs, allant jusqu'à en lester l'extrémité afin de donner plus d'ampleur à leurs mouvements. Les filles et les garçons pré-pubères issus de familles aisées sont souvent représentés avec la « boucle de la jeunesse » : une longue mèche sur le côté du crâne par ailleurs rasé. Souvent, on y accrochait des amulettes aux vertus protectrices. En général, seuls les hommes et les femmes en deuil pouvaient laisser leurs cheveux dénoués, mais il arrivait que l'on représente les mères sur le point d'accoucher avec des mèches en bataille, une coiffure archaïque censée écarter les esprits malins par une sorte de magie sympathique ; en relâchant sa chevelure, la femme libérait symboliquement l'enfant à venir.

> *Pour faire tomber les cheveux : faire macérer dans l'huile une feuille de lotus brûlée, puis l'appliquer sur le crâne de la femme haïe.*
>
> Papyrus Ebers

Les femmes ne considéraient pas forcément leur chevelure naturelle comme une parure. Au cours de la période pharaonique, il était même d'usage chez les riches de se couper les cheveux, voire de les raser afin de mieux supporter la chaleur. Lors des événements à caractère officiel, des considérations esthétiques incitaient les participants à porter des perruques qui présentaient en outre l'avantage de protéger le cuir chevelu contre les ardeurs du soleil ; la fabrication de postiches devint une industrie florissante. La plupart des citoyens fortunés possédaient au moins une chevelure artificielle. De toute évidence, on devait apprécier une convention alliant confort la journée et élégance le soir... Le plus beau modèle de perruque, et aussi le plus « naturel » d'aspect, était fait de plus de 120 000 cheveux humains tissés finement puis collés au moyen d'un mélange de cire d'abeille et de résine[3]. Le plus grossier était confectionné avec les fibres rouges du palmier dattier, qui devait conférer une apparence pour le moins étrange à celui ou celle qui l'arborait.

> *Pour faire pousser les cheveux d'une personne chauve : mélanger de la graisse de lion, de la graisse d'hippopotame, de la graisse de crocodile, de la graisse de chat, de la graisse de serpent et de la graisse de bouquetin, puis appliquer cette préparation sur le crâne.*
>
> Papyrus Ebers

En dépit de l'évidente popularité du crâne rasé, la chevelure conservait tout son attrait : de nombreuses momies ont été retrouvées avec leur parure de cheveux naturels, et la poésie romantique de l'époque encense les longues tresses soyeuses. La reine Ahmès-Néfertari, morte à un âge avancé et pratiquement chauve, fut enterrée avec une perruque de petites nattes, fournie par les embaumeurs qui souhaitaient sans doute lui épargner l'humiliation de faire son entrée dans l'au-delà affligée d'une calvitie disgracieuse. Les papyrus médicaux regorgent de recettes destinées à soigner son apparence en luttant contre la chute des cheveux, les pellicules ou les mèches grises que l'on pouvait teinter avec de la graisse de serpent noir, du sang de bœuf noir, voire... une préparation à base d'organes génitaux de chienne réduits en poudre ! Les plus délicats avaient cependant la possibilité d'utiliser une pâte au henné, qui servait également à colorer les ongles des mains et des pieds – une technique toujours employée dans les villages de l'Égypte moderne.

Le style des coiffures féminines naturelles ou artificielles changeait beaucoup plus souvent que les modes vestimentaires : à mesure que l'Égypte approchait de son apogée, les coupes plutôt sévères de l'Ancien Empire se muèrent en compositions élaborées, au point qu'il est tentant, quoique simpliste, d'établir un rapport entre la prospérité du pays et les soins consacrés à la chevelure. Au cours de l'Ancien Empire, les dames dans le vent arboraient un carré court comme on en voit souvent aujourd'hui. Peu à peu, la longueur augmenta ; au Moyen Empire, les citoyens de toutes les classes portaient les cheveux aux épaules, flottants ou coiffés dans le style dit « tripartite » : la mèche à l'arrière de la tête était laissée libre, et l'on ramenait vers l'avant celles encadrant le visage, dégageant ainsi les oreilles. Limitée à l'origine aux femmes de condition modeste, et en particulier aux célibataires, cette mode gagna bientôt les couches plus élevées de la société, où les dames mariées l'adoptèrent à leur tour. Une variante plus compliquée, le « style Hathor », qui consistait à orner de rubans les deux mèches frontales puis à les enrouler autour d'une sorte de disque plat, connut un immense succès ; la plupart des reines de la XVIIIe dynastie l'arboraient. Les dames royales d'Armana, qui aimaient se distinguer, préféraient le « style nubien », inspiré des courtes boucles des soldats de Nubie. Au cours du Nouvel Empire, les conventions en matière de coiffures se relâchèrent, sans doute

Fig. 5.1 : Reine de l'Ancien Empire portant une étonnante perruque rouge et jaune, et sans doute le premier modèle d'épaulettes

sous l'influence des modes étrangères. À la XIXe dynastie, l'engouement pour des styles plus élaborés et l'augmentation correspondante de la quantité de postiches destinés à étoffer chevelures naturelles et artificielles conduisirent à l'abandon de la coiffure tripartite ; aux perruques relativement simples succédèrent des modèles plus extravagants avec boucles et fines tresses frangées à l'extrémité.

> *Le barbier travaille jusqu'à l'aube. Il s'en va vers une ville, s'installe dans un coin puis erre de rue en rue à la recherche d'un client. Il fait peiner ses bras pour remplir son estomac, comme l'abeille qui se nourrit en travaillant.*
>
> Satire des métiers, *Moyen Empire*

Une noble dame ne se coiffait pas elle-même, mais confiait cette tâche aux bons soins d'une servante, d'une de ses filles, de sa mère ou d'une amie[4]. L'équivalent de nos salons de coiffure n'existait pas ; les barbiers officiaient à demeure chez les riches, ou comme travailleurs itinérants. Des inscriptions de l'Ancien Empire indiquent que ces coiffeurs de métier, toujours masculins, jouissaient d'une certaine considération sans doute liée à une fonction religieuse. Partout dans le monde, on a eu tendance à associer la chevelure aux pratiques de sorcellerie et de magie ; la couper constituait souvent une phase importante des rites ou rituels d'initiation. Des psychanalystes ont même vu dans le fait de tailler les cheveux d'un homme une forme symbolique de castration, en raison d'une association inconsciente avec les organes génitaux. Le conte biblique de Samson et Dalila, qui raconte comment Samson perdit ses forces à la suite d'une coupe opérée par surprise, semble étayer cette thèse. Au Moyen Empire, cependant, les coiffeurs chargés de l'entretien des chevelures féminines naturelles et artificielles s'étaient multipliés, et toute signification rituelle liée à leur tâche avait disparu. Les illustrations les montrent en général debout derrière la maîtresse de maison, qui garde un œil attentif sur le déroulement des opérations grâce à un miroir de métal poli qu'elle tient à la main. Ils disposaient d'un grand choix d'instruments pour élaborer leurs compositions, comme en témoignent les rouleaux, les épingles et autres peignes en ivoire et en bois retrouvés dans les tombeaux. Ensuite, les coquettes n'avaient plus qu'à jeter leur dévolu sur un ornement à leur convenance pour apporter une ultime touche de raffinement à leur coiffure : certaines d'entre elles y mêlaient des fleurs fraîches, d'autres optaient pour des diadèmes, des bandeaux, des turbans, des anneaux...

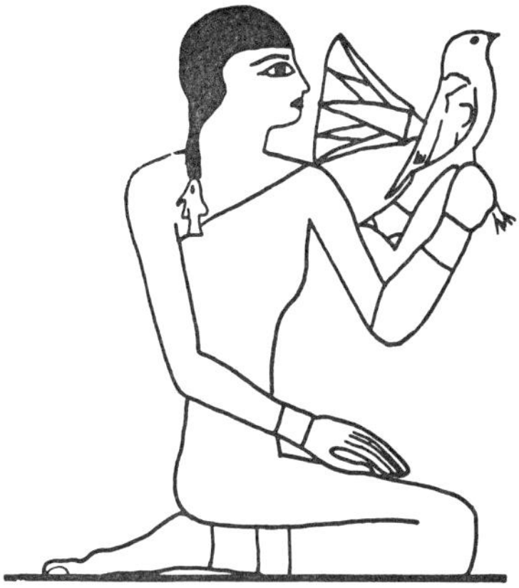

Fig. 5.2 : Jeune fille portant dans les cheveux un ornement en forme de poisson

Nos sociétés occidentales établissent une distinction claire entre le domaine de la santé et celui de la beauté. Une frontière plus nette encore sépare les innombrables cosmétiques à l'usage des femmes des quelques rares spécimens réservés à leurs compagnons, notre conditionnement culturel nous incitant à considérer le maquillage comme une préoccupation futile exclusivement féminine. Les Égyptiens avaient un point de vue bien différent sur la question : pour eux, les produits de beauté contribuaient à améliorer le bien-être et l'apparence de tous, quand ils n'étaient pas investis de pouvoirs magiques. À une époque où l'on se fardait pour souligner son appartenance à une catégorie sociale élevée, les hommes considéraient les coffrets de toilette comme de précieux accessoires.

Je désire peindre mes yeux, afin qu'ils brillent avec plus d'éclat quand je te vois.

Poème d'amour, Nouvel Empire

Pour les femmes comme pour les hommes, se maquiller consistait principalement à accentuer le regard. Le khôl, ou fard, servait à en rehausser l'intensité, mais possédait aussi des vertus cicatrisantes et protectrices. On l'appliquait sur les paupières inférieures et supérieures pour souligner le contour des yeux et le prolonger parfois jusqu'à la racine des cheveux, et allonger la ligne des sourcils. Même si l'on prend en compte la tendance des artistes à grossir le trait dans les peintures et la statuaire, il paraît néanmoins évident que le style « naturel » n'était pas de mise ! Deux pigments permettaient de réaliser un maquillage dans le vent : le vert (malachite), très populaire au début de la période dynastique, et le gris sombre (galène), dont l'usage se développa au cours du Nouvel Empire. Les coquettes les associaient : le vert sur les sourcils et au coin des yeux, le gris sur le bord des paupières et les cils. Les paysannes égyptiennes d'aujourd'hui emploient toujours le khôl noir pour atténuer l'éclat du soleil et diminuer ainsi les risques d'infection oculaire. Apparemment, il n'existait pas d'autres cosmétiques, sauf peut-être une sorte de blush obtenu à partir de l'ocre. La seule référence au rouge à lèvres nous est fournie par le *Papyrus de Turin*, dit érotique, qui montre une prostituée le miroir à la main, se fardant la bouche à l'aide d'un pinceau.

Certaines femmes amenées à exhiber leurs charmes pour gagner leur vie, telles les danseuses professionnelles, les acrobates et les prostituées, réclamaient cependant des ornements corporels plus durables, d'où la présence de tatouages sur les bras, le torse et les jambes. La popularité de cette forme de « parure » féminine ne s'est jamais démentie depuis l'époque dynastique, comme le souligne Winifred Blackman :

> *L'instrument utilisé dans la pratique du tatouage se compose de sept aiguilles fixées dans un court bâton arrondi et couvert d'un enduit pour maintenir le système en place. Parfois, des aiguilles plus petites, au nombre de cinq, servent à tatouer les enfants. On emploie comme pigment le noir de carbone, que l'on mélange la plupart du temps à de l'huile et non à de l'eau contrairement à ce qu'affirment certaines personnes.*

Cette pratique ne laisse cependant pas beaucoup de traces tangibles, et même si l'on a retrouvé dans les tombeaux de toutes les périodes des statuettes de femmes portant sur le corps des motifs incisés et peints, seules les momies de certaines dames du Moyen Empire identifiées comme des concubines royales apportent la preuve de son existence[5]. La tradition semble toutefois s'être éteinte au cours du Nouvel Empire, bien que des artistes et des servantes du Nouvel Empire eussent exhibé un petit portrait du dieu Bès en haut des cuisses, à la fois comme porte-bonheur et comme moyen d'attirer l'attention sur leurs charmes cachés. Certains chercheurs ont suggéré qu'il s'agissait d'un signe distinctif des prostituées, mais on peut également supposer qu'on lui attribuait le pouvoir de protéger la future mère lors de l'accouchement, ou de lutter contre les maladies sexuellement transmissibles. Quoi qu'il en soit, les tatouages semblent avoir été populaires surtout parmi les femmes de condition modeste. Les hommes y avaient plus rarement recours.

L'usage voulait peut-être que l'on représente des femmes d'une minceur idéale, mais rien ne prouve que celles-ci aient déployé des efforts particuliers pour garder la ligne. Leurs longues robes fluides pouvaient dissimuler n'importe quelles rondeurs, et nulle part il n'est fait mention de régimes ou d'exercices à pratiquer afin de se maintenir en forme, pas même dans les papyrus médicaux. La comparaison avec la situation actuelle dans l'Égypte rurale laisse supposer que si les femmes étaient censées posséder une silhouette plus svelte que les hommes, elles n'étaient en aucun cas tenues d'offrir cette apparence quasi décharnée qui suscite tant l'admiration dans les sociétés occidentales modernes. De fait, ce genre de beauté féminine ne se conçoit que dans des pays ne connaissant pas la famine. À l'inverse, les statuettes d'Égyptiennes nues retrouvées dans les tombes ont en général des silhouettes rondes avec des hanches relativement larges et des fesses rebondies. Placées dans les monuments funéraires, elles ne représentaient pas une femme en particulier, mais avaient valeur de symbole de fécondité figurant le processus entier de la famille égyptienne, y compris la procréation et l'éducation des enfants. Comme si la capacité d'enfanter était considérée comme l'idéal de la féminité.

La plupart des Égyptiens, à l'aise avec leur corps, n'étaient nullement choqués par la nudité d'autrui. Dans des contextes spécifiques, celle-ci n'était pas considérée comme indécente ; les propriétaires de tombeaux ne manifestaient d'ailleurs aucune fausse pudeur lorsqu'il s'agissait de faire illustrer des scènes de la vie quotidienne avec des pêcheurs, par exemple, ou d'autres travailleurs dont les occupations rendaient superflu le port de vêtements. Par convention, on représentait dans leur plus simple appareil les personnes de condition modeste et les enfants, bien que ceux-ci fussent souvent habillés comme leurs parents. Au cours du Nouvel Empire, la nudité, ou semi-nudité, devint fréquente chez certaines femmes exerçant un métier en rapport avec leurs charmes physiques. Les danseuses et les acrobates, par exemple, ne portaient qu'une large ceinture ou une jupe courte évasée, avec parfois de fines bretelles croisées sur les seins. La tenue de travail des servantes se composait d'une simple jupette, sans haut ; dans les fresques, elles apparaissent soit entièrement nues à l'exception de colliers de perles et de ceintures, soit drapées dans des tissus transparents. Au Nouvel Empire, l'engouement pour la nudité féminine affectait même les divinités ; certaines déesses étrangères légères et court vêtues, telle Astarté, la déesse asiatique de la guerre, firent l'objet d'un culte en Égypte à cette époque.

Montrer les riches sans leurs vêtements, en revanche, aurait été jugé à la fois inconvenant et inexact. Tous les témoignages révèlent que les membres des classes supérieures prenaient plaisir à revêtir leurs plus beaux atours, l'élégance vestimentaire permettant de souligner une position sociale élevée. Ce fut seulement pendant la brève période d'Armana, caractérisée par le bouleversement des usages en vigueur, que les dames royales se firent représenter nues ou dans des toilettes négligemment ouvertes qui ne laissaient pas à l'imagination le loisir de s'exercer. Cela dit, nous serions bien en peine de déterminer si les Égyptiens avaient pour habitude de se promener en tenue d'Adam ou d'Ève dans la vie privée, ou « hors champ ». La seule chose que l'on puisse affirmer avec certitude, c'est que l'on ne devait pas privilégier la nudité en hiver ou dans la fraîcheur des petits matins.

> *Mon amour, comme il m'est doux de me baigner dans l'étang alors que tu me regardes. De cette façon, je peux te laisser voir ma beauté à travers ma tunique du lin blanc le plus fin quand, mouillée, elle colle à mon corps... Je plonge dans l'eau avec toi et remonte vers toi avec un joli poisson rouge entre mes doigts... Viens me regarder.*
>
> *Chant d'amour, Nouvel Empire*

La fonction première des vêtements consiste à protéger le corps des éléments tout en dissimulant ces parties que la société préfère livrer en pâture à l'imagination. Un rapide coup d'œil dans la rue, cependant, suffit à comprendre que l'habillement, et en particulier la mode, sert à transmettre des messages sociaux sur des réalités aussi diverses que la situation financière, les aspirations, la profession exercée, ou même les convictions religieuses. La femme d'affaires, l'étudiante ou la jeune mère portent parfois des variantes des mêmes chemisiers ou des mêmes jupes, mais les différences de styles et de coupe n'échapperont pas à un observateur extérieur ; quant au punk couvert de chaînes, il arbore un uniforme aussi révélateur de son appartenance à un groupe que peut l'être l'habit d'une nonne. Tout comme une paysanne égyptienne aujourd'hui se renseigne sur un inconnu rien qu'en relevant des détails subtils dans sa façon de se vêtir – détails que ne perçoit pas l'Occidental non initié –, son ancêtre de l'époque dynastique devait percevoir une foule d'informations sur ses contemporains grâce au choix de leur toilette. Malheureusement, sans le secours du code nécessaire pour décrypter le message, nous sommes condamnés à ne tirer que des conclusions incomplètes d'une étude de la mode égyptienne.

À première vue, les Égyptiens nous ont laissé d'abondantes sources d'informations dans ce domaine[6] : des documents écrits, des vestiges de robes, de nombreuses statues, gravures et peintures qui, une fois rassemblés, constituent une sorte de catalogue illustré permettant d'établir une chronique des différents styles au cours des siècles. Il existe cependant certains problèmes inhérents à ce type de témoignages basés sur des représentations. Celles-ci montrent en effet surtout les membres des classes les plus élevées, et qui plus est dans des conditions atypiques. Si, actuellement, nous préférons nous faire photographier sur notre trente et un, nous pouvons imaginer qu'il en allait de même pour les Égyptiens de l'Antiquité qui, au moment de poser pour la postérité, choisissaient sans doute d'arborer leurs tenues les plus belles ou les plus adaptées à la circonstance. Quant aux habits portés dans les scènes de l'au-delà, ils ont sans doute une signification rituelle qui nous échappe aujourd'hui. Étant donné le caractère strict des conventions de l'art égyptien, il est tout à fait possible que l'artiste ait choisi non pas les vêtements réels mais des modèles traditionnels ou stylisés pour mettre en valeur la féminité des personnages, et dans de nombreux cas, les nuances subtiles des robes ont peut-être échappé à l'artiste masculin qui devait peindre la plupart de ses portraits de mémoire ou à partir de croquis plutôt que d'après un sujet vivant. Résultat, fonder une étude des coutumes vestimentaires uniquement sur ce type de documents reviendrait à juger les styles occidentaux modernes sur une série de photos de mariage ou de clichés de haute couture tirés d'un exemplaire de *Vogue*. Néanmoins, et en dépit des inexactitudes véhiculées par les illustrations, le message que nous transmettent ces fresques à travers les siècles est celui du plaisir visible éprouvé par les hommes et les femmes vêtus de leurs costumes les plus somptueux. De toute évidence, la mode était importante aux yeux des Égyptiens.

Robes et tuniques étaient essentiellement confectionnées en lin. Le coton et la soie ne firent leur apparition en Égypte qu'avec l'arrivée des Grecs et des Romains, et en dépit des nombreux troupeaux de moutons, la laine servit très peu à la fabrication de vêtements au cours de la période dynastique. Hérodote, le premier à relever ce détail curieux, en déduisit qu'il s'agissait d'une interdiction rituelle, car « aucune étoffe de laine n'est placée dans leurs temples ou enterrée avec eux, leur religion l'interdisant » ; Plutarque renchérit en faisant remarquer que « les prêtres, parce qu'ils vénèrent les moutons, s'abstiennent d'employer leur laine ou de manger leur chair ». Il semble cependant plus vraisemblable que ce phénomène ait eu pour origine la rareté d'une fibre de bonne qualité : les moutons égyptiens étaient surtout élevés pour leur lait et leur viande, et leur toison plutôt dégarnie ne se prêtait guère à la production de textile. Cela dit, les avancées dans le domaine de l'archéologie permettent aujourd'hui de mettre en doute la véracité des propos d'Hérodote ; s'il reste incontestable que les grands personnages préféraient se faire représenter dans des tenues traditionnelles en lin, les habits de laine étaient peut-être beaucoup plus répandus qu'on ne l'a supposé. En effet, aucun témoignage de l'époque ne mentionne d'interdit sur ce point, et si le lin, à la fois léger et confortable, convient aux climats chauds, la fraîcheur des soirées d'hiver devait toutefois nécessiter le port d'un châle ou d'une cape dans une matière plus épaisse.

S'il est assez facile de teindre la laine, le processus se révèle plus complexe pour le lin, qu'il faut traiter en deux temps. C'est sans doute pourquoi on a longtemps cru qu'en dépit de leurs indéniables talents de tisserands, les Égyptiens n'avaient jamais développé la technique nécessaire à la teinture de ce fil. D'où l'idée que sur les illustrations, les femmes portant des toilettes chatoyantes à motifs bleus, jaunes ou rouge vif étaient des étrangères ou des servantes vêtues de robes importées. Mais aujourd'hui, les égyptologues se demandent si l'on aurait pas sous-estimé l'importance des textiles teints, comme on l'a fait pour les vêtements de laine. Les quelques poupées retrouvées dans les tombes de la classe ouvrière, sur lesquelles furent peintes des tuniques colorées, semblent indiquer que les habits bigarrés étaient beaucoup plus communs qu'on ne l'a imaginé. Cela dit, le blanc ou le blanc cassé restait la couleur de toutes les tenues de cérémonie, comme le montrent les personnages représentés dans les fresques funéraires.

Si l'utilisation de la couleur demeura relativement rare, les Égyptiens étaient en revanche des experts dans l'art de plisser et de froncer les tissus. Le processus devint de plus en plus raffiné et élaboré à mesure que la qualité des textiles s'améliorait, et s'accompagna d'une évolution dans la mode vestimentaire, qui passa peu à peu des robes moulantes à des tenues fluides destinées à mettre l'étoffe en valeur. Au Nouvel Empire, la plissure changeait si rapidement qu'il est maintenant possible de dater une statue rien qu'en étudiant l'arrangement des plis du vêtement. Nous ignorons encore comment les fabricants s'y prenaient pour obtenir un plissé qui a su résister au temps, mais il est possible qu'ils aient utilisé ces longues planches à cannelures découvertes dans certains tombeaux avant d'appliquer une sorte d'amidon pour raidir le tissu.

Néanmoins, le nombre important de tenues complètes mises à jour lors des fouilles confirme qu'au cours de la période dynastique, la plupart des Égyptiennes optaient surtout pour des variantes assez grossières de la djellaba qu'affectionnent toujours les paysans égyptiens aujourd'hui [7]. Si ces longues tuniques n'ont pas l'élégance des robes illustrant certaines scènes, elles devaient cependant présenter le double avantage d'être pratiques et faciles à confectionner. On a également découvert quelques tenues pourvues de manches, un raffinement supplémentaire assez peu présent dans les peintures d'avant le Nouvel Empire, mais qui offrait sans doute une protection efficace contre la poussière et les moustiques. Il existait aussi un système ingénieux de manches détachables, que l'on pouvait ôter par grosse chaleur, permettant ainsi de profiter d'une robe toute l'année.

En guise de chaussures, on marchait avec des sandales – de simples semelles de cuir ou de roseaux tissés retenues par de courtes lanières – ou, à partir de la XIXe dynastie, avec des sortes de mules de cuir plus élaborées. Bien souvent, la rétribution d'un travailleur comprenait une paire de sandales, même si les tableaux de la vie quotidienne montrent que la plupart des activités s'effectuaient pieds nus, comme cela se pratique encore dans de nombreuses régions du monde. La politesse exigeait que l'on se déchausse avant d'entrer dans une maison, ou en présence d'une personne d'un rang supérieur en signe de respect. La fonction de « Porteur des Sandales du Pharaon » était tenue en haute estime, et il est fort improbable que le détenteur d'un titre aussi prestigieux se fût jamais abaissé à manipuler des chaussures.

Lors des soirées fraîches, les dames jetaient sur leurs épaules des châles semblables à ceux d'aujourd'hui. On a retrouvé certains modèles parmi les biens de l'architecte Kha et de sa femme Méryt, dans leur tombe de la XVIIIe dynastie, ainsi que la longue robe frangée de Méryt, pliée avec soin dans un panier contenant également son peigne et des rouleaux pour sa perruque. Grâce à plusieurs ostraca, nous pouvons nous faire une idée du prix comparatif des vêtements : au Nouvel Empire, une simple robe façon djellaba taillée dans une étoffe grossière était estimée à cinq *deben*, soit une somme relativement élevée par rapport aux deux *deben* que valait une chèvre à la même époque. De toute évidence, le prix dépendait de la qualité et de la quantité du tissu utilisé ; un châle confectionné dans une belle étoffe était un objet de luxe qui pouvait atteindre quinze *deben*.

Dans ces conditions, on ne s'étonnera pas de l'attrait que ces vêtements représentaient pour un voleur. En théorie, ce genre de larcin pouvait conduire son auteur devant le juge, mais en général, la victime préférait consulter le dieu local pour résoudre le mystère et déceler le coupable, évitant ainsi une procédure officielle. Pour rendre ses oracles, la statue de la divinité était placée au centre d'une litière chargée sur les épaules de fidèles, puis répondait aux questions par l'affirmative ou la négative en obligeant les porteurs à avancer ou à reculer selon ses décisions. Dans le cas d'affaires plus complexes impliquant un grand nombre de suspects, le plaignant lisait à voix haute une liste de noms, et de nouveau, le dieu imprimait un mouvement à ses porteurs pour désigner le coupable. Parmi toutes les divinités locales qui rendaient ce genre de service, Amenhotep I, élevé au rang de dieu à Deir el-Médineh, avait la réputation d'être particulièrement efficace [8]. Un ostracon découvert sur ce site raconte comment le dessinateur Kaha décida de consulter un oracle lorsque certains de ses habits lui furent dérobés. Il énuméra à la statue les différentes familles auxquelles pouvait appartenir le suspect, et par deux fois, le dieu se manifesta lorsque le foyer du scribe Imenhet fut cité. En fin de compte, on identifia la voleuse : c'était la fille d'Imenhet. Il n'est fait mention d'aucune punition particulière infligée à la coupable, mais devant la réprobation générale suscitée par son geste et sans doute par peur d'un châtiment divin, elle dut s'empresser de restituer à leur propriétaire les biens dérobés.

Sa Majesté dit : « Donc, je vais organiser une promenade en bateau ! Qu'on m'apporte vingt rames en bois d'ébène incrusté d'or avec des manches en bois de santal recouverts d'or fin. Qu'on m'amène vingt femmes aux cheveux nattés, aux corps et aux seins bien faits, et qui n'ont pas encore enfanté. Qu'on m'apporte aussi vingt résilles, et qu'on les remette à ces femmes en guise de vêtements ! » Il fut fait selon les ordres de Sa Majesté. Tous descendirent et remontèrent le fleuve, et Sa Majesté éprouva un grand plaisir à voir son équipage ramer.

Extrait du Papyrus Westcar, *Moyen Empire*

Les robes des élégantes, si elles restaient d'une relative simplicité, se révélaient nettement moins pratiques. Le modèle de base, immuable malgré les différentes modes, était constitué d'une longueur de tissu enroulée ou drapée autour du corps comme un sari et maintenue par une ceinture ou par de fines bretelles. Une fois enlevé, il n'avait plus rien d'un vêtement, d'où la méprise compréhensible de certains chercheurs, qui les ont classés dans la catégorie des draps. Pour leur part, les coquettes de l'Ancien Empire appréciaient les longs fourreaux blancs moulants qui descendaient jusqu'aux chevilles, maintenus aux épaules par deux larges bretelles. À en croire les représentations ornant les tombes, cette toilette se portait très ajustée, de façon à souligner les formes, mais il est difficile d'imaginer que les Égyptiennes en aient fait leur tenue favorite même si elles étaient soucieuses de suivre la mode, car son étroitesse devait limiter la liberté de

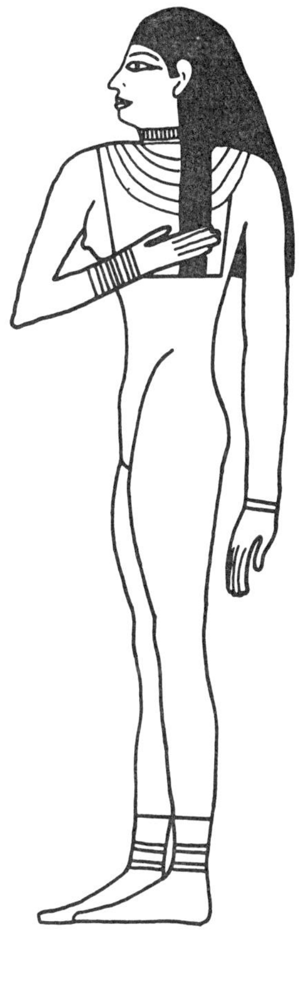

Fig. 5.3 : Robe fourreau sous l'Ancien Empire

mouvement. Selon toute vraisemblance, il s'agit d'une autre convention artistique destinée à accentuer la féminité du personnage dont le rôle passif dans la vie est habilement suggéré par une vêture dénuée de tout aspect pratique. Pour rehausser leurs robes blanches, les femmes avaient la possibilité d'ajouter des bretelles ouvragées ou de tisser et de broder des motifs géométriques. En outre, les légers manteaux en résille ornés de perles, jetés sur une robe toute simple, devaient sans doute être du plus bel effet, comme en témoigne l'extrait du *Papyrus Westcar* cité ci-dessus, qui fait allusion au plaisir concupiscent éprouvé par le roi Snéfrou au spectacle de son équipage de jeunes filles nubiles seulement vêtues de « résilles ».

Aux tenues plutôt discrètes de l'Ancien Empire succéda peu à peu un style plus recherché ; au Nouvel Empire, une dame pouvait choisir sa robe parmi de nombreux modèles moins classiques dont certains, mêlant plissé raffiné et franges, s'accordaient parfaitement aux perruques plus élaborées en vogue à cette époque. Le plus répandu était une sorte de longue tunique fluide évoquant un sari, en lin plissé, drapée autour du corps et nouée sous les seins, à la manière des robes de style Empire. De larges manches finement plissées descendaient jusqu'aux coudes. Le fourreau, plus ancien, se portait désormais agrémenté d'une courte tunique transparente.

Fig. 5.4 : La mode au Nouvel Empire

De ses cheveux, elle envoie des lassos autour de moi,
De ses yeux, elle me prend au piège,
De son collier, elle me lie le cou,
De sa bague, elle imprime sa marque sur moi.
Chant d'amour, Nouvel Empire

Les vêtements blancs représentaient l'écrin idéal pour les bijoux chatoyants qu'affectionnaient les hommes, les femmes et les enfants de toutes les classes dès la période pré-dynastique. Les perles de couleurs vives fabriquées en série servaient à la réalisation de nombreux bijoux fantaisie bon marché destinés au peuple ; les plus riches arboraient de véritables œuvres d'art élaborées par des artisans de génie et qui mêlaient métaux de valeur et pierres semi-précieuses. Les parures de la famille royale provenaient exclusivement des ateliers du palais qui, à partir des matières premières abondantes mises à leur disposition, développèrent des techniques avancées comme le cloisonné, le grenage et le travail en filigrane. Les citoyens moins fortunés se procuraient babioles et colifichets auprès des artisans de la région ou des bijoutiers itinérants toujours présents les jours de marché. En règle générale, pour les bijoux de pacotille comme pour les pièces de valeur, on utilisait des matériaux opaques. Contrairement à ce qui se pratique aujourd'hui dans le domaine de la bijouterie, c'était la couleur et l'éclat de l'ensemble plutôt que la pureté de chacun des composants qui créaient l'effet recherché.

Les artisans égyptiens n'avaient pas accès aux pierres précieuses si importantes pour la joaillerie moderne. En revanche, ils se procuraient sans difficulté l'améthyste, la cornaline et le jaspe dont l'Égypte était riche, ou encore les turquoises en provenance des mines du Sinaï et le lapis-lazuli d'Afghanistan. On trouve de l'or en filons dans les blocs de quartz du désert égyptien, ou parmi les dépôts d'alluvions qu'il faut fouiller ; ces deux sources furent exploitées au cours de la période dynastique. L'argent pur était acheté à d'autres pays de la Méditerranée. On le rencontre souvent mêlé à l'or égyptien, mais il est très difficile de séparer les deux métaux [9]. Plus prisé que l'or, l'argent était beaucoup moins employé en bijouterie. Quoi qu'il en soit, le peuple n'avait pas la possibilité de s'offrir l'un ou l'autre de ces métaux, à moins de s'adresser aux pilleurs de tombeaux qui les négociaient au marché noir.

Les Égyptiens adoraient exhiber leurs ornements de leur vivant, et comptaient bien faire de même dans l'au-delà. Il leur paraissait donc essentiel d'être enterrés avec des bijoux appropriés à leur sexe et à leur rang. Une bonne partie des pièces exposées aujourd'hui dans les musées du monde entier provient donc des monuments funéraires, hélas trop souvent visités par des pilleurs de sépultures ou des égyptologues amateurs qui n'ont pas mesuré l'importance archéologique de leurs trouvailles. Si certaines de ces parures firent réellement les délices de leurs propriétaires, nombre d'entre elles n'étaient cependant destinées qu'à figurer dans les tombes, parmi les possessions du défunt. Il aurait été en effet impossible de les porter, soit parce que le métal dont elles sont faites est d'une finesse extrême, donc fragile, soit parce que les colliers manquent du contrepoids nécessaire à un tomber correct. Ce qui, bien entendu, ne devait plus poser de problèmes dans l'au-delà. A priori, ces bijoux funéraires sont seulement des imitations des ornements habituels des Égyptiens ; s'il existait bien des amulettes protectrices placées dans les bandelettes d'une momie, rien ne prouve que l'on fabriquait des bijoux spécialement pour l'autre monde.

> *Nous avons fracturé les tombeaux de l'ouest du No et sorti les cercueils qu'ils contenaient. Nous avons arraché l'or et l'argent incrustés sur les parois et les avons dérobés, puis je les ai répartis entre mes complices et moi-même.*
>
> *Compte rendu d'un procès, Nouvel Empire*

Le pillage des tombeaux royaux, souvent par les ouvriers employés à leur construction, était une menace permanente dans la mesure où l'on ne pouvait garder longtemps secret l'emplacement d'édifices aussi importants. À Thèbes, où se trouvent les sépultures des souverains du Nouvel Empire, on avait même créé une police spéciale chargée de surveiller la nécropole et placée sous l'autorité du vizir, le personnage le plus puissant après le pharaon. Mais plusieurs papyrus de la XXe dynastie relatant l'arrestation puis le jugement subséquent des voleurs et des receleurs laissent planer un doute sur l'efficacité de ces forces de sécurité, d'autant que certains notables étaient manifestement impliqués dans le trafic. En principe, tout incident observé dans la nécropole était rapporté directement au vizir ou à d'autres administrateurs de haut rang. Ensuite, une commission réunie pour la circonstance procédait à une fouille minutieuse des tombes profanées, établissait une liste de suspects et faisait un procès. C'était au pharaon que revenait le droit de décider du sort réservé aux coupables ; la peine officielle encourue par les pilleurs de tombe était une terrible mort lente par empalement.

En Occident, nous considérons les bijoux d'abord comme des ornements permettant d'exprimer la personnalité et peut-être de souligner l'aisance financière. Il y a, bien sûr, certaines exceptions à cette règle : un crucifix, une médaille de St Christophe ou une breloque en forme de fer à cheval peuvent avoir un but à la fois décoratif et religieux ou superstitieux ; une alliance ou une bague de fiançailles donnent une indication sur le statut social de celui ou celle qui la porte. Les Égyptiens, qui se sentaient constamment menacés par les esprits malins, les démons et les dangers d'un monde cruel, ne considéraient pas leurs bijoux comme de simples ornements ; ils leur prêtaient au contraire un pouvoir protecteur semblable à celui des amulettes. Les caractéristiques prophylactiques de certains motifs ne sont pas toujours évidentes à saisir, mais il est clair que les pièce de joaillerie égyptienne possédaient des vertus particulières. Pour en garantir l'efficacité, il fallait les porter le plus près possible de la peau, suspendues à un lien noué autour du cou.

Nous connaissons cependant les pouvoirs supposés de quelques-uns de ces bijoux, dont un grand nombre concernait les femmes. Des amulettes remontant à l'aube de la période dynastique, par exemple, s'ornent du portrait de Bat, une déesse de la fertilité. Des ornements en forme de poisson, placés dans les cheveux ou en pendentifs, étaient censés protéger les jeunes filles de la noyade, et ceux représentant une coquille d'huître les garder en bonne santé. L'œil *oudjat* d'Horus, qui d'après la légende fut arraché par Seth le maléfique, devint le symbole de la lumière chassant le mal ; à ce titre, l'amulette était populaire autant chez les hommes que chez les femmes. Certaines couleurs – en particulier le vert qui symbolisait la vie et la naissance – et certaines pierres étaient également investies de pouvoirs dont nous n'avons plus qu'une vague idée, si ce n'est que porter un collier de turquoise verte éloignait théoriquement tous les maux.

Parmi les bijoux les plus répandus et les moins onéreux, on trouvait des coquillages, des amulettes et de simples perles enfilées sur un cordon de lin ou de cuir. Celles-ci, en stéatite vernie, en faïence ou en verre, se présentaient sous de multiples formes et couleurs et servaient à réaliser des colliers et des bracelets pour les bras ou les chevilles. Certaines, plus sophistiquées, étaient réservées à des usages spécifiques : les ceintures des danseuses s'ornaient souvent de cauris qui s'entrechoquaient à chaque mouvement. Il est tout à fait possible que ces coquillages, dont la forme évoque le sexe féminin, aient été considérés comme des symboles de fécondité. Cela dit, ce type de ceinture n'était en aucun cas limité aux créatures vivant de leurs charmes ; on en a retrouvé divers modèles dans les tombes de princesses royales sans doute éminemment respectables. Enfin, si la plupart des gens devaient se contenter de simples pendentifs en perles, les représentants des classes moyennes et supérieures, qu'ils fussent fonctionnaires ou membres de la famille royale, avaient une prédilection pour les larges colliers composés de plusieurs rangs de perles en faïence entrelacés. Les riches appréciaient également le collier pectoral, un imposant pendentif de métal surtout porté par les femmes.

Les bracelets faisaient partie des ornements les plus appréciés par les femmes de toutes les classes, et ce dès la période pré-dynastique. La reine Hétephérès, la mère de Khéops le bâtisseur de pyramides (IVe dynastie), leur vouait une véritable passion : un portrait d'elle la représente les bras chargés de bijoux, et à sa mort, on plaça dans sa tombe un coffret contenant vingt bracelets d'argent ciselé qui lui serviraient de parures dans l'au-delà. À moins de les retrouver sur le corps du défunt, il n'est pas toujours évident de faire la distinction entre les bracelets à porter aux poignet et ceux destinés à cercler les chevilles ; les Égyptiens eux-mêmes estimaient nécessaire d'ajouter les mots « pour les pieds » afin d'éviter toute équivoque. Il semblerait d'ailleurs que de nombreux archéologues, sans doute déroutés par l'idée d'un ornement de chevilles et troublés par la similitude de ces larges anneaux avec les bracelets traditionnels, les aient classés par erreur dans cette dernière catégorie. À l'origine, ce genre de fantaisie était l'apanage des femmes, mais au Moyen Empire, les hommes les adoptèrent à leur tour, le summum du chic consistant à assortir le large bracelet ouvragé passé autour du poignet à celui de la cheville, légèrement plus épais.

On voit rarement des bagues aux doigts des personnages peints ou sculptés ; pourtant, les Égyptiens en mettaient dès la période prédynastique, et au Nouvel Empire, les modèles fantaisie en faïence, fabriqués en série, connurent un immense succès. On les glissait à n'importe quel doigt de la main droite ou gauche, sauf les chevalières ornées d'un scarabée qui, symboles de prestige réservés aux hauts dignitaires masculins, se portaient traditionnellement au majeur gauche. Les boucles d'oreilles, en revanche, ne firent leur apparition en Égypte qu'au Nouvel Empire, sous l'influence des pays étrangers. Les femmes s'enthousiasmèrent pour ces nouveautés et se firent percer les oreilles. Leur préférence allait aux anneaux d'or et aux clous en verre semblables à ceux que l'on trouve aujourd'hui partout dans le monde. Les modèles en faïence et les larges disques plats à bordure festonnée conçus pour étirer le lobe plaisaient aussi beaucoup. À l'instar de ce qui se passe à notre époque, les boucles de prix réservées aux dames de la cour étaient reproduites en terre cuite ou en verre, de façon à pouvoir satisfaire les désirs des coquettes aux revenus plus modestes. Les hommes de haut rang ne négligeaient pas ces ornements, loin de là. Toutankhamon avait d'ailleurs les oreilles percées, bien qu'il ne portât pas de boucles au moment de sa momification. Pour le sexe fort, arborer ces bijoux ne répondait pas seulement à des préoccupations esthétiques : réservés à ceux qui s'étaient vu remettre un collier en or pour services rendus à la royauté, ils indiquaient l'allégeance au souverain. Le pharaon avait en effet l'habitude de distribuer des pièces de prix – « l'Or des Braves » – à ses guerriers les plus vaillants et à ses dignitaires les plus méritants, une pratique qui évoque la remise de médailles et autres titres de chevalier encore en usage aujourd'hui. Les heureux bénéficiaires de ces témoignages d'estime faisaient souvent représenter la cérémonie officielle sur les murs de leur tombeau.

Il est assez difficile pour nous d'évaluer l'importance qu'une Égyptienne accordait à ses bijoux. Outre leur fonction ornementale, ceux-ci servaient sans doute à souligner le statut social et l'aisance financière de cette femme et de sa famille, et ils étaient souvent investis de pouvoirs magiques. Mais avaient-ils valeur de placement pour l'avenir ? Dans de nombreuses sociétés, où l'épouse ne bénéficie que d'un droit limité à la propriété, les bijoux et autres objets en or, souvent offerts par le mari au moment des noces, lui restent théoriquement acquis et représentent une sécurité en cas de difficultés. Cette pratique a toujours cours dans les villages égyptiens modernes, où le jeune homme donne de l'or à sa fiancée pour sceller leur engagement ; en l'occurrence, le poids du métal importe plus que la façon dont il est travaillé. Ce système fonctionne dans la mesure où le cadeau à la promise a une grande valeur et peut donc se monnayer à une date ultérieure. Il est cependant difficile d'établir une comparaison avec ce qui se passait dans l'Égypte ancienne, car l'usage et la loi reconnaissaient le droit de la femme à posséder une partie des biens du couple, et à en juger par les pièces découvertes sur les différents sites, les bijoux n'étaient pas d'un grand prix. Apparemment, ils étaient surtout révélateurs du rang d'une personne et de ses goûts personnels.

Celle qui autrefois n'avait même pas un coffre possède aujourd'hui des meubles ; celle qui autrefois se regardait dans l'onde possède aujourd'hui un miroir.

Admonition du scribe Ipouer, Moyen Empire

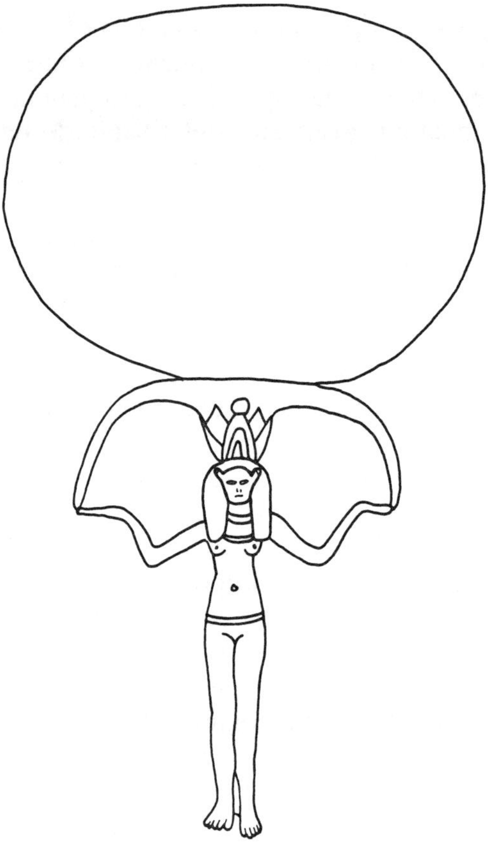

Fig. 5.5 : Miroir en bronze

La coquette égyptienne avait beau se vêtir de ses plus beaux atours, elle n'avait aucun moyen de contempler son reflet entier étant donné que les psychés n'existaient pas. Les moins fortunées avaient toujours la ressource de s'admirer dans les eaux du Nil. Celles qui disposaient de moyens plus importants pouvaient se procurer un miroir de métal poli doté d'une poignée afin d'examiner leurs traits et de rectifier leur maquillage. La plupart des modèles parvenus jusqu'à nous sont en bronze, et leur surface ternie est toute piquetée, mais une innovation dans le domaine du polissage a confirmé qu'ils fournissaient une image fidèle, voire légèrement améliorée. À l'instar de nombreux objets utilisés dans l'Égypte ancienne, ils n'étaient pas seulement destinés à soigner l'apparence. On attribuait à ces disques ovales, capables de montrer une image virtuelle, de refléter et de concentrer la lumière, des significations religieuses dans le domaine de la vie, de la création et de la régénération. Ils étaient également associés aux dieux du soleil et de la lune. Ces influences mystiques se faisaient sentir jusque dans le dessin de sa poignée, qui représentait souvent une tige de papyrus ou de lotus, symboles de la création et de la procréation, ou encore la tête d'Hathor, personnification de l'amour, de la beauté et de la fécondité.

Bien que les hommes aient dû eux aussi utiliser les miroirs, ceux-ci semblent avoir eu une signification particulière pour les femmes. Les fresques ornant les tombeaux révèlent que les dames considéraient manifestement leur miroir comme un accessoire élégant, allant jusqu'à l'emporter partout avec elles dans un sac spécial porté en bandoulière. De plus, il était d'usage qu'elles se fassent représenter avec leur miroir placé sous leur chaise. On le retrouve également dans les scènes de naissance, parmi les offrandes typiques faites par les femmes nobles à Hathor de Denderah, et en bonne place dans les monuments funéraires. On peut donc affirmer sans crainte de se tromper que le miroir était un symbole de féminité ou de fécondité. Certains ont même suggéré que les nombreux portraits d'Égyptiennes à leur toilette, incluant bien sûr un miroir, comportaient une signification rituelle ou sexuelle perdue pour nous aujourd'hui.

Chapitre VI

PERLES DU HAREM ROYAL

Garde-toi de la femme qui est une étrangère dans ta ville. Ne la suis pas des yeux lorsqu'elle passe, ne la connais pas charnellement. Éloignée de son mari, elle est comme une eau insondable dont on ignore la profondeur.

Conseil avisé du scribe Ani, Nouvel Empire

Le concept du harem n'a jamais fait partie de la culture occidentale. Pourtant, l'image du sérail inspiré du modèle turc, véritable prison dorée où des concubines lascives et court vêtues passent leurs journées à attendre un appel du sultan, nourrit notre fascination pour les mystères de l'Orient, fascination qui trouve son origine dans les tableaux orientalistes décadents du XIXe siècle. C'est ce fantasme d'un paradis hédoniste où se pratiquent des raffinements sensuels insoupçonnés qui a malencontreusement déformé notre interprétation de l'institution du harem dans la société égyptienne.

Les premiers chercheurs étaient tellement persuadés qu'ils allaient découvrir en Égypte ces harems dans le plus pur style ottoman qu'ils classèrent toutes les femmes célibataires ou au statut mal défini dans la catégorie des concubines ou autres courtisanes bénéficiant d'une protection masculine. Le concept de la polygamie se développa sur ces fondations branlantes mêlant conclusions hâtives et simples conjectures pour s'ancrer fermement dans les esprits, orientant en particulier le jugement des archéologues dans une mauvaise direction. Il y a quelques années seulement, les égyptologues, éclairés par les avancées de l'archéologie, de la linguistique et de l'anthropologie, se rendirent compte de l'influence néfaste qu'exerçaient sur leurs travaux toutes ces idées reçues et autres hypothèses tenaces. Nous savons aujourd'hui qu'il n'y avait pas en Égypte de sérail semblable à celui évoqué ci-dessus, et que la pratique des unions polygames et du concubinage demeura restreinte ; les harems royaux existèrent, c'est indéniable, mais ils n'avaient rien des lupanars de luxe que nous nous plaisons à imaginer.

> *Si tu désires préserver l'amitié dans une demeure où tu pénètres en maître, en frère ou en ami, quoi que tu fasses, garde-toi d'approcher les femmes.*
>
> *Conseil des scribes, Ancien Empire*

Si la majorité des Égyptiens était monogame, se limitant officiellement à une seule épouse à la fois, ils se voyaient souvent obligés d'offrir un toit à leurs sœurs célibataires ou veuves, ainsi qu'à leurs filles, tantes, belles-mères et mère. Par conséquent, le terme de « harem » peut s'appliquer aux appartements des femmes dans chaque demeure de quelque importance ou dans chaque palais puisque, au sens moderne, il désigne un groupe de femmes ou leur lieu de résidence sans forcément impliquer de connotation sexuelle. Le souverain, en tant que chef de la famille royale, devait subvenir aux besoins d'un assez grand nombre de reines, princesses et autres concubines avec leur cohorte d'enfants, de nourrices et de servantes. L'ensemble de ces femmes composait le harem.

Nous ignorons cependant comment les Égyptiens désignaient ces communautés royales exclusivement féminines. Au cours de l'Ancien et du Moyen Empire, elles étaient qualifiées de *ipet nesut,* un terme assez vague que l'on a traduit par « Harem du Roi », bien que l'on ne soit pas certain du sens exact du mot *ipet* ; l'expression *ipet nesut* pourrait en effet tout aussi bien vouloir dire « Les Appartements des Femmes Royales », « Les Appartements Royaux » ou même « Le Grenier Royal », voire « Le Bureau Royal des Comptes »[1]. Suite à cette traduction, divers personnages officiels ont reçu le titre de « Surveillants du Harem », mais comme cette dénomination repose uniquement sur l'interprétation du mot *ipet*, elle est peut-être incorrecte. De même, on a classé dans la catégorie des concubines certaines dames de la cour qualifiées d'« Ornement

Royal » ou d'« Unique Ornement Royal », des formules à la fois vagues et allusives. Cette orientation reflète une nouvelle fois le parti pris des premiers égyptologues : on sait aujourd'hui que l'« Unique Ornement Royal » était une femme éminemment respectable de la Première période intermédiaire, souvent prêtresse d'Hathor, et que sa consœur taxée d'« Ornement Royal » assumait la fonction de dame d'honneur de la cour, à la XIIIe dynastie.

Les premiers témoignages de l'existence d'un cercle de femmes « appartenant » au monarque nous sont fournis par les caveaux funéraires secondaires voisins des tombes royales de l'Époque Archaïque, à Abydos. Ceux-ci étaient réservés aux sujets féminins et masculins ayant entretenu des liens personnels étroits avec le souverain plutôt qu'à de hauts dignitaires ou à des ministres. Y furent enterrés des serviteurs, des prêtres de moindre importance, des nains, des chiens, et bien sûr, des favorites[2]. Le nombre de ces monuments secondaires entourant celui du roi était variable, mais toujours conséquent ; le complexe funéraire du roi Djer, par exemple, compte plus de trois cents tombes de domestiques. Sur les quatre-vingt-dix-sept stèles privées ayant résisté au temps, soixante-seize d'entre elles (soit 78 %) font référence à des femmes. Étant donné la valeur des biens retrouvés auprès de leur corps, on peut en déduire qu'elles occupaient un rang assez élevé à la cour, ce qui ne fait pas d'elles des concubines royales pour autant.

La plupart des tombeaux secondaires ayant malheureusement été pillés et les restes humains dispersés, il ne reste souvent qu'un nom et des titres plutôt vagues gravés dans la pierre pour tenter d'identifier le sexe du défunt. Dans ces conditions, rien ne permet de déterminer de quelle façon ledit défunt est passé de vie à trépas. Il est tout à fait possible que parmi les dispositions prises en vue de sa mort, le roi ait pensé à ses fidèles serviteurs, leur attribuant des parcelles de terrain destinées à l'édification de caveaux, afin qu'ils puissent être enterrés auprès de lui. Mais ces tombes accueillaient peut-être les domestiques tués ou obligés de se suicider à la suite du décès de leur maître. Le professeur Emery, qui mit à jour nombre de tombeaux secondaires sur le site de Saqqara associé à la reine Méryt-Neith, observa avec soin la position de certains corps et nota que :

> *Aucune trace de violence n'a été relevée sur les restes humains, et la position des squelettes indique qu'il n'y a pas eu de mouvements après l'enterrement. Il semblerait donc que ces gens*

étaient déjà morts lors de leurs funérailles ; rien ne permet d'affirmer qu'ils ont été enterrés vivants. L'absence de toute marque de coups laisse supposer qu'ils ont été empoisonnés avant d'être mis en terre[3].

La tradition cruelle consistant à sacrifier les serviteurs, voire les épouses d'un homme décédé de mort naturelle caractérise certaines sociétés au caractère féodal et patriarcal très marqué. La coutume du sati, aujourd'hui illégale, selon laquelle une veuve doit se jeter dans les flammes du bûcher funéraire de son mari, se pratique toujours clandestinement dans certaines régions reculées de l'Inde rurale. Mais il faut chercher du côté de la Mésopotamie pour trouver un rituel proche de ce qui se passait dans l'Égypte de l'Époque Archaïque. Le cimetière royal sumérien d'Ur, qui remonte approximativement à l'an 2650 av. J.-C., se composait de somptueux tombeaux que les souverains et les souveraines partageaient avec leurs serviteurs et une profusion de richesses, mais aussi de caveaux secondaires avec une tombe commune, aujourd'hui connue sous le nom de Grande Fosse de la Mort, dans laquelle on retrouva les corps de six hommes et de soixante-dix-huit dames vêtues avec élégance. Tous ces courtisans étaient apparemment entrés de leur plein gré dans le tombeau en avalant du poison au son de la musique jouée par des artistes dont les doigts effleuraient toujours les cordes de leur harpe quatre mille ans plus tard. Considérée comme l'incarnation mortelle des divinités, la famille royale sumérienne, comme son équivalent égyptien, jouissait d'un statut semi-divin. Il semblerait donc que leurs sujets aient envisagé avec une certaine joie de troquer leur existence terrestre contre une chance de pouvoir servir leurs dieux dans l'autre monde[4].

S'il n'est pas exclu que l'on ait procédé à des sacrifices humains volontaires ou involontaires au cours de l'Époque Archaïque, rien ne prouve que cette tradition ait été perpétuée sous l'Ancien Empire. Au cours de cette période, les monarques conservèrent cependant l'habitude de s'entourer d'un groupe de femmes assez important ; les plus influentes d'entre elles – les épouses principales, les filles et les mères du roi – avaient droit à des tombeaux secondaires construits autour des pyramides. Hérodote pensait d'ailleurs, à tort, qu'au moins une princesse de l'Ancien Empire avait même gagné elle-même de quoi faire bâtir sa propre pyramide :

Le vice du roi Khéops atteignit de tels sommets que lorsqu'il eut dépensé toutes ses richesses, il lui en fallut encore d'autres ; il envoya alors sa fille dans les maisons de prostitution en lui ordonnant de lui rapporter une certaine somme – combien, je l'ignore. Elle rassembla ladite somme, mais demanda également à chacun de ses clients de lui donner une pierre afin de contribuer à l'édification d'un monument destiné à perpétuer son souvenir. Avec ces pierres, elle fit construire la pyramide qui se dresse au milieu des trois autres situées en face de la principale.

Une preuve irréfutable de l'existence du harem royal au Moyen Empire se trouve dans le *Papyrus Boulaq 18*, une sorte de journal qui dresse la liste de toutes les affaires de la cour sous la XIIIe dynastie à Thèbes, et nous fournit une abondance de détails sur la composition de la famille royale à cette époque. Nous savons ainsi que l'entourage du souverain se composait de huit à treize dignitaires en plus des proches parents (une reine, un prince, trois filles et neuf sœurs) et de la « maison des nourrices » : dix-neuf nurses et une ribambelles d'enfants. Ces dames de haut rang s'entassaient dans des logements plutôt sommaires à l'intérieur de la résidence royale, en général une suite de pièces dépouillées bordant une cour proche des appartements du monarque. L'absence d'appartements richement décorés était typique des palais égyptiens. Au cours de la période dynastique, le roi emmenait souvent sa cour dans le pays lors de longues tournées d'inspection ; par conséquent, les demeures royales n'étaient pas conçues pour être habitées en permanence, mais plutôt pour permettre aux éminents voyageurs de se reposer quelques jours, d'où leur nom de « Lieu d'Amarrage du

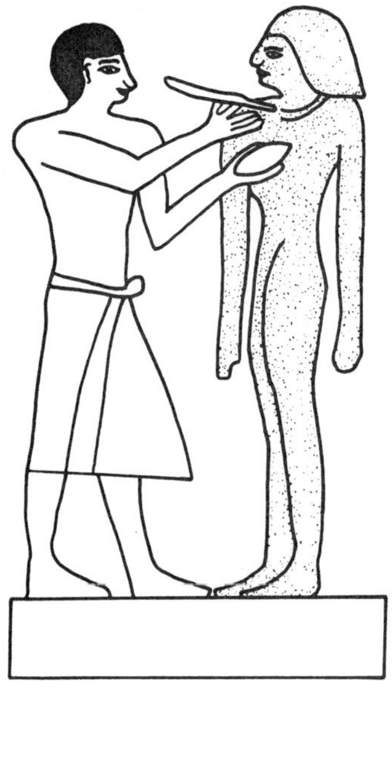

Fig. 6.1 : Sculpteur exécutant la statue de la reine Mérèsankh

Pharaon ». Seul le palais d'Armana, érigé au Nouvel Empire, offrait tout le confort nécessaire à une occupation durable.

Au début du Nouvel Empire, le harem royal s'étendit par suite de l'arrivée de nouvelles recrues, dont les multiples concubines et épouses secondaires d'origine étrangère. On avait toujours toléré les mariages polygames chez les souverains d'Égypte, mais à cette époque, sans doute sous l'influence des pays voisins, leur nombre s'accrut de façon spectaculaire, de même que celui des enfants nés de telles unions. À cet égard, Ramsès II, un roi d'une longévité exceptionnelle qui mourut à plus de quatre-vingt-dix ans, fut un homme comblé : ne se proclamait-il pas fièrement père d'au moins soixante-dix-neuf fils et de cinquante-neuf filles de mères différentes ? Une progéniture nombreuse qui dut certainement grandir au sein d'un harem surpeuplé. À cette époque, c'était l'expression *per khenret* qui désignait une communauté de femmes ; *per* signifie incontestablement « maison », mais *khenret*, que l'on a traduit par « harem », ressemble beaucoup au terme servant à qualifier une « prison » et une « forteresse ». Si ces trois mots proviennent bien de la même racine, c'est-à-dire « restreindre », on peut peut-être en déduire que certaines se voyaient contraintes de rejoindre le harem royal. Une autre hypothèse, selon laquelle il conviendrait de traduire *khenret* par « établissement de musiciens », fait encore l'objet d'un débat animé parmi les égyptologues[5].

> *Un miracle amena à Sa Majesté Kirgipa [Giloukipa], fille du prince Shuttarna, roi du Naharina, et les membres de son harem, soit trois cent dix-sept femmes.*
>
> *Émission de scarabée commémorative du mariage d'Amenhotep III*

Les grands d'Égypte ne considéraient pas leurs femmes comme des pions que l'on pouvait manipuler à l'envi, en particulier dans le cas de mariages stratégiques avec des monarques voisins. Lorsque le roi de Babylone, beau-père d'Amenhotep III, voulut intégrer une princesse égyptienne à son harem, on lui répliqua aussitôt que jamais la fille d'un monarque d'Égypte n'avait été donnée à quiconque. On ne voyait aucun inconvénient, en revanche, à s'unir à une étrangère pour servir ses desseins politiques. Épouser la fille d'un roi voisin permettait de créer un lien de parenté, voire d'amitié entre les deux souverains, donc de renforcer les alliances et de réduire les risques de conflits. Résultat, si l'on ne se mariait pas pour des raison diplomatiques au cours de l'Ancien et du Moyen Empire, les choses changèrent dès le début du règne de Thoutmosis IV, et les princesses étrangères fiancées au pharaon commencèrent à affluer en Égypte. Elles arrivaient en général avec des dots substantielles et un nombre considérable de servantes. On les recevait avec tous les honneurs dus à leur rang avant de les installer dans un palais-harem, où elles se voyaient attribuer un nom égyptien et le titre éminemment respectable d'épouse secondaire[6] avant de sombrer dans l'oubli.

Ce fut en particulier le cas de Giloukipa, une princesse du royaume asiatique du Mitanni, envoyée par son père pour épouser le roi Amenhotep III. L'organisation du mariage fit l'objet d'une longue correspondance diplomatique gravée sur des tablettes d'argile retrouvées dans les archives administratives d'Armana, et la cérémonie elle-même donna lieu à l'émission du scarabée cité ci-dessus[7]. Amenhotep dut trouver l'arrangement à sa convenance, car des années plus tard, il demanda la main de Tadoukhepa, une autre princesse originaire de Mitanni, fille du roi Toushratta et nièce de Giloukipa. Lors des négociations, Toushratta réclama pour sa fille le statut de principale reine et « Maîtresse d'Égypte », accompagnant cette requête d'une dot conséquente. En retour, le souverain égyptien offrit à son futur beau-père une énorme quantité d'or. Mais il mourut peu après l'établissement du contrat de mariage, et l'ensemble de son harem, y compris Tadoukhepa, Giloukipa et la fille du roi de Babylone, fut transmis à son fils et héritier, le futur roi Akhénaton.

> *Alors, Sa Majesté vit qu'elle avait un visage magnifique, comme celui d'une déesse. Aux yeux de Sa Majesté, la fille du prince de Khatti était superbe. Il l'aima plus que tout... Il lui donna le nom de reine Maât-Hor-Néférou-Rê.*
>
> *Le roi Ramsès II rencontre sa fiancée hittite*

Près d'un siècle plus tard, une princesse hittite quitta son pays pour épouser le roi Ramsès II, à la XIXe dynastie. Son royaume d'origine avait en effet conclu une alliance avec l'Égypte en l'an 21 du règne de Ramsès, par laquelle les deux parties s'engageaient à respecter leurs territoires mutuels et à faire front ensemble en cas d'attaque étrangère. En gage de bonne volonté, le pharaon adressa des lettres personnelles au roi des Hittites Hattoushilish et à son épouse Poudoukhépa ; la reine d'Égypte, Néfertari, leur envoya elle aussi des missives officielles. Après des années d'entente cordiale, pour renforcer les liens existants, Ramsès épousa la fille des souverains hittites, lui donna le nom égyptien de Maât-Hor-Néférou-Rê et, fait unique dans le cas d'une étrangère, l'autorisa à porter le titre de « Grande Épouse Royale ».

L'augmentation importante du nombre des dames royales et de leur entourage posait désormais des problèmes de logistique insurmontables lorsqu'il s'agissait d'envisager un déplacement. Aussi, seules quelques femmes choisies avec soin accompagnaient-elles le pharaon lors de ses voyages, tandis que des palais-harems étaient construits pour leurs compagnes et leur suite, des édifices indépendants de la résidence royale principale à la fois sur le plan géographique et sur le plan économique. Le site de Médinet el-Gourob, près du village de Kahoun, nous en offre le meilleur exemple. Connu autrefois sous le nom de *Mer-Our*, il fut fondé sous le règne de Thoutmosis III et accueillit des hôtes jusqu'à la fin du Nouvel Empire[8]. Parmi les bâtiments de brique crue qui composaient ce complexe protégé par un mur d'enceinte se trouvaient des pièces de réception bordées d'impressionnants couloirs ornés de piliers, plusieurs celliers étroits et même un petit temple en boue séchée. Les vastes cimetières de la communauté se situaient dans le désert proche. Destiné principalement aux femmes, à leurs enfants et à leurs serviteurs, le harem de *Mer-Our* recevait néanmoins des hommes : au moins onze administrateurs s'y succédèrent. Ces fonctionnaires, des hommes mariés plutôt que des eunuques, n'étaient pas des gardiens mais des scribes et des comptables chargés d'aider les dames royales à gérer leurs intérêts. Comme le confirme le *Papyrus Wilbour* (Nouvel Empire), *Mer-Our* devint rapidement une institution financière importante, propriétaire de toutes les terres environnantes, des récoltes, et exerçant des droits sur le travail des paysans locaux.

> *Méfie-toi des sujets dont la loyauté n'a pas de réalité ! Car tu ne te rendras pas compte de leurs intrigues. Ne fais confiance ni à ton frère ni à ton ami, et évite de t'attacher à des compagnes, car elles ne veulent pas ton bien.*
>
> *Extrait des* Instructions du roi Amenemhat Ier

Le complexe de *Mer-Our*, situé à l'entrée du Fayoum, était isolé des principaux centres du gouvernement égyptien. Pour offrir une vie calme aux épouses et aux favorites royales ainsi qu'à leurs enfants, loin du tumulte de la cour ? Ou pour tenter de maintenir ces dames à l'écart de la vie politique ? De toute façon, le palais-harem, où des femmes ambitieuses vivaient avec leurs fils aux dents longues, représentait une source potentielle d'agitation et d'intrigues politiques. L'acte de trahison au sein de la famille du pharaon était une affaire d'une extrême gravité que les dignitaires du gouvernement s'empressaient d'étouffer, car elle allait à l'encontre de la doctrine officielle selon laquelle la royauté jouissait d'un statut divin. Nous avons cependant connaissance de trois complots de harem qui, à différents moments de l'histoire, menacèrent la stabilité du pays. Le premier, et sans doute le moins grave, eut lieu sous le règne du roi Pépi Ier (VIe dynastie). Le long texte biographique gravé dans le tombeau-chapelle du haut fonctionnaire Ouni, et dont un extrait est cité ci-dessous, raconte comment le défunt, un proche du roi, fut chargé de juger une affaire ultra-confidentielle relative à un incident dans le quartier des femmes. Si nous ignorons l'issue du procès, nous savons toutefois qu'en récompense de ses bons et loyaux services, Ouni reçut du souverain une contribution généreuse à l'édification de son monument funéraire.

> *Lorsqu'il y eut un procès secret dans le harem royal contre la reine, Sa Majesté me fit le récit de l'affaire à moi seul, sans qu'il y eût aucun vizir, ni aucun juge, car j'avais la confiance de Sa Majesté, et que son cœur me savait fidèle. Avec l'aide d'un magistrat, je couchai toute l'affaire par écrit, bien que je ne fusse moi-même qu'un Directeur des Employés. Jamais auparavant un de mes semblables n'avait entendu un secret du harem royal, mais Sa Majesté me demanda de l'entendre car il avait plus confiance en moi qu'en tout sien magistrat, tout sien dignitaire, tout sien serviteur.*

Le thème de l'assassinat royal est omniprésent dans les *Instructions du roi Amenemhat Ier* (XIIe dynastie) à son fils Sésostris Ier : par ce texte, l'esprit du défunt monarque s'adresse directement à son successeur, qu'il supplie de veiller à toute trahison éventuelle de la part de ses sujets déloyaux. Les spécialistes ont longtemps cru que ce récit avait été rédigé par le roi en personne suite à un coup d'État avorté, mais on pense aujourd'hui qu'il a été écrit par le scribe royal Khéty après le meurtre d'Amenemhat, survenu dans la trentième année de son règne. Des questions telles que « Une femme a-t-elle déjà levé des troupes ? » ou « Y a-t-il déjà eu des tentatives de rébellion dans ce palais ?» orientent les soupçons vers une conspiration de harem. Voici dans quelles conditions se déroula l'attaque fatale au monarque, lequel fut manifestement tué par des personnes en qui il avait confiance, alors qu'il se trouvait seul et sans défense :

> *C'était après le souper, à la nuit tombée. J'étais allongé sur mon lit et me reposais, car j'étais très las. Au moment où je glissais dans le sommeil, les armes qui auraient dû servir à me protéger se retournèrent contre moi... Si j'avais pu saisir mon arme, j'aurais repoussé ces lâches d'une seule main. Mais la nuit, personne n'est fort. Personne ne peut lutter seul, et aucune issue victorieuse ne peut être assurée sans une aide.*

Tout aussi grave fut le complot ourdi contre Ramsès III, à la XXe dynastie, qui coûta peut-être la vie au souverain. Cette période se caractérisa par des troubles civils sporadiques et une forte inflation ayant eu pour conséquence une série de grèves sauvages dans la nécropole thébaine. Les incidents qui se multipliaient le long de la frontière occidentale, ainsi que les tentatives répétées des « Peuples de la Mer » pour pénétrer en Égypte par la côte méditerranéenne contribuèrent à la dégradation du climat général. Un groupe de conspirateurs, menés par la concubine royale Tiy et le surveillant du harem Païbakkamen, tenta de profiter du mécontentement de la population pour organiser un soulèvement national dans le but de placer sur le trône le fils de Tiy, Pentaour. L'intrigue fut tramée dans le « harem d'accompagnement », sans doute le petit cercle de femmes qui escortait le roi dans ses voyages, avec la participation de nombreux fonctionnaires dont le grand chambellan, six inspecteurs et même les épouses des portiers. Nous ignorons si les conjurés assassinèrent Ramsès III [9], mais nous savons en revanche que la révolte populaire prévue n'eut pas lieu et que ce fut Ramsès IV, l'héritier légitime, qui monta sur le trône. Les meneurs du complot furent capturés et condamnés à mort par exécution ou suicide ; leurs complices eurent le nez et les oreilles coupés.

> *Le prince du Naharina n'eut qu'un enfant, une fille. Il lui fit construire une maison avec des fenêtres à soixante-dix coudées du sol. Puis il envoya quérir tous les fils des princes de Syrie et leur dit : « Quiconque réussira à grimper jusqu'à la fenêtre de ma fille pourra faire d'elle sa fiancée... »*
>
> Conte du prince maudit, *Nouvel Empire*

Tous les rois avaient beau être polygames, entretenir plusieurs femmes et une cohorte de concubines, une seule dame du harem se voyait gratifier du titre de « Reine Consort » et de souveraine d'Égypte. Son nom et son portrait figuraient auprès de ceux du monarque dans les documents officiels, c'était elle la mère dans le noyau familial royal et le trône revenait à ses enfants. Par comparaison, les épouses secondaires et autres maîtresses jouaient un rôle beaucoup plus anecdotique ; bien que leur présence ajoutât au prestige du pharaon, auquel elles devaient d'ailleurs procurer quelques divertissements plaisants, elles n'étaient appelées à occuper une position de premier plan qu'en période de crise, au cas où la souveraine ne concevrait pas d'héritier.

Nous n'avons hélas aucun moyen de savoir comment s'opérait le choix de celle-ci, mais nous pouvons supposer qu'en règle générale, il s'agissait d'un honneur réservé aux dames de naissance royale. À la XVIIIe dynastie, par exemple, le pharaon le décernait la plupart du temps à sa sœur ou à sa demi-sœur. Quoi qu'il en soit, une fois élevée au rang de « Reine Consort » ou de « Grande Épouse Royale », cette femme devenait le personnage le plus important du harem. En privé, comme elle possédait souvent des richesses considérables et de l'instruction, il lui était tout à fait possible d'user de son influence sur l'un des plus puissants monarques de l'ancien Proche-Orient. En public, son statut de compagne d'un dirigeant semi-divin et de mère potentielle de futurs souverains également semi-divins la distinguait des autres épouses royales. Son prestige était encore accru par les nombreux titres honorifiques qu'elle portait et par l'attribution de privilèges exceptionnels, tels que le droit d'avoir son nom écrit dans un cartouche[10], ou celui d'être enterrée dans une pyramide, habituellement réservé aux seuls pharaons. Dans la mesure où son époux était considéré comme un dieu vivant, il semble logique qu'elle fût elle aussi identifiée à une déesse, le plus souvent Hathor ou Maât ; de cette façon, on lui prêtait une origine divine, renforçant ainsi le lien entre les aspects profanes et sacrés de la monarchie.

Il est particulièrement frustrant de ne disposer que de rares informations sur la vie privée et les devoirs publics des reines d'Égypte, et par conséquent, de ne parvenir qu'à une compréhension imparfaite du rôle de la Grande Épouse Royale. Certes, au cours de la période dynastique, on constate une lente évolution des titres qu'elle portait, de ses insignes officiels et même de ses attaches religieuses, mais tous ces éléments ne permettent pas de tirer des conclusions déterminantes[11]. On sait seulement que les souveraines de l'Ancien Empire, qui n'adoptèrent pas la couronne ou le diadème typique, officiaient souvent comme prêtresses d'Hathor. Cette tradition disparut sur la fin de la XIe dynastie, et les reines du Moyen Empire, rarement mentionnées à titre officiel, ne semblent attachées à aucun culte. Lorsqu'elles sont représentées, ces femmes de l'ombre arborent une coiffe particulière, faite de deux grandes plumes. Leurs consœurs du Nouvel Empire émergèrent de cette obscurité relative en affirmant leur statut au moyen d'insignes complexes manifestement conçus pour souligner les liens qu'elles entretenaient avec les dieux. En général, elles n'étaient pas prêtresses, bien que le titre royal d'« Épouse du dieu Amon » fût devenu très important à cette période de l'histoire. Plus tard, au cours de la Basse Époque, les reines assumèrent de nouveau des fonctions sacerdotales, sans vraiment chercher toutefois à s'octroyer un statut divin.

Les portraits officiels montrent presque toujours la souveraine comme une épouse dévouée apportant à son mari un soutien loyal mais passif. D'après la tradition en vigueur, elle était censée se tenir littéralement auprès du roi ; la reine Méryt-rê, Grande Épouse de Thoutmosis III (Nouvel Empire), fut d'ailleurs louée comme étant « celle qui n'est jamais absente aux côtés du Seigneur des deux Terres ». Ce rôle de simple figurante est également illustré dans de nombreuses scènes où la dame royale se contente de regarder son mari remplir les obligations de sa charge, à l'instar de ces femmes de condition plus modeste qui, sur les fresques funéraires des tombeaux privés, contemplent leur époux au travail. Dans la plupart de ces tableaux, la reine est immobile, les bras le long du corps ; lorsqu'elle porte un sistre pour souligner son lien avec Hathor, elle ne s'en sert pas. Il faudra attendre la XVIIIe dynastie pour voir une souveraine jouer de cet instrument. De fait, elle n'agit de façon indépendante que dans certains contextes bien spécifiques, comme les représentations de naissances royales ou les peintures et gravures ornant sa propre tombe.

Des dames royales de l'Époque Archaïque, une période de troubles et d'agitation, on ne connaît bien souvent que les monuments funéraires. Pourtant, quatre d'entre elles émergent des brumes de l'histoire comme pour témoigner du rôle important joué par les reines dans l'unification de leur pays, rôle largement sous-estimé en raison de l'absence d'informations. Trois de ces femmes (Neïthhotep, Her-Neïth et Mérit-Neïth) portent le nom de la déesse

Neïth, patronne de la ville de Saïs, dans le delta du Nil, ce qui semblerait indiquer qu'elles étaient issues de riches familles du nord – une précision importante à une époque où la Haute et la Basse Égypte étaient encore des entités séparées. Il est fort possible que la reine Mérit-Neïth ait réellement régné ; son cas est par conséquent évoqué dans le chapitre VII du présent ouvrage[12].

Neïthhotep, pour sa part, fut peut-être la première « Reine Consort » de l'Égypte nouvellement unifiée ; les vestiges retrouvés dans sa tombe prouvent en tout cas qu'elle eut une influence non négligeable sur la politique de la Ire dynastie. En dépit de son nom aux consonances nordiques, elle fut enterrée sur le site de Nagada, au sud du pays, dans un monument funéraire de taille impressionnante (environ 53 mètres sur 26), où l'on a découvert des objets ayant appartenu au roi Ahâ et à son prédécesseur Narmer. On a souvent identifié Ahâ au roi Ménès, figure légendaire de l'unification ; de Narmer, nous savons surtout que c'était un vaillant roi-guerrier. À partir des renseignements dont nous disposons, on peut assez facilement imaginer que Narmer, souverain du sud, épousa Neïthotep, une princesse du nord, dans le but de pouvoir gouverner un jour les deux parties de l'Égypte. Si l'on poursuit ce raisonnement, Ahâ, ou Ménès, serait donc leur fils, et à ce titre, l'homme appelé à régner sur une Égypte unifiée. Un élément en particulier vient renforcer l'hypothèse d'un mariage dynastique : une masse d'armes ouvragée, retrouvée à Hiéraconpolis, qui montre Narmer ceint de la couronne typique de Basse Égypte lors d'une cérémonie non identifiée. De fait, il pourrait bien s'agir de la célébration de ses noces avec Neïthhotep. Ce ne serait pas la première fois, et certainement pas la dernière, qu'un monarque contracterait une union arrangée pour servir ses ambitions politiques ; quelque 4500 ans après le mariage de Neïthhotep et de Narmer, Henry VII procéda exactement de la même façon lorsqu'il épousa Elizabeth d'York, la fille de son ennemi vaincu, afin de faire valoir ses droits sur l'Angleterre et le Pays de Galles.

La seconde « Reine Consort », Her-Neïth, est en général identifiée comme la femme du roi Djer (Ire dynastie), le successeur de Ahâ. Si nous ne savons pas grand-chose de sa vie, son vaste tombeau, à Saqqara, constitue cependant un témoignage d'une importance historique et architecturale cruciale. Il s'agit en effet d'une superstructure rectangulaire traditionnelle en boue séchée, érigée sur un monticule de terre évoquant une pyramide, lui-même tapissé de briques crues.

Les experts sont partagés sur les raisons qui ont pu conduire à dissimuler une tombe à l'intérieur d'une autre ; il s'agit peut-être d'une tentative assez maladroite pour mêler les tumulus funéraires caractéristiques du sud aux tombeaux linéaires du nord, une initiative qui irait une nouvelle fois dans le sens d'une alliance dynastique entre deux provinces rivales. Quant à la dernière « Reine Consort » de l'Époque Archaïque, Nemaathep, elle n'a pratiquement laissé aucune trace de son passage. Nous savons seulement qu'elle fut l'épouse du dernier roi de la IIe dynastie, Khasekhemouy, et qu'on lui demanda d'assumer la fonction de régente pour son jeune fils Djéser, premier souverain de la IIIe dynastie. Pour prix de ses services, elle se vit attribuer le titre prestigieux de « Mère du Roi », et plus tard, on la vénéra en tant qu'ancêtre des souverains de la IIIe dynastie.

Les dames royales de l'Ancien Empire, confortées dans leur position de souveraines, participèrent plus activement aux affaires de l'État. L'une d'elles en particulier, Méryrê-Ankhénès, seconde épouse du roi Pépi Ier (VIe dynastie), assuma la régence pour son fils Pépi II, qui hérita du trône à l'âge de six ans. Elle était la sœur de la première femme de Pépi Ier, également nommée Méryrê-Ankhénès, elle-même mère du successeur immédiat de celui-ci, Mérenrê Ier. Toutes deux étaient les filles d'un prince local nommé Khouy, et, bien qu'elles ne fussent pas de sang royal, elles appartenaient sans doute à une famille influente. Leur frère Djau devint d'ailleurs vizir d'Égypte. C'est avec le règne de la reine Nitocris que s'acheva l'Ancien Empire.

À l'exception de Sobek-Néférou (XIIe dynastie), aucune autre reine n'a marqué l'histoire du Moyen Empire. La soudaine disparition des femmes dans la statuaire et les fresques coïncide avec une baisse sensible du nombre des fonctions prestigieuses ouvertes à la gent féminine, laissant supposer que l'on restreignit à dessein leur implication dans la vie publique. Notre principale source d'informations au sujet des souveraines de cette période provient donc des tombeaux royaux. Comme sous l'Ancien Empire, l'usage voulait qu'elles fussent enterrées auprès du roi ; le site funéraire impressionnant de Nebhpetre Monthouhotep (XIe dynastie), à Deir el-Bahari, illustre parfaitement cette tradition en accueillant, outre deux reines, six princesses dont une fillette de cinq ans. Les sarcophages découverts dans deux des caveaux secondaires sont ornés de bas-reliefs

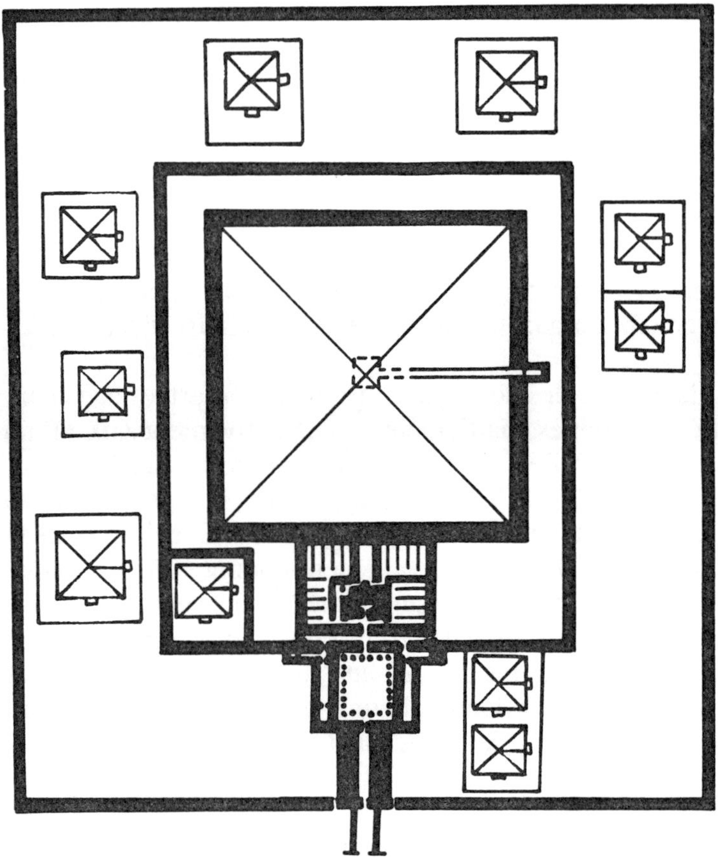

Fig. 6.2 : Le complexe pyramidal de Sésostris Ier

exquis représentant des scènes de la vie quotidienne des femmes royales, en particulier la toilette et les préparatifs d'un dîner[13].

À la XIIe dynastie, ces dames avaient droit à leur propre pyramide, comme en témoigne le complexe de Sésostris Ier, à Lisht : dans l'enceinte d'un rempart de pierre se trouvent une partie du principal temple funéraire, la grande pyramide et une seconde plus petite appartenant également au roi. Neuf autres, de taille beaucoup plus modeste et destinées aux femmes de la famille royale, furent construites à l'extérieur de ce périmètre ; chacune possède son propre temple mortuaire, sa chapelle d'offrandes et son mur d'enceinte. L'ensemble, qui comprend en outre une vaste entrée jusqu'au temple et une cour fermée, est protégé par un épais mur de brique crue. Sept des occupantes des caveaux secondaires ont sombré dans l'oubli ; les deux autres étaient Néférou, la Grande Épouse, et une princesse nommée Itakayt.

Au Nouvel Empire, les souveraines sortirent de leur réserve pour affirmer leur position, leur individualité et leur caractère divin. Tétishéri, l'épouse roturière du roi Sékénènrê Taô Ier (XVIIe dynastie), fut la première d'une longue série de « reines consorts » particulièrement influentes, parmi lesquelles les femmes royales de la XVIIIe dynastie, qui s'illustrèrent sur la scène politique en pleine période d'expansion économique et militaire. Elles reçurent des titres plus nombreux que leurs devancières, et furent souvent associées à la déesse Hathor, souveraine d'entre les souveraines donnant naissance au monarque. Parallèlement, les portraits d'Hathor et d'Isis s'ornèrent des insignes traditionnels des reines – une coiffe en forme d'anneau orné de deux hautes plumes imitant les rémiges des ailes du vautour –, si bien que la distinction entre les simples mortelles et les divinités s'estompa peu à peu.

Suivant l'hypothèse d'une origine matriarcale de la société égyptienne, les premiers égyptologues eurent tendance à interpréter la place prépondérante des femmes de la XVIIIe dynastie comme le signe révélateur d'une tradition matrilinéaire royale, le droit de gouverner se transmettant par filiation maternelle. Dans un tel système, il n'aurait pas suffi que le prétendant au trône fût fils de roi ; il lui aurait fallu renforcer sa position en se mariant avec l'héritière légitime, idéalement la fille du précédent souverain et de la Grande Épouse, soit sa sœur ou sa demi-sœur, qui lui transférait son pouvoir et devenait elle-même reine. Cette théorie de la « princesse-héritière » présentait l'avantage de simplifier l'organisation relativement complexe de la royauté sous la XVIIIe dynastie et de justifier les unions incestueuses de type frère-sœur ou père-fille, perçues comme choquantes par les chercheurs. Ceux-ci ont cependant fini par l'écarter, car elle repose sur une série d'erreurs d'interprétation [14].

Nous savons aujourd'hui que toutes les reines de la XVIIIe dynastie n'étaient pas de lignage royal, ce qui ne constitua en aucun cas un handicap pour leurs fils. L'absence de sang bleu du côté maternel n'empêcha pas Thoutmosis Ier, Thoutmosis II et Thoutmosis III de monter sur le trône ; quant à la reine Tiy, Grande Épouse d'Amenhotep III, elle suscita un profond respect en Égypte et à l'étranger bien qu'elle fût la fille des roturiers Youya et Thouya. Néanmoins, toutes les sources indiquent que si l'appartenance à la famille royale ne constituait pas une priorité, elle n'en demeurait pas moins privilégiée. Les titres tels que « Fille du Roi » ou « Épouse du Roi », qui soulignent la parenté avec le souverain, figuraient parmi les plus importants. En se cumulant, ils reflétaient le prestige grandissant conféré à celle qui les portait. La femme qui passait de simple « Fille de Roi », à « Sœur du Roi », puis à « Femme du Roi » et enfin à « Mère du Roi » était indéniablement une dame de premier plan. Ces désignations indiquaient cependant la relation avec la royauté plutôt qu'avec le véritable monarque ; lorsque la reine douairière Ahmès-Néfertari était qualifiée de « Fille du Roi » sous le règne de son fils (Amenhotep Ier), il s'agissait d'une filiation politique.

... Il avait comme gardienne sa sœur... La toute-puissante Isis, qui protégea son frère, le chercha sans relâche et ne se reposa pas avant de l'avoir trouvé... Elle reçut sa semence et porta son héritier, qu'elle éleva dans la solitude au plus profond d'une cachette secrète...

Hymne à Osiris, Nouvel Empire

La fréquence des unions entre frères et sœurs dans la famille royale du Nouvel Empire, une coutume contraire à la norme parmi la population, trouve sans doute son origine dans la volonté de s'identifier aux dieux en reproduisant leur comportement. Étant donné la rareté des candidats au mariage, les divinités étaient en effet souvent obligées de contracter une alliance incestueuse. Par exemple, lorsque Geb (la Terre) voulut s'assurer une descendance, la seule femme disponible était sa sœur Nout (le Ciel). C'est ainsi que naquirent Isis, Osiris, Nephthys et Seth. À leur tour, Isis et Osiris n'eurent guère d'autre solution que de se mettre en couple ; certaines légendes affirment que Nephthys et Seth se marièrent également. Dans ces conditions, en épousant sa sœur, le souverain d'Égypte suivait l'exemple divin, et n'encourait donc nulle réprobation. Cette pratique permettait en outre de restreindre l'entrée dans la famille royale, donc de sauvegarder la pureté de la lignée dynastique, d'empêcher la division des biens et de réduire les risques de conflits au sujet de la succession. C'était également la seule façon pour les princesses de ne pas déchoir de leur rang, dans la mesure où on ne les mariait pas à des princes étrangers.

Quatre Grandes Épouses Royales de la XVIIIe dynastie exercèrent une profonde influence sur le développement de l'État égyptien, sans compter Hatshepsout et Néfertiti, dont le cas est évoqué plus longuement au chapitre VII. La reine Ahhotep fut la première de ces grandes dames. Elle était l'épouse, et peut-être la sœur, du roi Sékénènrê Taô II et la mère d'Ahmosis, vainqueur des Hyksôs et fondateur de la XVIIIe dynastie. Intelligente et courageuse, elle fut apparemment très proche de son fils : sur une stèle étrange retrouvée à Karnak, celui-ci exhorte en effet le peuple à rendre hommage à sa mère qui a jadis rallié les soldats d'Égypte et ainsi empêché une rébellion dans le pays. Ahhotep vécut au moins jusqu'à quatre-vingts ans ; à sa mort, Ahmosis lui offrit des funérailles grandioses. Sa tombe fut découverte à la fin du XIXe siècle, et sa momie repose désormais au musée du Caire.

La « reine consort » qui lui succède, Ahmès-Néfertari, « Fille du Roi » et « Sœur du Roi », était la femme et peut-être aussi la nièce d'Ahmosis. Également petite-fille de Tétishéri, dont elle avait hérité des dents de devant proéminentes, comme en témoignent leurs momies, elle devint la mère du pharaon suivant Amenhotep Ier. Après sa mort, elle fut élevée au rang de sainte patronne de la nécropole de Thèbes, un honneur sans précédent reflétant sa personnalité exceptionnelle, et l'on voua un véritable culte à celle que l'on appelait la « Maîtresse du Ciel » et la « Dame de l'Ouest ».

Toutes les paroles que j'ai adressées à ton père, ta mère les connaît. Personne d'autre ne les a entendues, mais tu peux demander à ta mère, Tiy, de te les rapporter.

Tu sais que j'entretenais des liens d'amitié avec ton mari, et que ton mari entretenait des liens d'amitié avec moi. Tu as eu connaissance, tout comme mon messager, des missives que j'ai écrites et envoyées à ton mari, et de celles qu'il m'a envoyées en retour. Mieux que personne, tu sais quelles paroles nous avons échangées. Toi seule les connais.

Lettres de condoléances écrites par le roi Toushratta du Mittani au nouveau souverain Akhénaton et à la douairière Tiy après la mort d'Amenhotep III

La reine Tiy – « Comme Maât avançant dans le sillage de Rê, elle avance dans le sillage de Ta Majesté » – était l'épouse d'Amenhotep III et la mère du futur Amenhotep IV/Akhénaton. Elle n'appartenait pas à la famille royale, mais était issue d'une famille influente qui vivait à Akhmim, sur la rive est du Nil, en face de la ville moderne de Sohag. L'hypothèse émise par les premiers égyptologues, selon laquelle elle ne serait pas d'origine égyptienne, n'est étayée par aucune preuve. Son père Youya, en revanche, était peut-être de souche étrangère, comme le laisse supposer son nom aux consonances et à l'orthographe inhabituelles pour des Égyptiens. Il portait les titres prestigieux de « Père du Dieu », « Prophète de Min » et « Surveillant des Chevaux ». Le frère ou demi-frère de Tiy, Ânen, était Second Prophète d'Amon et sa mère, Thouya, une dame fort respectée. Youya et Thouya eurent droit à une tombe de pierre dans la Vallée des Rois, un grand honneur pour un couple de roturiers.

Amenhotep III avait beau entretenir un nombre considérable de femmes dans son harem, dont Giloukipa, Tadoukhepa et la fille du roi de Babylone citées précédemment, Tiy n'en conserva pas moins un pouvoir important pendant le règne de son mari. Elle fut associée à tous les événements marquants de cette période ; c'est la première reine que l'on voit fréquemment représentée auprès de son mari, et la première aussi dont le nom était attaché à celui du souverain dans les actes officiels. À l'intérieur comme à l'extérieur du pays, on lui reconnaissait des talents indéniables pour la politique ; les lettres de condoléances de Toushratta citées ci-dessus permettent d'apprécier l'étendue de son influence. Au cours de sa vie, Tiy collectionna les titres ; elle fut même, le fait est exceptionnel, représentée dans la tombe de Khérouef sous l'apparence d'un sphinx femelle écrasant deux ennemies (une Nubienne et une Asiatique). Si le sphinx apparaissait relativement souvent dans l'art égyptien, jamais encore une Grande Épouse n'avait été montrée dans un rôle royal masculin typique. Quant au portrait de ces deux femmes en situation d'agresseurs, il possède aussi un caractère tout à fait inhabituel. Souvent identifiée à Hathor, Tiy, qui fut la première reine à adopter les cornes de vache et le disque solaire en guise de coiffe, devint peu à peu l'équivalent féminin du roi semi-divin ; un temple lui fut consacré à Sedeinga en Nubie, non loin du sanctuaire de son époux, à Soleb.

Amenhotep III et Tiy avaient quatre filles – Satamon, Henouttaneb, Isis et Nebetah –, qui figurent souvent auprès d'eux dans les fresques. Satamon a sans doute même épousé son père, puisqu'elle a droit au titre de « Grande Épouse Royale ». En revanche, les deux fils de Tiy et du pharaon, Thoutmosis et Amenhotep, apparaissent rarement aux côtés de leurs parents. Thoutmosis, l'aîné, mourut jeune, et ce fut Amenhotep IV qui succéda à son père sur le trône.

> *Mon époux est mort et je n'ai pas de fils. Mais toi, dit-on, tu as de nombreux fils. Si tu me donnes l'un d'eux, j'en ferai mon époux. Je ne pourrais jamais choisir pour époux l'un de mes serviteurs.*
>
> *Lettre écrite par la reine veuve Ankhesenamon au roi hittite Shuppiluliuma*

La dernière de ces reines remarquables de la XVIIIe dynastie fut Ankhesenamon, épouse et sans doute demi-sœur du jeune roi Toutankhamon. Ankhesenamon, de son vrai nom Ankhesenpaaton, était la troisième des six filles du roi Akhénaton et de la reine Néfertiti, donc la petite-fille de la grande Tiy. Son mariage semble l'avoir comblée ; comme toute épouse égyptienne loyale, elle se tient auprès de son mari dans plusieurs scènes conventionnelles, et le regarde vaincre les ennemis de l'Égypte ou l'assiste à la chasse en lui tendant des flèches qu'il envoie dans les marécages. Après la mort prématurée de Toutankhamon, cependant, la reine adolescente fut confrontée à une crise constitutionnelle. Comme elle n'avait pas d'enfants, et en l'absence de frère de son côté comme de celui de son mari, le trône restait vacant. Ankhesenamon ne tenta pas d'imiter le précédent créé par Hatshepsout en dirigeant seule la nation ; au lieu de cela, elle écrivit une lettre extraordinaire au roi des Hittites, Shuppiluliuma, pour lui expliquer sa situation et le supplier de lui trouver un époux digne d'elle, appelé à devenir pharaon. On peut comprendre l'étonnement du destinataire, qui considéra cette requête avec la plus grande circonspection. Mais avant de rejeter la possibilité de régner sur l'Égypte, il chargea un émissaire d'aller vérifier si Ankhesenamon était sérieuse. En fin de compte, un jeune prince fut dépêché auprès de la reine, mais il fut assassiné en se rendant à ses noces, ce qui déclencha une guerre entre les deux pays. La souveraine égyptienne finit par épouser le roturier Ay, ancien général et « Surveillant de tous les Chevaux de Sa Majesté », puis elle sombra dans un relatif oubli alors que son époux montait sur le trône.

Les reines des dynasties suivantes jouèrent un rôle beaucoup plus discret, et seules les épouses du roi Ramsès II (XIXe dynastie) influencèrent le cours de l'histoire égyptienne. Ramsès II avait de nombreuses femmes, dont sa jeune sœur Henout-mi-Rê, mais la souveraine en titre était Néfertari, que l'on peut admirer dans le temple d'Hathor que son mari fit bâtir pour elle à Abou Simbel. Pourtant, elle n'était pas la seule à porter le titre de « Grande Épouse Royale » ; le pharaon l'avait également attribué à la dame Isis-Nofret, d'où une situation inhabituelle où l'on vit cohabiter deux reines. Néfertari donna à Ramsès son premier fils, Amen-hir-Khapshef et sa fille Méryt-Aton ; Isis-Nofret porta son second fils, Ramsès, sa fille aînée Bentanta et son douzième fils Mérenptah, qui accéda au trône. Les deux souveraines furent enterrées dans la Vallée des Reines ; la demeure d'éternité de Néfertari, décorée de fresques remarquables, est un véritable chef-d'œuvre.

Les années passant, les arrangements domestiques de Ramsès prirent une tournure plus extravagante encore : à ses deux Grandes Épouses Royales succédèrent ses filles Méryt-Aton et Bentanta. Celle-ci lui donna au moins une fille. En l'an 34, une troisième Grande Épouse fit son apparition dans la vie du pharaon en la personne de Maât-Hor-Néférou-Rê, la fille du roi des Hittites ; à quelque temps de là, Ramsès II épousait également la sœur de Maât-Hor-Néférou-Rê, qui rejoignit le harem royal. Méryt-Aton disparut peu après ; morte ou tombée en disgrâce, nul ne le sait. Nébet-Taouy, une autre des filles de Ramsès – dont nous ignorons qui était la mère –, la remplaça, devenant ainsi la dernière des reines-princesses.

Le seul titre véritablement important dont les reines furent investies à la fin de l'ère dynastique fut celui d'« Épouse du dieu Amon », à ne pas confondre avec celui, moins spécifique, d'« Épouse du dieu » porté par plusieurs femmes royales au cours du Moyen Empire. C'est à cette période que l'influence du dieu Amon et de son puissant clergé thébain se développa en Égypte. Au début du

Nouvel Empire, ils consolidèrent et étendirent leur pouvoir en s'assurant que l'on attribuait bien la défaite des envahisseurs Hyksôs à l'intervention d'Amon. Le titre d'« Épouse du dieu Amon » fut créé dans ce contexte et resta en vigueur pendant environ quatre-vingts ans. Il sous-entendait que les mères des pharaons avaient été honorées par Amon, contribuant ainsi à renforcer l'idée que le roi était bien d'origine divine. « L'Épouse du dieu Amon » n'était pas, comme on pourrait le supposer, une jeune vierge. De fait, on le décerna à des dames de haut rang mais pas forcément de naissance royale, comme la femme, la mère ou la fille aînée du roi. Son usage restreint en faisait une distinction prestigieuse, et plusieurs reines le choisirent comme titre unique, ou principal. La première d'entre elles fut Ahmès-Néfertari, à la XVIIIe dynastie ; sur certaines illustrations, elle porte une perruque courte caractéristique du style Moyen Empire, des vêtements archaïques, et remplit différents devoirs religieux dont celui d'officier en public avec les prêtres d'Amon. Pour prix de ses efforts, elle reçut une généreuse donation de terres cultivées. À la fin de la XVIIIe dynastie, cependant, le titre perdit peu à peu de sa popularité.

Au cours d'une Troisième période intermédiaire troublée, l'Égypte fut effectivement divisée en deux provinces indépendantes ; une grande partie du nord était gouvernée par la famille royale vivant à Tanis, dans le delta du Nil, alors que le sud restait sous la domination des puissants prêtres d'Amon basés à Thèbes. Comme pour reproduire les mariages diplomatiques nord-sud de l'Époque Archaïque, il devint courant que les princesses du nord épousent les prêtres d'Amon, un arrangement qui permettait aux rois du nord d'exercer un certain contrôle sur le riche clergé thébain. Le titre d'« Épouse du dieu Amon » fut restauré à cette époque et attribué aux filles nées d'une telle union, les vouant ainsi au culte de la divinité. La fonction prit une forte coloration politique dans la mesure où celle qui l'assumait contrôlait en principe tous les domaines d'Amon. Pour les souverains du nord, il s'agissait avant tout de garder une influence sur les prêtres ; dans ces conditions, il était primordial que leur émissaire conserve sa virginité, au risque de voir s'établir une nouvelle dynastie puissante.

An 4 du règne d'Apriès, 4e mois de Shémou, 4e jour.
L'Épouse du dieu Amon, Niacin, la légitime, fut élevée

jusqu'aux cieux et unie au disque solaire, sa chair divine
se mêlant à celui qui la créa.
Stèle, musée du Caire

Après la rupture des relations entre le nord et le sud, le système des mariages diplomatiques fut abandonné. Le titre d'« Épouse du dieu Amon » était cependant trop important pour qu'on le laisse disparaître, aussi fut-il transmis aux filles du roi par adoption. De cette façon, on s'assurait qu'il était toujours porté par des femmes de rang adéquat. La plus célèbre de ces prêtresses fut Nitocris, la fille du roi Psammétique Ier (Basse Époque), qui l'assuma pendant plus de soixante ans, usant de son influence dans le sud pour aider sa famille du nord. À cette époque, cependant, la nature de cette fonction avait évolué : l'Épouse du dieu était désormais un personnage très important qui arborait les insignes de la royauté, en possédait les titres et pouvait même inscrire son nom dans un cartouche royal. Avec l'aide de prophètes dévoués et d'un important collège administratif, elle contrôlait un patrimoine d'une richesse et d'un prestige considérables, incluant plus de 2000 acres (soit 810 hectares) de terre fertile en Haute Égypte et dans le delta du Nil. Un peu plus tard, elle assuma toutes les charges du Premier Prophète d'Amon, devenant sous le titre de « Divine Adoratrice » l'une des femmes les plus puissantes du pays. Son influence dépassait celle du roi dans le nord. Ankhnèsnéfèribrê, la fille de Psammétique II et la nièce de Nitocris, fut désignée pour succéder à celle-ci huit ans avant sa mort ; elle fut la première « Prophète d'Amon », un honneur qui n'était jusque-là pas accordé aux autres « Épouses du dieu ». Mais Ankhnèsnéfèribrê se révéla aussi la dernière « Épouse du dieu Amon », car la tradition fut interrompue par l'établissement de la domination perse qui commença sous son « règne ».

La succession royale : de Thoutmosis Ier à Toutankhamon

Épouse secondaire Mout-Néfrèt = Thoutmosis Ier = Reine Ahmosé

Épouse secondaire Isis = Thoutmosis II = Reine Hatshepsout

Néférourê

Thoutmosis III = Reine Mérytrê-Hatshepsout

Reine Tiâa = Amenhotep II

Thoutmosis IV = Épouse secondaire Moutemouia

Reine Tiy = Amenhotep III

? = Amenhotep IV/Akhénaton = Reine Néfertiti

Toutankhamon = Reine Ankhsenamon

Chapitre VII

PHARAONS EN JUPONS

Héritière, grande dame du palais, belle de visage, ornée de la double plume, souveraine du bonheur, dotée de toutes les vertus, à la voix qui réjouit le roi, épouse principale du souverain, son bien-aimé, reine des Deux Terres, Néfernéferou-Aton-Néfertiti, puisse-t-elle vivre pour l'éternité.

Titres de la reine Néfertiti

Du début de l'Ancien Empire jusqu'à la Basse Époque, autrement dit pendant deux mille ans, les Égyptiens firent preuve d'une constance remarquable vis-à-vis de la royauté. Pour eux, le souverain était le chef suprême de tous les aspects de la vie séculière, et sa parole avait valeur de loi. En tant qu'administrateur et défenseur du royaume, il devait protéger son peuple, assurer sa sécurité à l'intérieur comme à l'extérieur du pays, et préserver l'ordre établi ; c'est d'ailleurs cette fonction qui se rapproche le plus de notre propre conception de la monarchie. En temps de paix, le roi avait pour mission de veiller à la bonne marche des affaires internes : stockage des récoltes en suffisance, progression régulière des travaux sur les grands chantiers, collecte des impôts, bon fonctionnement des rouages de l'administration et de la justice. En cas de guerre, on attendait de lui qu'il mène ses troupes à la bataille, repousse les envahisseurs et leur inflige une défaite spectaculaire. Afin de pouvoir remplir ses obligations, il s'appuyait sur un certain nombre de fonctionnaires et de militaires compétents, sans compter un entourage de conseillers fidèles souvent choisis parmi ses proches.

Le rôle du souverain ne se limitait cependant pas à l'accomplissement des devoirs incombant à un dirigeant du gouvernement et de l'armée ; n'importe quel haut dignitaire possédant les qualifications requises aurait pu remplir cette tâche. En vérité, la présence même d'un monarque garantissait la paix de l'Égypte, donc le règne du *maât*, un vaste concept que l'on peut traduire littéralement par « justice » ou « vérité », et qui désignait alors l'état idéal de l'univers [1]. Celui-ci, établi lors de la création du monde, n'était jamais acquis une bonne fois pour toutes ; les forces du chaos le menaçaient en permanence. Aussi la principale responsabilité du roi consistait-elle à préserver le *maât* ; c'était une partie essentielle du contrat établi entre les dieux et lui : les divinités le plaçaient sur le trône d'Horus, lui attribuaient « la vie, la stabilité et le pouvoir », et en tant que maîtres des éléments, veillaient à ce que le cycle annuel des crues du Nil se reproduise et que le soleil ne manque jamais de briller. En contrepartie, le roi promettait de gouverner avec sagesse, de leur faire édifier des temples et porter des offrandes en abondance. C'est ainsi que fonctionnait le *maât*, ou l'ordre. L'avènement d'un dirigeant après une époque d'anarchie et de désorganisation permettait de le rétablir ; à l'inverse, il ne pouvait exister en l'absence d'une autorité royale. De fait, il était considéré comme aussi essentiel à la survie du pays que les inondations du Nil.

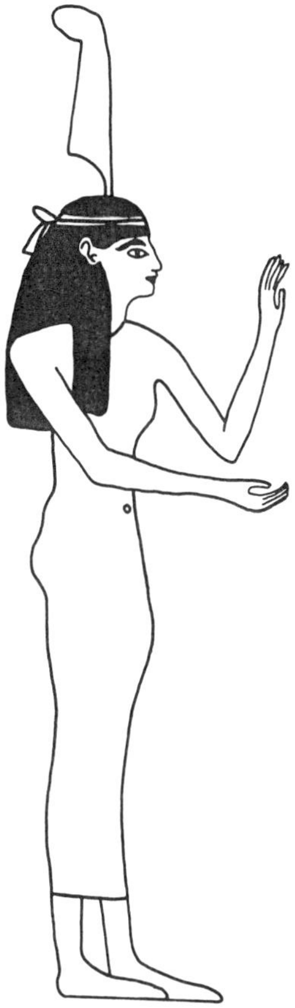

Fig. 7.1 : La déesse Maât

Que les dieux se réjouissent – tu as multiplié leurs offrandes. Que le peuple se réjouisse – tu as établi ses frontières. Que tes ancêtres se réjouissent – tu as fait fructifier leurs offrandes. Que l'Égypte se réjouisse de ta force – tu as préservé ses coutumes.

Extrait d'un cycle d'hymnes au roi Sésostris III, Moyen Empire

Le souverain d'Égypte n'était pas un simple mortel : c'était l'incarnation d'un dieu. Son essence divine ne faisait aucun doute ni dans son esprit ni dans celui de son peuple. On voyait en lui la personnification du dieu Horus et le fils de Rê, ou Amon-Rê. Choisi par les plus hautes instances célestes, il assumait la fonction de prêtre suprême de chaque culte et, en observant les rituels requis, établissait un lien entre son peuple et les divinités. Le respect du caractère divin attribué au monarque joua un rôle crucial dans le maintien de l'ordre tout au long de la période dynastique, car c'était un moyen de justifier l'autorité du roi et l'importance de la lignée royale tout en soulignant la nécessité d'une succession appropriée. L'existence de la monarchie était considérée comme une condition essentielle à l'établissement de relations harmonieuses entre l'Égypte et ses dieux, sans lesquelles le pays s'effondrerait ; grâce à son statut, le roi avait la possibilité de superviser toutes les pratiques religieuses, donc d'empêcher que l'une d'elles prenne trop d'importance. On ne lui prêtait cependant pas les pouvoirs miraculeux des dieux ; il restait incontestablement leur subordonné, et à ce titre, devait leur rendre hommage. Sa dévotion garantissait la prospérité de son règne. Comme l'écrivait la reine Hatshepsout au sujet de sa parenté avec Amon : « Je suis sa fille, en vérité, celle qui le sert et connaît sa volonté. »

Au cours de la période dynastique, gouverner l'Égypte fut toujours considéré comme une tâche masculine. Personne ne s'opposait à l'accession des femmes au trône ; simplement, à l'exception du cas du roi Binothris (IIe dynastie), cité par Manéthon, qui décida « que les dames pourraient remplir des fonctions royales », une telle éventualité ne semble même pas avoir été prise en compte. Les charges prestigieuses de diplomate, de soldat et de prêtre étaient traditionnellement dévolues aux hommes ; dans cette perspective, toute tentative pour bouleverser l'ordre établi allait à l'encontre du *maât*. Si, comme cela se produisait souvent, le roi décidait de désigner son successeur avant sa mort, il avait intérêt à choisir un de ses fils plutôt qu'une de ses filles au risque de paraître déraisonnable, surtout dans la mesure où la tradition des mariages royaux entre frères et sœurs risquait de placer l'épouse au-dessus de son mari dont elle usurpait alors l'autorité. D'ailleurs, si l'on encourageait la polygamie au sein de la famille royale, c'était aussi pour multiplier les chances du souverain d'engendrer au moins un héritier mâle.

Je sais que j'ai le corps d'une femme faible et fragile, mais j'ai le cœur et les tripes d'un roi, et d'un roi d'Angleterre, qui plus est!
La reine Élisabeth Ire ralliant ses troupes à l'approche de l'Armada espagnole

Il est rare qu'une société favorise l'accession au trône d'une femme plutôt que d'un homme. Si quelques personnalités féminines ont pu régner un jour, c'est avant tout en raison de l'absence d'un prétendant masculin apte à gouverner ; par conséquent, on a toujours considéré qu'elles agissaient alors au nom d'un parent sous tutelle. Certes, l'histoire et les légendes du passé perpétuent le souvenir de certaines d'entre elles, comme Antigone et Clytemnestre chez les Grecs, ou Livie et Agrippine chez les Romains, mais elles font figure d'exceptions, forcées par les circonstances à agir d'une manière atypique dépassant le cadre de leurs attributions traditionnelles. Même dans les pays où le souverain n'a qu'un rôle honorifique, il est d'usage d'attribuer cette fonction à un représentant du sexe fort. Ainsi, dans presque toutes les monarchies de l'Europe actuelle, c'est en général le fils aîné qui hérite de la couronne, même s'il a des sœurs plus âgées, voire plus compétentes. Certains trouvent cette coutume injuste ; aucun des pays concernés ne songerait toutefois à la remettre en question. On a en effet toujours pensé que le pouvoir était l'affaire des hommes, et que les femmes devaient se contenter d'un rôle secondaire. Une discrimination qui trouve son origine dans l'interprétation sociale de la fonction de la royauté et de la place des femmes.

En règle générale, elles ne sont autorisées à régner que s'il est impossible de désigner un héritier masculin digne de ce nom, ce qui se produit beaucoup moins fréquemment qu'on pourrait l'imaginer au sein des familles royales établies de longue date. L'Angleterre, par exemple, n'a vu que six femmes en cinq siècles recevoir la couronne de leur père ou de leur oncle[2]. Il arrive aussi que les femmes montent sur le trône en périodes de troubles civils, souvent pour remplacer, voire venger un mari, un fils ou un père assassiné ou démis de ses fonctions. Lorsqu'elle est justifiée par la nécessité de défendre une cause noble, cette prise de pouvoir, qui va pourtant à l'encontre du rôle passif dévolu aux dames royales, reçoit l'approbation générale. D'autant que dans la plupart des cas, les grandes souveraines sont issues de la famille royale existante. Si des hommes d'origine roturière ont réussi à s'emparer du trône grâce à leur habileté, leur ruse ou leur force, on ne connaît pas d'exemple équivalent chez les femmes, qui ne peuvent bien souvent ni accéder à des postes militaires ni rassembler les finances nécessaires.

Nous n'avons de certitudes qu'au sujet du règne de trois femmes exceptionnelles, chacune ayant accédé au trône dans des circonstances tout à fait inhabituelles. S'il est possible que trois autres aient occupé la fonction de « reine consort », les informations dont nous disposons sont trop vagues pour permettre de tirer des conclusions déterminantes sur ce point. Les biographies des reines Mérit-Neïth, Nitocris, Sobek-Néférou, Hatshepsout, Néfertiti et Taousert sont évoquées ci-dessous[3]. Par manque de renseignements, elles n'offrent hélas qu'une vision fragmentaire de la vie de ces six souveraines. Seule Hatshepsout resta suffisamment longtemps en place pour laisser nombre de témoignages archéologiques et historiques tangibles, bien qu'après sa mort, son peuple ait tenté de détruire ou d'effacer toute trace de son gouvernement. Ce que l'on sait de la toute première reine putative, Mérit-Neïth, qui monta sur le trône au début de la période dynastique, se réduit en revanche à peu de choses et provient essentiellement de ses monuments funéraires. Le problème est un peu différent pour Nitocris, qui lui succéda à la VIe dynastie, car à son souvenir se mêlent aujourd'hui de nombreux mythes et légendes romanesques, au point qu'il est difficile d'établir la vérité sur son règne. Quant à leurs consœurs Sobek-Néférou et Taousert, dont le bref règne intervint à des époques particulièrement troublées suivies de périodes de quasi-anarchie, elles ne nous ont légué que quelques monuments et documents écrits pour tenter de reconstituer leur ascension au pouvoir. Par chance, les listes de souverains égyptiens établies alors ont dans une large mesure confirmé les hypothèses formulées sur ces femmes à partir des vestiges archéologiques, et le travail d'historiens tels que Manéthon, Hérodote et Strabon, même s'il n'est pas toujours totalement fiable, permet néanmoins de mieux comprendre l'influence qu'elles exercèrent.

Deux points communs importants unissent ces six reines : toutes furent des « Grandes Épouses Royales », donc vraisemblablement de naissance royale, et pour autant qu'on le sache, elles ne conçurent jamais de fils, à l'exception possible de Mérit-Neïth. De plus, même dotées d'une forte personnalité, elles n'auraient pu gouverner sans le soutien des hommes de leur entourage. Trois d'entre elles eurent un parcours très similaire : Nitocris, Sobek-Néférou et Taousert prirent les rênes d'un pays en crise, alors qu'il n'y avait ni *maât* ni prince prétendant, et exercèrent le pouvoir pendant moins de trois ans. À leur règne relativement bref succéda chaque fois une période de chaos et un changement de dynastie. On a généralement considéré leur avènement comme une tentative pour perpétuer la royauté envers et contre tout. Le cas d'Hatshepsout est plus énigmatique, car après sa régence, elle se proclama pharaon au côté de l'héritier officiel à une époque où il ne semblait pas nécessaire qu'une femme monte sur le trône. Les raisons d'une telle initiative nous échappent aujourd'hui, mais toujours est-il qu'elle fut la seule souveraine à ne pas avoir laissé derrière elle une Égypte en plein bouleversement. Quant à la reine Néfertiti, elle représente un véritable mystère : il n'existe aucune preuve irréfutable de son règne, mais plusieurs indices laissent supposer qu'elle partageait le pouvoir avec son mari sous son propre nom ou peut-être sous celui d'un jeune prince. En somme, nous n'avons pas fini de nous passionner pour l'histoire de ces six femmes, une histoire d'intrigues, de pouvoir et de mort.

Mérit-Neïth – Ire dynastie

Rien ne permet d'affirmer que Mérit-Neïth gouverna un jour l'Égypte ; son nom n'apparaît même pas dans les listes de souverains. Mais elle vécut à l'aube de l'histoire égyptienne, une époque qui ne nous a légué que de rares inscriptions dont la signification n'est pas toujours évidente. De plus, on a retrouvé de nombreux indices qui semblent attester de son règne ; indices qui, s'ils concernaient un homme, seraient certainement interprétés comme autant de preuves.

Le mystère naquit en 1900 av. J.-C. lorsque Petrie, qui venait de mettre à jour un tombeau de taille impressionnante dans la nécropole royale d'Abydos, découvrit une grande stèle funéraire portant le nom de « Mérit-Neïth ». Même s'il y manquait le nom d'Horus, traditionnellement associé à celui du souverain, on l'identifia comme une stèle royale. Mérit-Neïth était le troisième pharaon de la Ire dynastie. Plus tard seulement, on découvrit qu'il s'agissait d'un nom féminin signifiant « Aimée de [la déesse] Neïth » ; ce pharaon dont on ne savait rien était donc une « pharaonne ». Sitôt après cette découverte, l'imagination l'emporta sur le réalisme archéologique, et l'on fit de Mérit-Neïth une reine au pouvoir exceptionnel.

Nous savons aujourd'hui qu'elle possédait un second monument funéraire sur le site royal de Saqqara, dans le nord. À cet endroit, on l'avait dotée d'une barque solaire qui devait permettre à son esprit de voyager dans l'au-delà avec le dieu du soleil, un honneur généralement réservé au roi. La coutume de faire édifier deux tombeaux, l'un en Basse Égypte près de la capitale de l'État nouvellement unifié et l'autre en Haute Égypte, patrie de la dynastie régnante, était particulière aux premiers souverains égyptiens ; sans doute éprouvaient-ils le besoin de disposer d'un cénotaphe[4] en plus de la tombe destinée à accueillir leur dépouille. Dans la mesure où Mérit-Neïth est la seule femme commémorée de cette façon, on peut imaginer qu'elle fut souveraine ou co-régente plutôt que simple épouse royale. Comme il était d'usage à l'époque, chacune de ses dernières demeures était entourée par les caveaux secondaires d'au moins quarante personnes. De plus, quelque soixante-dix-sept domestiques furent enterrés près de son monument à Abydos, suivant un tracé en forme de U – sans doute autour des trois côtés d'un bâtiment aujourd'hui disparu. À Saqqara, les artisans furent tous ensevelis avec des objets symbolisant leur métier : le constructeur de barques avec une maquette de bateau, l'artiste avec plusieurs pots de pigment.

Nitocris – VIe dynastie

Le cas de Nitocris pose le problème inverse de celui de Mérit-Neïth. L'histoire affirme en effet que la reine Nitocris, aussi belle que courageuse, fut la première femme à régner en Égypte ; elle ins-

Haut : Toilette matinale de la reine Kaouit, au Moyen Empire, gravée sur son sarcophage.
(Musée égyptien, Le Caire)

Ci-dessus : Rasoir en bronze avec un manche en forme de tête de canard.
(Université de Liverpool)

Droite : Miroir en bronze avec une poignée en forme de lotus.
(Université de Liverpool)

Haut : Sandales retrouvées dans une tombe du Moyen Empire.
(Garstang : Beni Hassan)

Bas : Bracelet d'ivoire et d'ardoise trouvé dans la tombe de la reine Neïth-Hotep, à Nagada.
(Université de Liverpool)

Droite : Pots à fards, meule à cosmétiques et applicateurs, Moyen Empire.
(Garstang : Beni Hassan)

Gauche : La reine Néfertari dans le rôle de la déesse Hathor sur la façade de son temple à Abou Simbel.

Haut : La reine Hatshepsout reçoit la couronne royale *ibs* du dieu Amon-Rê.
(Scène de la «Chapelle rouge» d'Hatshepsout, Karnak)

Bas : Le temple funéraire de la reine Hatshepsout à Deir el-Bahari, Thèbes.

Droite : L'»Épouse du dieu d'Amon», peut-être Amenirdis I.
(Medinet Habu, Thèbes)

Haut : La déesse Hathor et Rê, le dieu à tête de faucon.
(Tombeau de Néfertari, vallée des Reines)

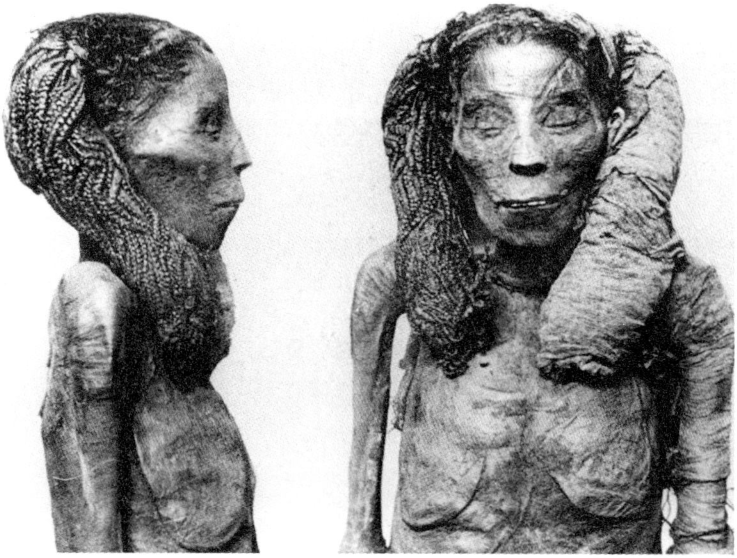

Haut : Momie de la dame Ray.
(De Elliot Smith, G. (1912), Catalogue général des antiquités égyptiennes : The Royal Mummies, Institut français d'archéologie orientale, Le Caire, ill.n°6)

Gauche : Tombe d'une riche dame du Nouvel Empire.
(Garstang : Abydos)

Fig. 7.2 : Cartouche de la reine Nitocris

pira en tout cas nombre de contes romanesques. Pourtant, si les historiens Manéthon et Hérodote ont relaté certains détails choisis de sa vie, et bien que son nom fût inclus parmi ceux des monarques de l'Ancien Empire inscrits dans le *Canon de Turin*, aucun témoignage archéologique n'apporte la preuve que Nitocris ait jamais existé. Les spécialistes sont généralement partagés sur la question : certains voient en elle un véritable monarque, d'autres une simple légende.

On attribue au roi Pépi II (VIe dynastie) un long règne d'environ quatre-vingt-dix ans, marqué par une dégradation progressive de la situation intérieure. Lorsqu'il mourut sans avoir désigné de successeur, les troubles se multiplièrent, caractérisant ce que les égyptologues ont nommé la « Première période intermédiaire ». Au cours de cette époque agitée, différents rois de moindre envergure se succédèrent sur le trône, n'exerçant leur pouvoir que brièvement – preuve que tout n'allait pas pour le mieux en Égypte. Le *Canon de Turin* rapporte qu'une certaine *Neït-Ikérèt* fut le second ou le troisième de ces souverains après Pépi II, et qu'elle gouverna l'Égypte pendant « deux ans, un mois et un jour » à la fin de la VIe dynastie. Manéthon décrit la reine Nitocris comme « la femme la plus noble et la plus charmante de son époque, avec un teint clair et des joues roses ». Mais à la suite d'une méprise, l'historien crut qu'elle avait achevé la construction de la troisième pyramide – sans doute celle de Mykérinos, à Gizeh – et, le moment venu, qu'elle y aurait été ensevelie. Il lui attribua un règne de douze ans, mais son confrère grec Ératosthène, qui traduisit le nom de Nitocris par « Athéna est victorieuse », en réduisit la durée à six.

Le teint délicatement rosé de la souveraine (*rodophis* en grec), objet de tant de louanges, a suscité certaines confusions entre Nitocris et une jolie courtisane grecque de la XXVIe dynastie, une femme aux mœurs légères, appelée Rodophis ou Dorchia, qui vécut dans la ville égyptienne de Naukratis. De nombreuses histoires ont ainsi mêlé cette fameuse Rhodophis-Dorchia et la « reine Rhodophis ». L'une d'elles, l'ancêtre du conte *Cendrillon,* est rapportée par Strabon : alors que la belle Rhodophis se baignait dans le Nil, un aigle s'empara de l'une de ses sandales abandonnées et l'emporta vers la résidence royale, à Memphis. Le souverain prenait le frais dans les jardins du palais lorsque l'oiseau passa au-dessus de lui et laissa tomber la chaussure ; il en trouva la forme et la facture si exquises qu'il organisa aussitôt des recherches dans tout le pays pour retrouver la propriétaire. On la découvrit à Naukratis, et elle fut emmenée à Memphis sous escorte royale. Là, le fougueux monarque tomba amoureux d'elle et l'épousa sur-le-champ. Lorsqu'elle mourut, il lui fit édifier une immense pyramide. Une autre légende, beaucoup moins romantique, affirme que la méchante reine Rhodophis hante la troisième pyramide de Gizeh, sous les traits d'une créature de rêve dénudée qui rend fou tous ceux qui ont la malchance de la voir.

Plus réaliste que Strabon – une fois n'est pas coutume –, Hérodote rejeta avec dédain l'idée qu'une femme comme Rhodophis, qui vivait manifestement de ses charmes, ait pu devenir assez riche pour se faire construire une pyramide, tout en admettant que « Naukratis est sans doute l'endroit où les femmes de ce genre sont les plus jolies ». De la reine Nitocris, il écrivit :

> *Après Ménès vinrent 330 rois dont les prêtres me lurent les noms inscrits sur des rouleaux de papyrus. Ces générations comprenaient 18 rois éthiopiens et une reine originaire d'Égypte ; les autres étaient des hommes égyptiens. Le nom de la reine était le même que celui de la princesse babylonienne Nitocris.*

Il relata ensuite la légende relative à la mort tragique de la reine, que l'on peut résumer ainsi :

> *Aussi belle que vertueuse, Nitocris était l'épouse et la sœur du roi Metesouphis II, un monarque de l'Ancien Empire monté sur le trône à la fin de la VI*[e] *dynastie, et que ses sujets avaient sauvagement assassiné peu après. Obligée de gouverner seule, Nitocris résolut de venger la mort de son frère-époux bien-aimé. Elle donna des ordres pour que l'on construise en secret une immense salle souterraine reliée au Nil par un passage caché. Lorsque cette pièce fut achevée, elle fit préparer un banquet inaugural somptueux, auquel elle convia tous ceux qu'elle tenait*

pour responsables de la mort du roi. Alors que ses hôtes se régalaient, elle demanda que le conduit secret fût ouvert, et les eaux du Nil s'y engouffrèrent, noyant tous les traîtres. Afin d'échapper à la vengeance du peuple égyptien, elle se précipita « dans une grande pièce remplie de cendres chaudes », et mourut étouffée.

Sobek-Néférou – XIIe dynastie

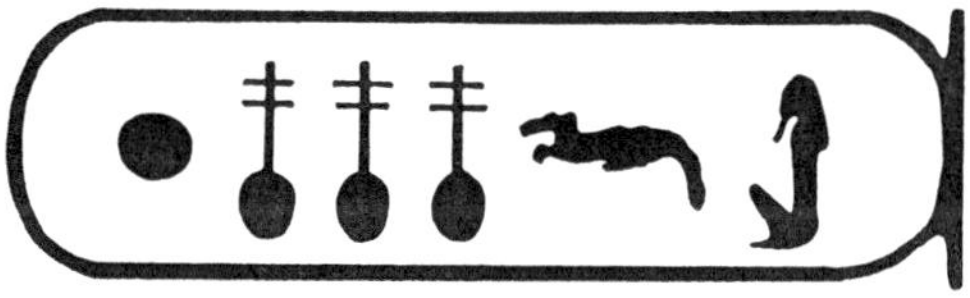

Fig. 7.3 : Cartouche de la reine Sobek-Néférou

Même si l'on possède beaucoup plus d'informations sur la vie de Sobek-Néférou que sur celle de Nitocris, il est toutefois impossible de reconstituer complètement son histoire. D'après ce que nous savons, elle fut la dernière souveraine de la XIIe dynastie, accéda au trône en 1789 av. J.-C. et garda le pouvoir, d'après le *Canon de Turin*, pendant exactement « trois ans, dix mois et vingt-quatre jours ». La XIIe dynastie, qui dura plus de deux cents ans, fut une période de paix et de prospérité, gouvernée par l'une des plus longues lignées royales qui régna jamais en Égypte. Le court règne de Sobek-Néférou se déroula cependant dans un climat politique beaucoup moins stable, et juste après, la XIIIe dynastie, une époque dont on ne sait presque rien sinon qu'elle fut troublée, marqua la fin du Moyen Empire et le début d'une Seconde période intermédiaire agitée.

Manéthon présente Sobek-Néférou comme une princesse royale : la sœur de son prédécesseur, Amenemhat IV. Cette affirmation laisserait supposer qu'elle était la fille du souverain précédent, Amenemhat III ; un bloc de pierre retrouvé dans sa pyramide, à Hawara, confirme cette hypothèse. On ignore en revanche si elle avait épousé son frère Amenemhat IV. Une certaine « reine Tanéférou », également fille d'Amenemhat III, dont le nom apparaît dans les cartouches royaux et qui porte le titre d'« Épouse Royale » était peut-être la femme d'Amenemhat IV, mais comme les deux noms sont très proches, on peut imaginer qu'il s'agit de la même personne, ou de deux sœurs royales. Sur certaines inscriptions gravées dans la pierre, les noms de Sobek-Néférou et de son père sont associés ; il n'est pas impossible qu'ils aient gouverné ensemble. En revanche, elle ne fut jamais co-régente d'Amenemhat IV, lui-même co-régent d'Amenemhat III et qui exerça brièvement le pouvoir à la mort de son père.

Personne ne sait au juste ce qui a poussé Sobek-Néférou à monter sur le trône. Certains ont évoqué la possibilité de dissensions importantes au sein de la famille royale, et de manœuvres de la part de la princesse pour s'emparer du pouvoir détenu par ses proches. Il est sans doute plus réaliste d'envisager qu'en l'absence d'un héritier, on demanda à Sobek-Néférou d'exercer le pouvoir afin de perpétuer la lignée. On ne trouve en effet aucune trace de contestation de son rôle, et les historiens ne la considérèrent jamais comme une intrigante ou une usurpatrice, à la différence d'Hatshepsout et de Taousert. Elle semble avoir rempli ses fonctions de façon tout à fait satisfaisante, comme en témoigne la place qu'elle occupe dans les principales listes royales. Certaines statues, retrouvées à Tell Daba, dans le delta du Nil, la montrent vêtue d'habits féminins ; contrairement à Hatshepsout, elle ne tenta pas de se faire représenter en homme. On ignore comment s'acheva son règne, mais de l'avis général, elle décéda de mort naturelle. Peut-être possédait-elle l'une des deux pyramides endommagées qui se trouvent sur le site de Mazghouna, non loin des monuments de la XIIe dynastie.

Hatshepsout – XVIIIe dynastie

Fig. 7.4 : Cartouche de la reine Hatshepsout

Amon, Seigneur des deux Terres, me fit régner sur la Terre rouge et sur la Terre noire pour me récompenser. Personne ne se révolte contre moi dans aucun de mes territoires... Je suis sa fille, en vérité, celle qui le sert et connaît sa volonté. La récompense que m'offre mon père est celle de vie-stabilité-pouvoir sur le trône d'Horus des Vivants, comme Rê, pour toujours.

Inscription trouvée sur un obélisque de la reine Hatshepsout

La princesse Hatshepsout, la fille aînée du roi Thoutmosis Ier et de la reine Ahmosé, vint au monde à une époque où l'Égypte connaissait une prospérité inégalée. Seule ombre au tableau : le manque de fils dans la famille royale. Thoutmosis Ier n'était pas de naissance royale ; de sa mère, la dame Séniséněb, on ne sait cependant pas grand-chose, si ce n'est qu'elle portait le titre de « Mère du roi ». Lui-même fit une brillante carrière militaire qui lui valut le grade de général dans l'armée de son prédécesseur, Amenhotep Ier. Celui-ci, impressionné par les mérites de ce soldat et n'ayant pas d'héritier digne d'assurer la succession, décida de lui confier les rênes du pouvoir. Afin de permettre au futur pharaon de consolider sa position, il lui fit épouser sa fille, Ahmosé, puis le déclara co-régent. Le moment venu, Thoutmosis Ier assuma seul le gouvernement du pays.

Malheureusement pour lui, les fils qu'il eut avec Ahmosé moururent tous en bas âge. Comme Amenhotep avant lui, Thoutmosis fut alors obligé de désigner un successeur en dehors de la famille royale. Son choix se porta sur un jeune homme nommé également Thoutmosis, le fils naturel que lui avait donné Mout-Néfrèt, une concubine, et le maria à sa fille Hatshepsout afin de légitimer son accession au trône. Précaution peut-être superflue si, comme on l'a suggéré, Mout-Néfrèt était bien la fille d'Amenhotep Ier, donc la sœur ou la demi-sœur de la reine Ahmosé, et que du sang bleu coulait dans ses veines. Plus tard, Hatshepsout donnera une version quelque peu différente des faits en affirmant que son père l'avait personnellement associée à la régence pour la préparer à ses futures fonctions de reine. Mais les inscriptions sur les monuments de cette période la désignent toujours comme princesse ou « reine consort » ; cette absence de changement dans son statut semble indiquer que les choses ne se sont pas passées comme elle le prétend. Par cette déclaration, sans doute cherchait-elle à expliquer et renforcer son pouvoir ; son règne se caractérisa en effet par un souci constant de justifier ses actes auprès de son peuple et de la postérité.

Dans l'intervalle, Thoutmosis II monta sur le trône et Hatshepsout devint la Première Dame du pays. Investie des titres de « Fille du

Roi, Sœur du Roi, Épouse du Dieu et Grande Épouse Royale », elle se conforma apparemment au rôle traditionnel que l'on attendait d'elle, adoptant une attitude réservée jusque dans les représentations la montrant auprès de son époux, auquel elle apporte son soutien. Seule initiative notable de sa part durant cette période : l'édification d'un tombeau relativement discret dans une région reculée au sud de Deir el-Bahari, sur la rive ouest du Nil, à Thèbes. Elle accomplit également ses devoirs de mère, donnant à son demi-frère deux filles, Néférourê et Méritrê-Hatshepsout, mais pas de fils. En l'absence d'héritier mâle, et comme son père avant lui, Thoutmosis II choisit pour lui succéder à la tête du royaume le fils qu'il avait eu avec une concubine. Celle-ci, Isis, la mère de Thoutmosis III, fut plus tard décrite par son fils comme « Grande Épouse Royale, Maîtresse du Nord et du Sud, Grande Héritière, Épouse du Dieu et Mère du Roi » ; rien ne prouve toutefois qu'elle fût l'égale d'Hatshepsout.

> *Une fois monté aux cieux, Thoutmosis II rejoignit les dieux. Son fils, qui lui avait succédé comme Seigneur des Deux Terres, régna sur le trône de celui qui l'avait engendré alors que sa sœur, l'Épouse du Dieu Hatshepsout, gouverna l'Égypte et contrôla les affaires des Deux Terres. Les gens lui obéirent, et l'Égypte inclina la tête devant elle.*
>
> *Transcrit par le haut fonctionnaire Inéni*

Le jeune Thoutmosis III prit donc le pouvoir sous l'œil vigilant de sa belle-mère et tante, la reine douairière Hatshepsout. Il ne jugea pas nécessaire d'épouser l'une des deux princesses royales pour asseoir son autorité ; manifestement, sa légitimité ne fut pas contestée. Même Hatshepsout, au cours de la première année du règne de son beau-fils, se contenta de son rôle d'« Épouse du Dieu » et de « Grande Épouse Royale ». En l'an 2, cependant, elle prenait une part de plus en plus active aux affaires du pays ; en l'an 7, elle avait acquis une influence certaine, proclamé son intention de régner et reçu la couronne d'Égypte. La construction de son imposant temple funéraire à Deir el-Bahari et celle d'une tombe royale plus conforme à son rang commença dès cette époque. Désormais, Hatshepsout allait être représentée d'une manière singulière : comme une femme qui, pour souligner symboliquement son rôle de souverain, portait des vêtements et des attributs masculins, y compris une fausse barbe. Son titre royal conserva cependant la terminaison féminine, et personne ne prétendit jamais qu'elle s'habillait réellement en

Fig. 7.5 : La reine Hatshepsout représentée en homme

homme. De fait, il n'y a aucune ambiguïté au sujet de la sexualité d'Hatshepsout, contrairement à celle du roi hérétique Akhénaton, ni aucune preuve pour étayer l'hypothèse du lesbianisme ou du travestissement.

Nous n'avons aucune idée de ce qui incita Hatshepsout à défier la tradition et à se proclamer pharaon. Autant dire que cet acte audacieux a donné lieu à toutes sortes de suppositions : était-elle dévorée d'ambition ? En tant que fille, sœur et épouse de roi, refusa-t-elle de se laisser dominer par son beau-fils ? Se serait-il produit une crise nationale nécessitant son intervention, et dont l'histoire n'aurait pas gardé la trace ? À moins que le jeune Thoutmosis III n'ait pas été de taille à assumer seul le gouvernement du pays ? Haïssait-il sa belle-mère, ou au contraire, lui était-il reconnaissant de son aide ? Que tous deux eussent accepté de gouverner à quatre mains alors qu'ils avaient l'un et l'autre les moyens d'assumer seuls cette fonction semble révélateur d'une situation plus complexe qu'on ne l'a imaginé. À cet égard, la théorie selon laquelle Hatshepsout était avide de pouvoir ne paraît pas très convaincante. Si tel était le cas, pourquoi aurait-elle attendu si longtemps avant de régner ? Et comment serait-elle parvenue à obtenir le soutien massif qu'on lui accorda ? Cette situation représente sans doute l'une des plus grandes énigmes du passé égyptien : comment expliquer en effet que Thoutmosis III, le souverain légitime, ne se soit pas rebellé contre l'ingérence d'Hatshepsout dans le domaine politique ? Qu'il se soit contenté de rester dans l'ombre de sa belle-mère jusqu'à la mort de celle-ci ? Face à ce mystère, on a avancé deux explications possibles et contradictoires ; la vérité se situe vraisemblablement à mi-chemin.

L'hypothèse privilégiée par les égyptologues est la suivante : Thoutmosis souffrait d'être mis à l'écart, mais il n'avait pas le choix. Lors de son accession au trône, il n'était qu'un jeune garçon inexpérimenté ; les conseils et le soutien de la reine lui furent sans doute précieux. Mais quand il atteignit l'âge de revendiquer les pleins pouvoirs, Hatshepsout avait déjà imposé son autorité. En particulier, si elle contrôlait les finances et bénéficiait du soutien de l'administration, comment Thoutmosis aurait-il pu lutter contre elle ? On a souvent interprété le saccage des monuments d'Hatshepsout après la mort de celle-ci comme une preuve de la haine que lui vouait son beau-fils. Mais d'après les témoignages archéologiques, au moins vingt ans se sont écoulés entre le décès de la reine et cette entreprise de destruction. Un délai bien long pour prendre sa revanche…

À l'inverse, certains supposent que Thoutmosis n'avait aucune raison de se plaindre de l'attitude de sa belle-mère. Peut-être même fut-il trop heureux de recevoir son assistance en un moment où il ne se sentait pas prêt à assumer seul la responsabilité du royaume ; par la suite, en signe de gratitude, il aurait décidé de ne pas la destituer de ses fonctions et d'attendre sa mort pour régner. Après tout, les précédents en matière de co-régence s'étaient toujours achevés par le décès de l'un des souverains, non par une abdication ; Thoutmosis pouvait très raisonnablement espérer survivre à sa tante et profiter de sa liberté d'action un peu plus tard. De son côté, Hatshepsout ne fit aucune tentative pour l'obliger à déposer la couronne ou pour l'écarter du pouvoir une bonne fois pour toutes, sans doute parce qu'elle ne le considérait pas comme une menace. Dernier argument en faveur de relations harmonieuses entre les deux monarques : si Hatshepsout semble presque toujours en position dominante dans les fresques de l'époque, c'est son beau-fils qui arbore les insignes royaux ; à la fin de leur règne commun, tous deux sont même représentés pratiquement sur un pied d'égalité. Au fond, il paraît évident que Thoutmosis aurait pu mettre un terme à cette situation s'il l'avait vraiment désiré ; il n'était en effet ni faible ni incompétent, comme il le prouvera plus tard en tant que pharaon.

> *Alors Sa Majesté leur dit : « Cette fille qui est la mienne... J'ai fait d'elle mon successeur sur le trône. Elle prendra place sur cette estrade magnifique. Elle régnera sur le peuple dans chaque domaine de la royauté. C'est elle qui vous gouvernera. Obéissez à ses paroles et unissez-vous lorsqu'elle vous l'ordonne. »*
>
> *Texte gravé sur les murs du temple funéraire d'Hatshepsout à Deir el-Bahari*[5]

Un certain nombre de documents d'autojustification, autant de véritables textes de propagande, ont survécu au temps, nous livrant l'explication officielle de l'ascension exceptionnelle d'Hatshepsout. Ces écrits soulignent à la fois sa relation avec son père mortel, le pharaon, et son lien avec les dieux, tout en répétant sans relâche son droit à gouverner. Le plus explicite d'entre eux est l'acte de « naissance divine » préservé sur les murs de son temple, à Deir el-Bahari : par de petites gravures agrémentées de brèves légendes, Hatshepsout révèle au monde qu'elle est en fait la fille naturelle du dieu Amon, qui la destinait au trône. Une scène en particulier montre Amon, judicieusement représenté sous les traits de Thoutmosis Ier, rendant visite à la reine Ahmosé dans sa chambre où, de façon pour le moins symbolique, il lui insuffle la vie dans les narines. On voit ensuite la reine enceinte, puis le dieu Khnoum modeler le corps et l'âme de la petite Hatshepsout sur sa roue de potier en promettant à Amon, visiblement inquiet : « Je vais façonner ta fille pour toi... » Suivent les illustrations de la naissance miraculeuse d'Hatshepsout, et de l'intervention de la déesse Hathor tendant le bébé à l'heureux père. Enfin, Hatshepsout est reconnue par l'ensemble des divinités, qui la déclarent future reine d'Égypte. Toute sa vie, Hatshepsout

Fig. 7.6 : Hatshepsout allaitée par la déesse Hathor

prendra soin de manifester sa piété filiale envers le dieu qui l'engendra, proclamant à l'envi : « Je suis véritablement Sa fille, celle qui Le glorifie. »

> *Je fus promu avant mes compagnons, sachant que je bénéficiais de Sa faveur. Ils me nommèrent chef de Sa maison ; le Palais – puisse santé et force y régner – fut confié à ma surveillance. J'étais Sénènmout, juge de la nation tout entière et Intendant des Greniers d'Amon.*
>
> *Extrait d'un long texte d'autojustification gravé à la base d'une statue de Sénènmout*

Dans son exercice du pouvoir, Hatshepsout dut s'appuyer sur de nombreux hauts fonctionnaires, dont une grande partie avait sans doute déjà servi son père et son époux. Parmi eux, le mystérieux « Prophète d'Amon » Sénènmout apparaît comme l'administrateur le plus influent et compétent de cette période[6]. D'origine relativement modeste, il commença sa carrière dans l'armée, ne se maria jamais et consacra sa vie au service d'Hatshepsout. Il est difficile de se prononcer sur la nature exacte des relations qu'il entretenait avec la reine, mais il semble avoir été gratifié de privilèges réservés en général aux hommes de condition royale, et son ascension fulgurante laisse supposer certaines faveurs de la part de la souveraine veuve. Quoi qu'il en soit, il eut une profonde influence sur le corps administratif et occupa près de vingt fonctions laïques et religieuses, dont celle de contrôleur des finances, au cours d'une vie bien remplie. En outre, il revendiqua l'édification des principaux monuments de la reine, à Thèbes, bien que rien ne permette d'affirmer qu'il ait jamais été architecte. La plupart du temps, on le décrit dans son rôle peut-être le plus prestigieux : celui de tuteur de la jeune princesse Néférourê, héritière présomptive du trône d'Égypte. Les égyptologues ont longtemps pensé que Néférourê, « Dame des deux Terres, Maîtresse de la Haute et de la Basse Égypte », était morte dans son enfance, mais de nouvelles découvertes nous autorisent à penser qu'elle survécut à sa mère, et fut peut-être la « Grande Épouse » de son demi-frère Thoutmosis III.

Quant à Sénènmout, grâce aux richesses accumulées au cours de son existence, il se fit construire deux monuments funéraires importants, une tombe plutôt voyante à Gourna, et un caveau plus secret près de la bordure nord de la cour du temple d'Hatshepsout, où il avait l'intention d'être enterré ; plusieurs ostraca prouvent d'ailleurs qu'il employa les ouvriers travaillant sur le chantier du temple principal à la réalisation de son propre tombeau. Ce qui ne lui réussit pas : il tomba en disgrâce ou mourut avant la fin du règne d'Hatshepsout, et ne fut jamais enterré dans sa dernière demeure inachevée. Après son décès, sa mémoire fut persécutée, ses statues martelées et sa tombe profanée. Cette destruction fut peut-être ordonnée par Hatshepsout à la suite d'une querelle qui mit un terme à leurs relations, à moins qu'elle n'ait été perpétrée par ceux qui saccagèrent de la même façon les monuments de la souveraine.

Au cours de son long règne, Hatshepsout privilégia la politique intérieure du pays ; en particulier, elle lança un vaste programme de construction qui portait sur la restauration des temples et l'édification de monuments impressionnants, autant de signes visibles destinés à commémorer le glorieux passé de l'Égypte et à inspirer confiance au peuple. Ce faisant, ne respectait-elle pas la volonté des dieux, qui lui avaient ordonné : « Tu créeras de nouveau le pays, tu en répareras les ruines et tu feras des chapelles de tes monuments » ? Durant cette période, on assista à une baisse de l'activité militaire, sans doute parce qu'en tant que femme, Hatshepsout n'aurait pu prendre la tête des troupes sans perdre sa crédibilité. Mais le commerce était florissant, et en l'an 9, on organisa un voyage mémorable jusqu'au lointain pays de Pount. Les détails de cette aventure et des sites merveilleux découverts à cette occasion sont préservés sur une fresque à Deir el-Bahari ; les huttes rondes des habitants, l'apparence comique du dirigeant de Pount et de son épouse obèse, les merveilles rapportées en Égypte..., rien ne manque à ces tableaux. D'après certains témoignages, il semblerait également qu'il y ait eu une expédition punitive en Nubie à la fin du règne d'Hatshepsout. Après tout, il est très possible que le manque d'informations relatives aux campagnes militaires de l'époque nous amène à tirer de fausses conclusions sur la politique extérieure du pays.

Nous ignorons les circonstances exactes de la fin du règne d'Hatshepsout. Selon toute probabilité, elle décéda de mort naturelle entre cinquante-deux et soixante-douze ans, dans sa vingt-deuxième année de règne. Aucun indice ne laisse supposer une destitution ou un assassinat. Par la suite, on tenta d'effacer à la fois son nom et son souvenir, un sort terrible pour un pharaon défunt. Ses portraits et cartouches furent martelés, ses monuments détruits ou usurpés. Pourtant, le manque de méthode caractérisant l'entreprise va à l'encontre d'une volonté d'élimination systématique. Mais le nom d'Hatshepsout ne fut pas transcrit sur les listes de rois, qui mentionnent seulement les rois Thoutmosis Ier, II et III. De fait, seul Manéthon préserva le souvenir d'une dirigeante nommée Amensis ou Amense, cinquième souveraine de la XVIIIe dynastie.

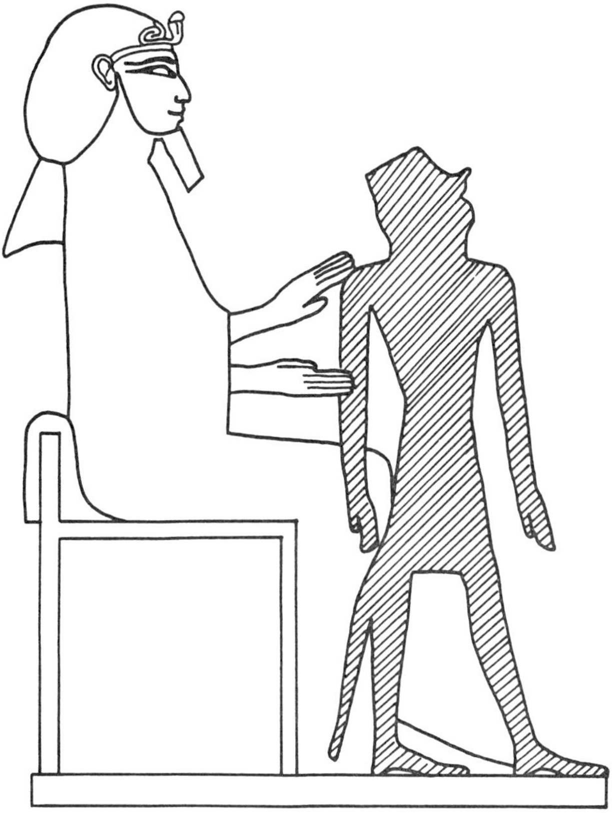

Fig. 7.7 : Hatshepsout (aujourd'hui effacée) et Thoutmosis Ier

Néfertiti – XVIIIe dynastie

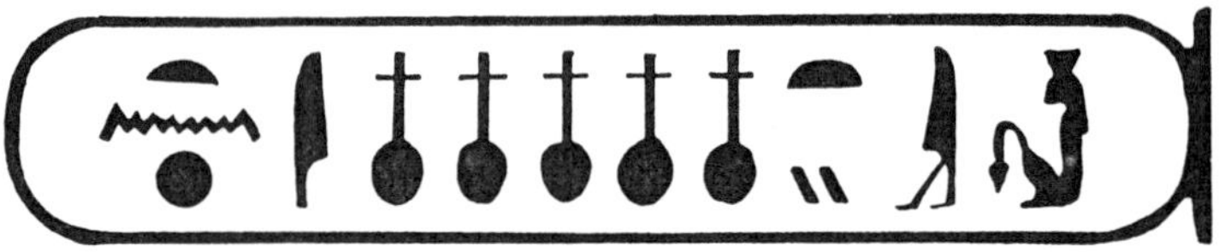

Fig. 7.8 : Cartouche de la reine Néfertiti

> *Que mon cœur se réjouisse devant la Grande Épouse Royale et ses enfants, que la vieillesse soit accordée à la Grande Épouse Royale Néfernérou-Aton-Néfertiti, puisse-t-elle vivre des millions d'années, pour toujours, puisque le pharaon veille sur elle. Et que la vieillesse soit accordée à la princesse Méryt-Aton et à la princesse Maket-Aton, ses enfants, puisque la reine veille sur elles.*
>
> *Stèle à la frontière d'Armana*

Néfertiti est sans doute la reine d'Égypte dont l'apparence nous est la plus familière aujourd'hui, grâce à ce buste sculpté et peint qui fait la fierté du musée de Berlin. Nous pouvons donc constater que, comme son nom « La belle est venue » l'indique, c'était une femme d'une grande beauté au sourire serein, légèrement empreint d'ironie. Comme si elle se moquait des tentatives des égyptologues pour percer le secret de sa vie et de sa mort.

Ses origines obscures ne l'empêchèrent pas de devenir l'épouse principale du pharaon Amenhotep IV (XVIIIe dynastie), le cinquième successeur d'Hatshepsout. Étant donné la prédilection pour les mariages incestueux à cette époque, il est probable, mais pas certain, qu'elle fût issue d'une branche mineure de la famille royale. Pour autant, le règne du souverain débuta de façon tout à fait convenue : Amenhotep succéda à son père en 1358 av. J.-C., et d'après les nombreux portraits dont nous disposons, sa femme et lui jouèrent chacun le rôle que l'on attendait d'eux, Néfertiti demeurant en retrait comme le voulait la tradition. Cependant, peu après le début de son règne, Amenhotep semble avoir opéré une conversion religieuse soudaine qui le conduisit à rejeter les dieux de son pays en faveur d'une obscure religion monothéiste adorant le soleil, Aton. Comme il n'était pas homme à faire les choses à moitié, et bien que le concept d'un dieu unique à l'origine de toutes choses dut paraître pour le moins étrange à un peuple pratiquant une foule de cultes, le souverain réussit à imposer sa foi ; bientôt, Aton fut vénéré par l'ensemble de la cour. Amenhotep tint à marquer son changement de religion en se faisant appeler Akhénaton, à savoir « Esprit d'Aton ». C'est sous ce nom qu'il hérita du titre de premier et dernier roi « hérétique ».

Fig. 7.9 : La reine Néfertiti

Nous n'avons aucune idée du rôle que joua Néfertiti dans l'adhésion de son époux à des croyances différentes. Mais pour sa part, elle les adopta avec tout le zèle d'une nouvelle convertie : elle prit le nom de Néfernérou-Aton-Néfertiti – littéralement « Merveilleuses sont les beautés d'Aton, la belle est venue » –, et on la vit participer avec enthousiasme aux cérémonies rituelles, assumant des fonctions de premier plan qu'une reine moins exubérante aurait sans doute laissées à son mari. Peu à peu, alors que se développait le culte d'Aton, le couple royal passa du statut de simples adorateurs à celui d'objets d'adoration, au même titre que ce dieu auquel les fidèles adressaient leurs prières. L'édification ambitieuse d'une autre capitale, Akhétaton ou « Horizon d'Aton » (aujourd'hui Armana), située à bonne distance des résidences d'Amon et des divinités supplantées, accrut encore l'influence de la religion du soleil au détriment des clergés plus anciens établis dans les grandes villes.

À cette époque, on assista à une curieuse évolution des modes vestimentaires. Si jusque-là on avait toujours établi une distinction entre les habits portés par les hommes et ceux portés par les femmes, durant la période d'Armana en revanche, les styles se mêlèrent. Pour leur part, Akhénaton et son épouse adoptèrent de longues tuniques plissées en tous points semblables, et à en croire les peintures et gravures de l'époque, Néfertiti laissait parfois la sienne ouverte pour dévoiler ses charmes. Les dames dans le vent complétèrent leur toilette en arborant des perruques courtes qui imitaient les chevelures frisées des soldats nubiens. Ce changement de vêture s'accompagna d'une approche radicalement différente de l'art : les conventions rigides du passé furent délaissées au profit d'une plus grande liberté dans le réalisme. Certaines représentations du couple royal profitant d'un moment de détente en compagnie de leurs petites filles dans les jardins du palais font partie des scènes quotidiennes les plus charmantes que nous a léguées l'histoire.

Les œuvres de l'époque tendent indéniablement à gommer l'identité des sexes. Les artistes cessèrent d'attribuer aux femmes une carnation plus claire, et renoncèrent à la pose royale officielle du souverain destinée à mettre en valeur sa force et sa virilité afin d'inspirer la peur à ses ennemis et la confiance à son peuple. De nombreuses statues d'Akhénaton le montrent doté des insignes de la royauté, tels que la crosse, le fléau, la couronne et la barbe, mais avec un visage féminin, des seins épanouis et des hanches larges manifestement aptes à enfanter. Un véritable hermaphrodite, en somme... Pourquoi le roi se laissa-t-il immortaliser d'une façon qui semble calculée pour inspirer la peur à son peuple et rassurer ses ennemis ? Ses motivations restent pour le moins mystérieuses. Mais peut-être avait-il réellement cet aspect, auquel cas il devait souffrir de sérieux troubles du métabolisme ! Cela dit, sa santé ne devait pas être si mauvaise, puisqu'il eut six filles avec Néfertiti, qui ne fut certainement pas la seule à porter ses enfants. On a émis l'hypothèse que certaines des statues les plus ambivalentes représenteraient Néfertiti dans le rôle de la déesse Tefnout, ce qui pose deux problèmes : pourquoi arborerait-elle les insignes de la royauté ? Et pourquoi le nombre des sculptures de la reine serait-il aussi important ? Il est également possible qu'Akhénaton ait essayé, sous l'influence de ses nouvelles convictions religieuses, d'illustrer de manière symbolique les aspects féminins et masculins de la nature. Mais sa momie, qui pourrait nous fournir des réponses à toutes ces questions, n'a jamais été identifiée avec certitude. De fait, tout porte à croire qu'elle a été détruite.

Quant à Néfertiti, c'était manifestement une personnalité avec laquelle il fallait compter dans les domaines de la politique et de la religion. Si les reines d'Égypte avaient jusque-là plus ou moins participé à la vie publique et se trouvaient souvent dépeintes dans les monuments funéraires de leur époux ou de leurs fils, Néfertiti eut droit à un traitement particulier correspondant à un rôle nettement plus marqué que celui de ses devancières : on la voit toujours auprès de son mari, prenant une part active aux événements. Le prestige de son statut s'accrut au point qu'elle fut représentée avec une couronne royale bleue, dans l'exécution de tâches théoriquement réservées au roi, dont celle de frapper les ennemis de l'Égypte. Toutes les apparences nous laissent supposer qu'elle gouvernait avec son époux, bien que nulle part il ne soit fait mention d'une quelconque co-régence. S'agissait-il d'une femme ambitieuse capable de manipuler son mari ? Ou sa position exceptionnelle était-elle le résultat du changement de religion qui faisait d'elle l'incarnation de Tefnout, femme et fille du dieu soleil ?

Si la vie de Néfertiti soulève bien des questions, sa mort est encore plus mystérieuse. La dernière image que nous avons d'elle la montre en larmes, penchée sur le corps sans vie de sa fille de treize ans, Maket-Aton, qui mourut en couches en l'an 14 du règne de son père. À la suite de cette tragédie, Néfertiti s'effaça complètement. Sans doute mourut-elle à cette époque et fut-elle enterrée selon l'usage, mais on peut alors s'interroger sur l'absence des monuments commémorant son souvenir que son époux affligé aurait dû lui faire édifier. De plus, la momie de Néfertiti n'a jamais été retrouvée. Peut-être la reine reprit-elle tout simplement une vie normale, pour se retirer du gouvernement à la mort de son mari, quelques années plus tard. Une troisième tentative d'explication moins plausible voudrait qu'elle soit tombée en disgrâce, et qu'elle ait passé le restant de ses jours dans une relative réclusion. Et comme les archéologues ne privilégient pas toujours les solutions les plus simples à leurs problèmes, certains ont même suggéré que Néfertiti avait dès lors adopté l'identité du prince Smenkhkarê, qui régna un temps aux côtés d'Akhénaton.

Fig. 7.10 : Cartouche de Smenkhkarê

Sur la fin de sa vie, celui-ci s'assura en effet la collaboration de son héritier, Smenkhkarê. Difficile d'établir avec précision l'identité de ce jeune homme surgi de nulle part ; il s'agissait peut-être d'un frère cadet du roi ou du fils que lui aurait donné sa seconde épouse favorite, la dame Kya. Si on a tenté de l'identifier à Néfertiti, c'est parce qu'il apparaît pour la première fois dans les archives au moment même où Néfertiti disparaît. Si Akhénaton avait souhaité faire de sa femme une co-régente, aurait-il jugé nécessaire de la « convertir » d'abord en homme ? Il y avait certes eu un précédent en la personne d'Hatshepsout revêtant les attributs du pharaon, mais il s'agissait avant tout d'un travestissement symbolique ; Hatshepsout ne manifesta jamais de volonté particulière d'être considérée autrement que comme une femme. Il est cependant vrai que nous n'avons presque pas d'informations au sujet de Smenkhkarê, même si certains indices semblent attester son existence. Un portrait endommagé le représentait en compagnie d'Akhénaton ; on pense aujourd'hui qu'il s'agit en fait de Néfertiti, les conventions artistiques de l'époque rendant l'identification des sexes assez difficile. Smenkhkarê ne succéda pas à Akhénaton sur le trône. Parce qu'il mourut avant son mentor ? On a bien retrouvé, dans un cercueil destiné à l'origine à une dame de haut rang, le corps d'un jeune homme qui pourrait être le sien, mais son état de dégradation rend impossible toute identification formelle. Comme pour de nombreux aspects de l'égyptologie, la théorie selon laquelle la reine Néfertiti aurait pu devenir le prince Smenkhkarê est appelée à connaître de nouveaux rebondissements.

Taousert – XIXe dynastie

Fig. 7.11 : Cartouche de la reine Taousert

La dernière reine à être montée sur le trône d'Égypte, 250 ans après Hatshepsout, fut Taousert, qui profita d'une période de quasi-anarchie à la fin de la XIXe dynastie pour prendre le pouvoir. La XIXe dynastie avait pourtant connu un retour progressif à la stabilité après une XVIIIe dynastie marquée par les problèmes religieux, puis un essor économique et social sous le règne de Ramsès II, quand l'achèvement des grands monuments et les succès d'importantes campagnes étrangères avaient apporté la preuve de la présence du *maât* dans le pays. Après la mort de Ramsès et de son fils et successeur Méremptah, cependant, la situation se dégrada, et différents pharaons méconnus se succédèrent à un rythme assez rapide. Les documents de l'époque mentionnent des turbulences, et font même quelques vagues allusions à une guerre, mais il pourrait tout aussi bien s'agir d'une référence à des conflits intérieurs. Les troubles dans la nécropole thébaine – indices révélateurs de l'affaiblissement du règne – se multiplièrent ; la corruption, le vol et même le meurtre étaient monnaie courante dans la communauté ouvrière. Malheureusement, si ces circonstances furent favorables à l'émergence d'une souveraine, elles ne donnèrent pas lieu à une transcription détaillée ; aussi en sommes-nous réduits à entr'apercevoir des intrigues de palais dont nous ne comprendrons sans doute jamais vraiment ni les tenants ni les aboutissants.

Mérenptah eut pour successeur son fils Séti II. Celui-ci régna pendant six ans, et à sa mort, son jeune fils Ramsès Siptah monta sur le trône pour six années également, au cours desquelles il se fit appeler Mérenptah Siptah sans que l'on sache pourquoi. Bien qu'il fût le fils de Séti et l'héritier principal, sa mère n'était pas Taousert, la « Grande Épouse Royale », mais une épouse secondaire nommée Soutailja, sans doute d'origine syrienne. Taousert était par conséquent la belle-mère du nouveau roi. Rien n'indique qu'elle ait ellemême enfanté un jour ; de toute évidence, si elle avait eu un fils, elle n'aurait jamais laissé Siptah accéder au pouvoir. Les origines de la reine Taousert sont quelque peu obscures : elle ne portait pas le titre de « Fille de Roi » et n'était peut-être pas de sang royal. Dans sa tombe, on lui attribue le titre de « Maîtresse de la Terre », un honneur vraisemblablement accordé par Séti II.

Trop jeune pour prendre le royaume en mains, Siptah s'illustra surtout par sa mollesse et son incompétence ; il ne laissa derrière lui que de rares monuments et sombra dans l'oubli peu après sa mort. Mais sa faiblesse avait peut-être une cause physique : l'examen de sa momie a révélé un pied tordu et une atrophie de la partie inférieure d'une jambe, laissant supposer qu'il souffrait d'un pied-bot ou plus probablement des séquelles de la poliomyélite. Au cours de son bref règne, Siptah fut conseillé, voire surveillé, par sa belle-mère, qui s'octroya peu à peu le rôle de co-régente. On ignore si elle se maria avec son jeune beau-fils afin d'accroître son pouvoir ; les fresques ornant sa tombe la montrent dans la position de l'épouse typique, derrière Siptah qui rend hommage à Geb, le dieu de la terre. Mais le nom de Siptah fut effacé des parois et remplacé par celui de Séti II, comme si Taousert avait préféré se trouver associée au souvenir de son premier époux prestigieux plutôt que d'un beau-fils assez insignifiant.

Un autre personnage important joua un rôle actif dans la lutte pour le pouvoir à cette époque : le « Grand Chancelier de la Terre Entière », Bay, un homme énigmatique au nom asiatique dont le titre unique illustre la profonde influence qu'il exerçait sur le roi-enfant. On le représenta derrière le trône, un honneur dont ne bénéficiaient pas en général les personnes extérieures à la famille royale, et il fut même autorisé à faire ériger sa tombe près de celle de son maître dans la Vallée des Rois. Deux inscriptions le qualifiant comme celui « Qui Établit le Roi sur le Trône de son Père », laissent supposer qu'il était chargé de veiller sur le souverain. Il échoua manifestement dans ses tentatives pour limiter le pouvoir de Taousert, et disparut mystérieusement de la scène politique au cours de la quatrième année du règne de Sitpah.

Après la mort de celui-ci, une vague de perturbations sociales balaya le pays. Comme il n'y avait pas de candidat masculin au trône, Taousert profita du chaos pour affirmer son pouvoir comme co-régente et ses vues sur la couronne ; elle prit même le titre de Roi de la Haute et de la Basse Égypte. Son règne fut bref ; de son côté, elle voulut lui donner plus de poids en additionnant les années passées auprès de Siptah, qu'elle prit soin de distinguer du règne de son mari, Séti II. On a retrouvé une trace de l'an 8 du règne de Taousert, alors que Manéthon rapporte qu'un « Roi Thouoris, qui chez Homère est appelé Polybus, époux d'Alcandara, et qui vivait à l'époque de la prise de Troie », régna pendant sept ans à la fin de la XIXe dynastie. Comme Siptah garda le pouvoir pendant au moins six ans, Taousert l'a peut-être exercé seule pendant moins de deux ans. Il ne subsiste pas grand-chose de cette période, même si son nom fut découvert dans le delta du Nil, les mines de turquoise du Sinaï et même la Palestine. Ses monuments principaux sont sa tombe et un temple funéraire dont elle fit entamer la construction au sud du Ramesseum, mais qui ne fut jamais achevée. La fin du règne de Taousert est enveloppée de mystère : nous ne savons pas si elle fut destituée ou si elle mourut de mort naturelle. L'obscur pharaon Sethnakht, fondateur de la XXe dynastie, lui succéda.

Taousert possédait du caractère et de l'ambition, ce qui lui permit de surmonter le handicap de ses origines relativement humbles et de son sexe pour atteindre la position la plus élevée du pays. Sans doute la meilleure illustration de sa personnalité nous est-elle fournie par sa tombe, que les ouvriers thébains commencèrent à préparer dans la Vallée des Rois à la fin du règne de Séti ou au début de celui de Siptah – un honneur exceptionnel pour une femme qui aurait dû être enterrée dans la Vallée des Reines. Ce tombeau était à l'origine plutôt modeste, mais à mesure que Taousert affirmait son autorité, elle le fit agrandir, au point qu'il devint digne d'un roi. La construction n'en fut jamais achevée, mais il est clair que ses différentes phases correspondent aux étapes de la vie politique de Taousert. Elle ne reposa pourtant jamais dans sa demeure d'éternité ; son successeur Sethnakht l'usurpa et tenta d'effacer le nom de la reine et son image des murs. Une momie lui a été attribuée au musée du Caire, mais rien ne permet d'affirmer avec certitude qu'il s'agit bien d'elle.

Chapitre VIII

FIGURES RELIGIEUSES DE VIE ET DE MORT

Sachez tous quels cultes monstrueux pratiquent les Égyptiens.
Ils vénèrent le crocodile et l'ibis mangeur de serpents,
Quand, emplis de crainte, ils n'idolâtrent pas l'image dorée du singe.
...
Et le tabou du poireau ! Et gardez-vous de mordre dans une tête d'oignon !
Ô peuple sacré, dont les dieux nichent dans les potagers,
Ils épargnent les créatures laineuses, et ne veulent pas
De leurs chèvres couper la gorge,
Et pourtant, sans répulsion, ils festoient de la chair des humains[1].

La théologie de l'Égypte ancienne, avec son impressionnant panthéon de divinités à têtes d'animaux, ses temples imposants et ses préparatifs funéraires uniques en leur genre, fascine les observateurs étrangers depuis la fin de la période dynastique. La satire de Juvénal citée ci-dessus, même si elle fourmille d'inexactitudes – non seulement l'oignon ne faisait pas l'objet d'un tabou, bien au contraire, mais l'on n'a jamais retrouvé trace d'une quelconque orgie cannibale chez les prêtres –, montre combien les dieux égyptiens intriguaient les peuples du monde antique, qui propageaient sur leur compte superstitions et rumeurs fantaisistes. Deux mille ans plus tard, des myriades de touristes s'émerveillent toujours devant les pyramides en s'interrogeant sur la foi à l'origine de telles réalisations ; quant aux noms mystiques d'Isis, de son frère-époux Osiris et de leur fils Horus, ils ont conservé un incroyable pouvoir d'évocation : il suffit de les prononcer pour faire renaître tout un monde de croyances disparues et de rituels aussi ténébreux que mystérieux.

On ne saurait donc effectuer un travail de recherche crédible sur la société égyptienne dynastique sans prendre en compte le rôle de la religion, incontestable sur le plan politique et certainement important dans la vie quotidienne de tout un chacun. Néanmoins, la prudence s'impose : il est en effet extrêmement difficile pour nous aujourd'hui d'évaluer le réel degré d'influence des convictions du passé. Nous avons beau disposer de documents écrits et de divers témoignages archéologiques relatifs aux rites sacrés, nous ne devons pas oublier qu'il s'agit seulement de signes extérieurs ou matériels de la foi. Si la tentation est grande de prêter aux Égyptiens des émotions et des idées qui sont les nôtres dans l'espoir de pouvoir comprendre leur logique et leurs sentiments, ce serait une erreur d'y céder. Que l'on imagine les problèmes rencontrés par l'archéologue du XXIIe siècle qui tenterait de saisir toutes les nuances de la doctrine chrétienne en s'appuyant juste sur la Bible et sur les vestiges de quelques églises, et l'on percevra sans doute mieux l'ampleur du défi représenté par l'étude des religions de jadis.

En vérité, parler de « religion égyptienne », une expression consacrée qui sous-entend l'existence d'un credo unique transmis par des écritures saintes et accepté par tous, est particulièrement trompeur. Au cours de la période dynastique, la vie spirituelle s'organisait autour de plusieurs pôles distincts mais indissociables, qui évoluèrent au fil du temps sans jamais cesser d'entretenir des liens étroits. Les deux principaux, aisément identifiables, étaient la tradition officielle ou majeure, représentée par la théologie de l'État et son administration, et la tradition officieuse ou mineure, qui regroupait sous le nom de magie, de superstition ou de sorcellerie des pratiques moins respectables. Entre ces extrêmes s'étendait toute une gamme de cultes semi-officiels régionaux ou familiaux, d'une grande importance pour les foyers individuels, mais d'un intérêt moindre pour le gouvernement. Il n'existait pas de frontière bien délimitée entre ces différentes approches, et chacune influençait plus ou moins le citoyen ordinaire. Par exemple, la femme vivant à Deir el-Médineh, près du centre du culte d'Amon, participait aux fêtes annuelles de la tradition majeure et en outre, adorait officiellement les divinités locales de la nécropole thébaine, à savoir le roi divinisé Amenhotep Ier, sa mère Ahmès-Néfertari, et Meretseger (« Elle-Aime-le-Silence »), la déesse serpent de la montagne de Thèbes, connue également sous le nom de « Pic de l'Ouest ». De plus, certains vestiges découverts dans les maisons révèlent l'existence de cultes plus personnels rendus aux dieux et autres esprits associés à la grossesse et à l'accouchement. S'y ajoutaient également la superstition et les croyances aux pouvoirs de la magie.

Fig. 8.1 : Femme en prière

Il n'est cependant pas rare de rencontrer une telle diversité dans l'approche religieuse. De fait, on a constaté que dans les sociétés régies par une religion officielle puissante à la théologie complexe, des cultes moins élaborés se développaient souvent parmi la population, qui adapte et interprète certaines facettes du courant de croyance principal en écartant les autres. C'est particulièrement vrai dans les cas où la tradition majeure est essentiellement masculine, contrôlée par une élite d'hommes instruits, éloignés des préoccupations quotidiennes de la plupart des femmes. Alors que leurs compagnons ont la possibilité de satisfaire leurs aspirations religieuses en adhérant à la théologie de l'État, elles sont généralement exclues d'une participation active aux rites de leur foi, et privées des moyens d'appréhender la doctrine ; d'où la nécessité pour elles de développer les traditions mineures, ou « croyances de femmes », afin de répondre à leurs exigences spirituelles sans pour autant délaisser la religion officielle.

Cette dualité est encore très présente dans l'Égypte actuelle, où les paysannes chrétiennes et musulmanes sont toujours convaincues du pouvoir maléfique de certains esprits, et en particulier de la terrible menace du mauvais œil. Une villageoise désirant concevoir, par exemple, invoquera l'âme de ses enfants morts ou se procurera une amulette auprès du sorcier local plutôt que d'adresser une prière à Allah, mais en aucun cas il ne s'agit pour elle d'une trahison de sa foi. Pour de nombreuses femmes, les monuments eux-mêmes sont investis de vertus particulières ; il arrive d'ailleurs fréquemment qu'à l'occasion d'une promenade sur un site, on trouve des traces de rituels de fertilité – souvent des petits tas de tessons de poterie – associés aux effigies des anciennes divinités. Dans les années 20, Winifred Blackman relata sa propre expérience à ce sujet, après qu'elle eut présidé une cérémonie semblable nécessitant le recours à des reliques anciennes et à des amulettes modernes :

> *Le cérémonial se déroula de la façon suivante : les femmes se rendirent d'abord dans l'une des anciennes tombes-chapelles, sous la conduite de celle de nos quatre servantes qui possédait la clé. Une fois entrées, elles avancèrent et reculèrent sept fois à l'endroit où était censée se trouver l'ouverture du puits conduisant à la chambre funéraire souterraine. L'opération accomplie, elles retournèrent dans la tombe-chapelle dépouillée où je vivais. Là, je leur montrai les amulettes, puis les disposai deux par deux sur le sol. Ensuite, chacune des femmes les foula solennellement à sept reprises. Il y avait quatre amulettes en tout, représentant la tête d'Isis, une divinité momifiée, un scarabée et un chat. Lorsque ce fut terminé, la mâchoire inférieure d'un ancien crâne égyptien fut placée par terre. La même cérémonie se déroula de nouveau, puis fut répétée avec deux autres têtes : l'une momifiée et parfaitement conservée, l'autre réduite à un crâne. Plus tard, on apporta un verre d'eau dans lequel les amulettes bleues furent trempées. Chacune des femmes but une gorgée, retira les amulettes et les suça ; certaines s'en frottèrent le corps et s'aspergèrent d'eau.*

On imagine la satisfaction de Mlle Blackman lorsqu'elle rapporte qu'au moins deux des dames qu'elle avait aidées tombèrent enceintes après avoir bénéficié de ce traitement peu orthodoxe…

La religion officielle de l'Égypte ancienne évolua avec l'unification du pays et demeura relativement cohérente au cours de la période dynastique, se révélant assez souple pour intégrer des idées nouvelles et des influences étrangères. Avant cette étape historique, chaque village ou ville adorait son propre totem tout-puissant, capable de fournir une explication plausible aux phénomènes naturels qui risquaient de déconcerter ou d'effrayer la communauté. On savait que les régions voisines vénéraient des dieux différents, et l'on acceptait le concept polythéiste tout en restant personnellement fidèle à une seule divinité. Après l'unification, plusieurs cultes spécifiques connurent un développement important ; même si, au niveau local, on conservait les mêmes pratiques, les déités nationales s'imposèrent peu à peu sous l'influence du souverain, en particulier Rê, le dieu du soleil, et Horus, le dieu associé à la royauté.

> *Tu es Amon, le dieu des silencieux, qui prêtes attention à la voix des pauvres. Lorsque dans ma détresse je t'appelle, tu viens à mon secours. Tu me fais don de ton souffle et me libères de mes liens.*
>
> *Stèle de Deir el-Médineh, Nouvel Empire*

Il fallut attendre le Nouvel Empire pour voir certaines de ces divinités de premier plan se parer d'attributs et de caractéristiques spécifiques, un changement à l'origine de la mythologie égyptienne. Dans l'intervalle, les cultes régionaux prospérèrent sous la surveillance de familles de prêtres. Le monarque dota de terres les temples locaux et autres lieux saints ; leurs dieux et déesses, inclus dans le vaste panthéon officiel, étaient considérés comme des divinités régionales importantes. Ce double rôle peut sembler quelque peu déroutant aujourd'hui, mais il ne posait aucun problème aux Égyptiens d'alors. Par exemple, à Hermopolis Magna, en Moyenne Égypte, on vénérait Thot, le dieu à tête d'ibis ou de babouin, comme la personnification officielle de l'écriture et de l'éducation, mais aussi comme la divinité suprême de la région ; ces deux aspects n'étaient pas contradictoires. Les versions locales des dieux et déesses étaient en général beaucoup moins spécialisées que leurs homologues du panthéon de l'État ; on les associait surtout à la nature et au cycle annuel des crues du Nil, essentiel dans la vie quotidienne.

À cette époque, le lien entre le peuple et les principaux dieux était assuré, en théorie du moins, par le monarque et par lui seul. Sa nature divine lui permettait en effet de communiquer avec ses célestes semblables ; à ce titre, il remplissait la fonction de prêtre suprême de tous les cultes. Comme il n'avait cependant pas la possibilité matérielle d'officier dans chaque temple, des prêtres issus des classes supérieures étaient chargés de le représenter et de présider en son nom. Il n'intervenait personnellement que lors des fêtes annuelles importantes célébrant les déités nationales majeures, où il estimait nécessaire de se montrer. C'était en particulier le cas de la procession d'Opèt, où l'on transportait les statues d'Amon, de son épouse Mout et de leur enfant Khonsou du temple de Louxor à celui de Karnak. Ce cortège rituel attirait les foules, qui se massaient sur les rives du Nil pour tenter d'apercevoir leur dieu-souverain.

Fig. 8.2 : Nout, déesse du Ciel

Cette religion officielle n'avait pas grand-chose à voir avec les courants de croyances actuels : d'inspiration polythéiste, elle était dépourvue de credo, de tonalité morale particulière et de tradition d'enseignement pastoral. De fait, il s'agissait plus d'un facteur d'unité et de stabilité interne que d'un moyen de parvenir à l'épanouissement spirituel. Certes, il paraissait souhaitable qu'hommes et femmes s'engagent dans la voie du bien, mais pour le bon fonctionnement de la société plutôt que pour la satisfaction des dieux. D'autant qu'un comportement vertueux ne garantissait pas une récompense divine, et que seul celui du roi assurait le maintien du *maât* dans le pays. De leur côté, les déités semblaient se soucier comme d'une guigne de l'attitude des fidèles, sauf en cas de provocation directe, où il leur arrivait de châtier l'impudent. Le dessinateur Néferabou, qui vécut à Deir el-Médineh au Nouvel Empire, raconte comment le dieu Ptah le rendit aveugle à la suite d'un parjure qu'il jugea blâmable :

> *Je suis un homme coupable d'avoir prêté un faux serment devant Ptah, le Seigneur du maât, qui me condamna à errer dans les ténèbres même en plein jour. Je révélerai son pouvoir à ceux qui l'ignorent comme à ceux qui le connaissent, aux puissants comme aux humbles. Craignez Ptah, le Seigneur du maât, car il ne pardonne les fautes de personne ! Gardez-vous d'employer son nom à tort ; celui qui le prononce pour de mauvaises raisons chutera.*

Les prêtres, ayant pour seule mission de servir le dieu au nom du roi, se désintéressaient totalement du bien-être spirituel de leurs concitoyens. De même, il ne faudrait pas considérer les temples d'Égypte comme les ancêtres de nos cathédrales ou de nos mosquées : ils servaient simplement de demeures pour les divinités, abritant les statues dans lesquelles elles étaient censées loger. Aucune congrégation ne leur était rattachée, et ils n'étaient en général pas accessibles à la population. L'arrière de l'édifice – l'équivalent des appartements privés dans les maisons particulières –, était réservé au clergé et au roi chargés de faire des offrandes rituelles de nourriture, de boissons, de vêtements et d'encens ; la partie avant, décorée de scènes à la gloire du souverain, était ouverte au public seulement lors des festivités. Il n'y avait pas d'office semblable à celui du vendredi à la mosquée, du samedi à la synagogue ou du dimanche à l'église.

Le peuple avait la possibilité d'assister aux fêtes religieuses, sans pouvoir toutefois participer à leur déroulement. Ces grands événements donnaient lieu à des réjouissances nationales : la fête d'Opèt, mentionnée ci-dessus, qui se déroulait à Thèbes le deuxième mois de l'inondation, s'accompagnait d'un congé officiel d'au moins onze jours ; à Médinet Habou s'y ajoutait une distribution exceptionnelle de 11 300 miches de pain et de 385 grandes cruches de bière. Plus tard dans l'année, les Thébains bénéficiaient de nouveaux jours fériés quand la statue d'Amon entamait son second voyage officiel pour traverser le Nil et se rendre dans les temples funéraires des anciens dirigeants d'Égypte.

Une cérémonie semblable à celle d'Opèt se déroulait à Abydos, où l'on transportait la statue d'Osiris de son temple jusqu'à sa tombe à Oumm el-Qaab, le site funéraire traditionnel des rois de l'Époque Archaïque. Le déroulement de cette procession semble avoir donné lieu à une représentation théâtrale du mythe de la mort et de l'enterrement du dieu ; la reconstitution du meurtre était suivie par un retour triomphal dans sa demeure de la divinité ressuscitée. Nous en avons connaissance par les descriptions émanant du dignitaire Ikhernofret qui, au Moyen Empire, fut envoyé à Abydos afin de superviser les modifications apportées au rituel. En particulier, il a laissé dans la ville une stèle de calcaire relatant en détail ses responsabilités et les grands moments de cet événement religieux :

> *J'ai pris la tête de la Grande Procession, et marché dans les pas du dieu. J'ai fait naviguer sa barque, avec Thot à la proue... Paré de ses plus beaux atours, il s'est rendu au domaine de Peqer... J'ai suivi le dieu jusque dans sa demeure.*

À l'occasion de la célébration annuelle d'Edfou, on montait également une pièce de théâtre commémorant la victoire d'Horus sur Seth, sa justification devant le tribunal divin et le démembrement de son ancien adversaire. Le fait de mettre régulièrement en scène ces événements renforçait leur influence ; le roi s'en servait pour s'approprier une partie du triomphe d'Horus, et s'assurer ainsi un règne heureux. Toutes les fêtes n'avaient cependant pas un caractère aussi solennel ; celle de Bastet, la déesse à tête de chat, qui se déroulait au Nouvel Empire dans la ville de Bubastis, était avant tout l'occasion de s'amuser. Hérodote raconte le voyage mouvementé de ces groupes de pèlerins embarqués sur le fleuve, qui passaient leur temps à boire, à chanter, à boire encore, à taper dans leurs mains, à boire toujours et à jouer de la musique. Lorsqu'ils approchaient d'une cité, ils mettaient un cap mal assuré vers la rive et :

> *... pendant que certaines femmes continuaient à jouer et à chanter, d'autres hélaient les habitantes de l'endroit et les insultaient ; d'autres encore dansaient, ou se levaient et dévoilaient leur intimité. Après s'être illustrées de la sorte tout le long de la rivière, elles arrivaient à Bubastis, où elles célébraient la fête en procédant à de nombreux sacrifices. On consomme plus de vin durant cette fête que durant tout le reste de l'année.*

On attribuait aux dieux et aux déesses du Nouvel Empire des comportements empruntés au commun des mortels : ils tombaient amoureux, se mariaient, se querellaient et plus généralement, souffraient des mêmes faiblesses et des mêmes défauts que leurs homologues humains. Jusqu'à un certain point du moins, le rôle des déesses reflète donc celui des femmes dans la société, nous donnant ainsi l'un des rares aperçus de leurs actes – certes, sous l'éclairage de la mythologie – en dehors du contexte domestique. Au sein du panthéon s'était instaurée une hiérarchie naturelle, et parmi les êtres divins les plus importants se trouvaient quelques personnalités féminines d'envergure. Aucune d'elles, cependant, ne possédait une puissance comparable à celle de leurs prestigieux confrères, tels qu'Osiris, Rê et Amon ; à l'origine, il n'existait pas non plus de personnification de la « terre mère » spécifiquement associée aux mystères de la fécondité et de la création. De plus, bien que toutes les

Fig. 8.3 : Isis

déesses fussent au départ des divinités locales libres de penser et d'agir comme elles l'entendaient, leur personnage national officiel se conformait à la tradition : elles épousaient un prétendant céleste choisi parmi leurs proches, pour assumer ensuite une fonction essentiellement passive dans le couple. Par convention, elles donnaient naissance à un fils, incarnant ainsi des vertus féminines louées par tous, à savoir la fécondité, la maternité et l'esprit de famille.

Isis, sans doute l'une des déesses les plus connues et les plus marquantes, ne dévia de ce rôle que pour tenter de protéger et de défendre son mari, une initiative admirable de la part d'une épouse égyptienne. Suite à la trahison de Seth et au démembrement d'Osiris, Isis et sa sœur Nephthys sillonnèrent en effet le monde pour retrouver ses restes dispersés et lui permettre de redevenir Un : « Lève-toi, Osiris, car Isis a ton bras et Nephthys ta main ». Après l'extraordinaire résurrection de son bien-aimé, Isis conçut un fils, Horus, puis se cacha dans les marécages jusqu'au moment où elle put le présenter sans risque aux autres dieux, qui reconnurent sa filiation. Le thème de la maternité se développa dans le culte d'Isis, que l'on représenta de plus en plus souvent, surtout à la Basse Époque, donnant le sein à Horus. Du même coup, de simple figurante du panthéon égyptien, elle acquit un statut presque universellement reconnu : celui de « mère divine » ou de « terre mère ». Comme telle, elle demeura importante même après l'effondrement du monde dynastique ; son culte, transmis par les marins de passage, gagna d'abord Rome avant de s'étendre à l'ensemble de l'empire romain, s'adjoignant des doctrines et des rituels mystérieux. En Égypte, seule l'influence croissante du christianisme parvint à réduire de manière significative le nombre de ses fidèles ; on la vénérait encore sur l'île de Philae, en Haute Égypte, au ve siècle apr. J.-C. Considérée comme la sainte patronne du mariage, la protectrice des futures mères et même l'inventrice du tissage, Isis fut toujours particulièrement chère au cœur des femmes. Mais la raison principale de son succès auprès des Romains semble avant tout liée à la possibilité pour ses adorateurs des deux sexes de prendre une part active aux cérémonies rituelles au lieu de se contenter de regarder officier les prêtres en titre.

D'une importance au moins égale, la déesse Hathor, « Dame des Sycomores », maîtresse de l'amour, de la musique et de l'ivresse, était déjà vénérée au début de l'Ancien Empire, comme en témoigne son rôle prédominant sur la Palette de Narmer ; quelque deux mille ans plus tard, pendant la période saïte, on l'adorait toujours. À l'instar d'Isis, elle jouissait d'une grande popularité parmi les femmes, et se trouvait représentée sur de nombreux objets de la vie quotidienne, en particulier les miroirs, associés symboliquement à la fécondité et à l'accouchement. Afin de souligner son rôle maternel, on l'identifia à une vache, la représentant comme telle ou comme une femme coiffée de cornes et dotée d'oreilles rondes. Son culte, basé à Denderah, en Haute Égypte, était servi par de nombreuses prêtresses, souvent de naissance noble, sous la houlette de quelques intendants masculins. Hathor de Denderah était vénérée en tant qu'épouse d'Horus d'Edfou, et mère d'Harsomtous ; un autre culte voyait en elle la déesse de la mort et lui associait les « Sept Hathor ».

Toutes les déesses n'étaient cependant pas des épouses modèles dont les préoccupations se cantonnaient à des domaines typiquement féminins tels que la fertilité, l'accouchement, la musique et l'amour. Neïth, la sainte patronne de la ville de Saïs, dans le delta, avait à cet égard un caractère quelque peu androgyne : représentée sous les traits d'une femme, elle était associée à des activités masculines comme la guerre et la chasse, et brandissait souvent un arc ou des flèches croisées, si bien qu'elle finit par se confondre avec la déesse guerrière grecque Athéna. On pourrait la comparer à Sekhmet, la cruelle déesse à tête de lion, maîtresse de la guerre et de tous les fléaux, dont les tentatives pour détruire l'humanité se heurtent à la ruse de Rê[2]. À un niveau plus prosaïque, Sekhmet était aussi l'épouse de Ptah et la mère de Néfertoum, à Memphis ; elle avait un double bienveillant en Bastet de Bubastis, la déesse à tête de chat.

Plusieurs déesses belliqueuses furent importées en Égypte au cours du Nouvel Empire et parvinrent à se faire une place dans le panthéon officiel, ce qui en dit long sur la souplesse du système religieux. Ce fut en particulier le cas d'Astarté, identifiée avec la déesse assyro-babylonienne Ishtar, et représentée sous les traits d'une femme à tête de lion faisant rouler son char sur ses ennemis vaincus, ou comme une cavalière nue brandissant une épée et une hache ; sous le nom d'Ashtoreth, elle apparaît également comme une belle femme nue, souvent associée à Hathor dans le rôle de maîtresse de l'amour. Quant à Anat, la déesse guerrière syrienne, elle devint en Égypte la « Dame des Cieux » et la « Maîtresse des Dieux », la fille de Rê et l'épouse royale de Seth. Bien qu'elle fût généralement vêtue d'habits féminins, elle portait une hache de guerre et une lance révélatrices de ses véritables desseins.

Vois, j'annoncerai aux puissants et aux humbles : méfiez-vous du Pic, car il y a un lion en lui ! Le Pic bondit comme un lion sauvage et poursuit celui qui l'offense.

Stèle du Nouvel Empire, Deir el-Médineh

Au quotidien, les pratiques religieuses se concentraient sur le culte de la famille passée et présente. Les Égyptiens jugeaient crucial d'entretenir des liens avec leurs proches encore de ce monde ; de même, en toutes circonstances, ils se sentaient profondément attachés à leurs parents décédés, souvent considérés comme des membres du foyer. Rendre hommage à ses ancêtres faisait donc partie des rituels les plus importants, et dans cette perspective, les riches prenaient soin d'inclure une chapelle dans leur projet de construction d'une tombe privée. Ainsi, les vivants avaient la possibilité de faire des offrandes à l'esprit du défunt enterré au fond d'un puits à l'intérieur ou à l'entrée de la chapelle. On en creusait en général plusieurs pour accueillir les corps du mari, de sa femme et de leurs enfants, et chacune des générations suivantes espérait bien édifier un nouveau tombeau pour abriter les siens.

Posséder un monument funéraire était cependant un luxe réservé à une minorité ; le reste de la population se recueillait sur la tombe ou l'autel familial. Dans les foyers les plus modestes, celui-ci se réduisait à une petite niche décorée ou à un placard encastré dans le mur de la pièce principale, en face de la porte. Les plus fortunés faisaient ériger une chapelle dans les jardins de leur spacieuse villa. On y plaçait presque toujours une image sacrée, à savoir une gravure ou une statue représentant à la fois le saint patron ou la sainte patronne du mort, le roi et les âmes de tous les défunts de la famille. La fonction de cet édifice dépassait largement celle d'une tombe-chapelle : c'était le lieu où l'on adressait des prières aux défunts, mais aussi où l'on adorait divers dieux locaux, des divinités mineures et le monarque. Les chapelles votives privées situées aux abords du village ouvrier d'Armana développèrent leur propre clergé ; chacune avait en outre son propre gardien ou curateur vivant sur place. Nombre d'entre elles incluaient des représentations de Rénénoutet, la déesse cobra des moissons et de la fertilité, que l'on retrouvait également à Deir el-Médineh en compagnie de Meretseger et de Thouéris. Même si elles ne figuraient pas parmi les plus puissantes divinités du panthéon officiel, ces trois déesses personnifiaient néanmoins des événements et des lieux importants dans la vie quotidienne de leurs fidèles.

La déesse cobra Rénénoutet, associée au foyer et à la vie de famille, et qui était également la sainte patronne de l'allaitement et des moissons, fit l'objet d'un culte domestique particulièrement fervent. À première vue, le serpent ne fait pas partie des hôtes que l'on reçoit volontiers chez soi, mais comme il débarrassait de la vermine les réserves de nourriture, on estimait sa présence utile, voire amicale. Rénénoutet, Meretseger et Edjo, la déesse cobra de Basse Égypte qui veillait sur le roi, étaient toutes des divinités reptiliennes vénérées ; on ne prêtait de pouvoirs maléfiques qu'à un seul serpent : Apophis qui, étant l'ennemi des dieux, suscitait le mépris. Pour sa part, déesse de la montagne thébaine, Meretseger (le « Pic de l'Ouest ») occupait une grande place dans la vie des ouvriers de Deir el-Médineh, et on la voit fréquemment représentée en compagnie de Ptah, le patron des artisans.

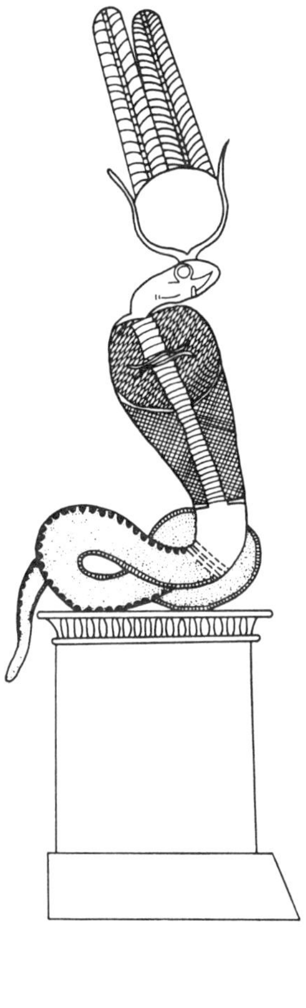

Fig. 8.4 : La déesse cobra Rénénoutet

De fait, le serpent devint si étroitement associé à la femme, à la fécondité et à l'accouchement que dans les peintures et gravures, on plaça souvent Isis tenant le petit Horus dans ses bras sous la protection de deux reptiles. D'autres témoignages du lien privilégié entre cet animal et la féminité nous sont fournis par des statuettes de fertilité datant du Nouvel Empire, figurant des femmes allongées sur des lits décorés de serpents rayés de noir et de rouge, et par certains ostraca et fresques d'Armana et de Deir el-Médineh, qui montrent des serpents mêlés aux feuillages et aux fleurs entourant le dieu Bès et la déesse Thouéris[3]. Ces scènes sont peut-être des illustrations littérales du « pavillon de naissance », une pièce spéciale ou une hutte réservée à la mise au monde du bébé et à la période de purification postnatale, ou des représentations d'ordre symbolique censées protéger la mère et l'enfant, et assurer la prospérité du foyer. Dans un cas comme dans l'autre, elles soulignent l'importance accordée à la naissance par l'ensemble de la communauté.

L'aura de mystère enveloppant la création d'une nouvelle vie conduisit à l'instauration d'un culte domestique essentiellement féminin, centré sur la fertilité, la grossesse, et surtout l'accouchement. Non seulement le moment de la délivrance présentait des risques physiques pour la mère et l'enfant, mais il mettait aussi en contact tous les membres de la maisonnée avec des forces supérieures. La médecine ne leur étant pas d'un grand secours, les femmes cherchèrent une aide du côté de la religion et de la magie pour éloigner le mal. Dans le placard d'une maison abandonnée, à Armana, on a récemment retrouvé des vestiges votifs, dont une stèle montrant une femme et une fillette en adoration devant Thouéris, deux statuettes féminines brisées et deux lits miniatures ; cette collection poignante, symbolisant les espoirs et les peurs d'une mère et de sa fille, nous donne un aperçu des rituels secrets pratiqués lors de l'accouchement. Trois mille ans plus tard, pour les villageoises égyptiennes, l'événement nécessite une intervention magique plutôt qu'une assistance médicale, comme en témoigne Mlle Blackman :

> *À diverses reprises, des femmes m'ont amené leur bébé en me demandant de lui cracher dans la bouche pour le faire vivre longtemps. J'ai également découvert que l'on avait déchiré un grand nombre des vêtements que j'avais jetés, et qu'avec les petits bouts de tissu, plusieurs mères du village avaient fabriqué des amulettes à suspendre au cou de leur enfant pour le protéger. Une villageoise sur le point d'accoucher m'a suppliée de lui donner l'une de mes vieilles robes afin que sa fille naisse dedans! La pauvre n'a pas obtenu gain de cause, et je suis au regret de dire que son bébé est mort peu après la naissance!*

Les amulettes les plus recherchées au moment de l'accouchement étaient celles de Thouéris (« La Grande »), la déesse hippopotame au ventre proéminent, sans doute distendu par la grossesse, qui protégeait les femmes enceintes et en travail. Il ne faudrait pas se laisser abuser par l'allure débonnaire de Thouéris ; l'hippopotame est un animal dangereux, responsable aujourd'hui encore, parmi la population africaine, d'un plus grand nombre d'accidents mortels que les lions. Hékèt, la déesse à tête de grenouille, et Bès, le nain hideux, étaient également associés aux mystères de la naissance. Grâce aux portraits de Thouéris et de Bès parfois peints sur les murs intérieurs des maisons, la famille entière pouvait espérer bénéficier d'une protection importante.

Parallèlement, tous les objets associés à la mise au monde d'un enfant prirent peu à peu une signification rituelle et furent investis de pouvoirs magiques. C'est pourquoi la déesse Meskhénet est représentée sur nombre de tabourets et de briques utilisés lors de l'accouchement ; on voit d'elle sa tête ou sa silhouette entière coiffée d'un utérus de vache[4]. Elle avait pour mission de protéger le nouveau-né, et à cet égard, la présence du signe distinctif du serpent après son nom est sans doute révélatrice. Les briques de naissance bénéficiaient d'une attention toute particulière, car elles étaient censées servir de tablettes au dieu Thot lorsqu'il écrirait l'avenir du bébé. Au cours du Moyen Empire, des bâtons ou baguettes magiques en forme de boomerangs jouèrent vraisemblablement un rôle important dans le cérémonial attaché à la délivrance, que nous ne sommes pas hélas en mesure d'expliciter. On en a retrouvé plus d'une centaine, sculptés en général dans une dent

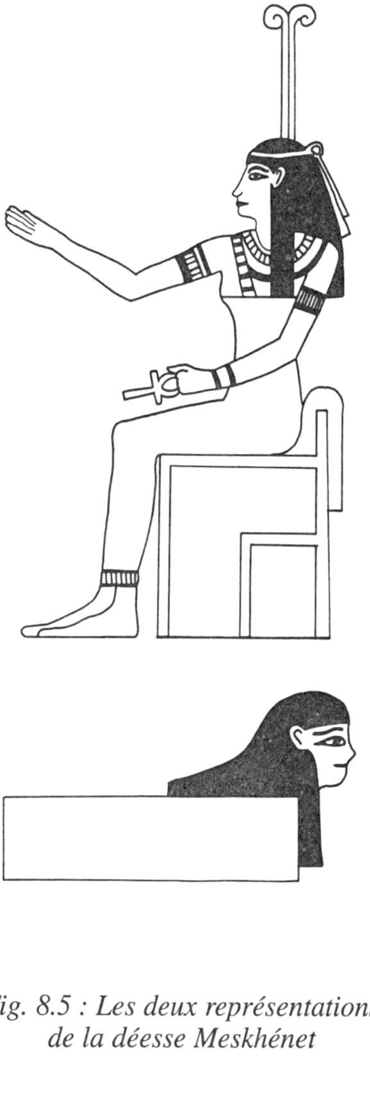

Fig. 8.5 : Les deux représentations de la déesse Meskhénet

d'hippopotame, ce qui souligne le lien avec Thouéris. Le portrait de la déesse est d'ailleurs gravé sur certains de ces instruments, de même que celui de Bès ; d'autres comportent des inscriptions telles que « nous sommes venus protéger cet enfant », suivies du nom du nourrisson ou de sa mère. Au départ, on pensait qu'il s'agissait de couteaux, mais comme aucun d'eux n'est tranchant, l'hypothèse la plus plausible concerne une possible utilisation dans le tracé d'un cercle magique autour du lit où reposaient la mère et son enfant, à la manière de ces sorcières modernes qui dessinent un pentagramme pour se livrer à leurs pratiques occultes.

De fait, l'habitude de prêter une signification symbolique ou rituelle dépassant largement le rôle fonctionnel de l'objet ne se limita pas à l'accouchement ; l'influence de la religion et des croyances relevant de la superstition était telle qu'elle imprégna tous les aspects de la vie quotidienne. Les jours eux-mêmes se répartissaient en trois grandes catégories : favorables, défavorables, sans incidence. Aucun homme d'affaires consciencieux n'aurait omis de consulter le calendrier officiel avant de décider si le moment était bien choisi pour mener des négociations importantes. L'étude des songes comme moyen de prédire l'avenir connut un développement spectaculaire. Le *Livre des Rêves* en recense un grand nombre parmi les plus courants, dont il donne la signification et l'interprétation. Par exemple, « Si un homme rêve qu'il boit de la bière tiède, c'est un mauvais présage, et le malheur s'abattra sur lui ». Quant aux vertus conférées aux amulettes, ou à certaines couleurs, elles sont abordées au chapitre V. De même, les Égyptiens attribuaient des bienfaits à certains bibelots : un bol de faïence bleue orné d'une fleur de lotus était peut-être un bel objet en soi, mais il possédait surtout une valeur symbolique aux yeux de son propriétaire : le lotus, qui se déploie au lever du jour et se referme le soir, était associé à la renaissance quotidienne du dieu soleil, et par extension, à la résurrection après la mort. De même, un accessoire de toilette en forme de poisson était un symbole de régénération et de fertilité pour son utilisateur.

Celui ou celle qui connaît ce sortilège deviendra semblable à Rê dans le ciel de l'est et à Osiris dans le Monde des Ténèbres. Il descendra dans le cercle de feu, sans qu'une flamme le touche.

Partie d'un sortilège extrait des Textes des Sarcophages, *Moyen Empire*

Si les témoignages relatifs aux pratiques religieuses quotidiennes du peuple sont assez rares, ceux des rituels funéraires ont en revanche considérablement enrichi le patrimoine archéologique. Les Égyptiens aimaient l'existence, savaient profiter de ses plaisirs et poursuivaient sans relâche leur quête du bonheur. Dans cette perspective, il peut paraître ironique que leur approche particulière de l'au-delà ait autant fasciné les chercheurs modernes, au point que n'importe quel béotien en la matière mettant les pieds dans un musée ou une librairie spécialisée peut avoir l'impression que ce peuple vivait dans l'obsession malsaine de la mort. Cette erreur d'interprétation provient essentiellement de l'habitude de construire des tombeaux de pierre et des maisons en brique crue, qui a bien entendu favorisé la conservation des demeures d'éternité au détriment de celles des vivants. Mais elle s'explique aussi par l'importance démesurée qu'ont accordée les chercheurs aux rites funéraires, excluant purement et simplement certains aspects de la vie quotidienne peut-être moins étranges mais tout aussi révélateurs dans le cadre d'un travail de recherche. Faut-il voir dans cet intérêt pour les pratiques mortuaires des autres, qui frise parfois le voyeurisme, l'expression de cette angoisse qui a fait de la mort un sujet pratiquement tabou dans le monde occidental ? Il est en effet très rare de rencontrer un peuple moderne qui envisage son départ pour l'autre monde avec autant de sérénité que les Égyptiens de l'Antiquité.

Bien que ceux-ci n'aient pas laissé de sombres pensées gâcher leur joie de vivre, ils savaient cependant que leur existence mortelle pouvait à tout moment s'achever de manière brutale. Leur amour même pour les plaisirs de l'existence masquait sans doute une peur bien réelle de la mort et de l'inconnu. L'absence des connaissances médicales élémentaires, alliée à la menace toujours présente d'une catastrophe naturelle telle que l'inondation ou la famine, les forçait à prendre en compte leur disparition ou celle de leurs proches ; la plupart d'entre eux perdaient d'ailleurs très jeunes une ou plusieurs personnes chères. Comme la théologie officielle n'offrait ni explication rationnelle ni justification à la mort, celle-ci semble avoir été considérée avec une sorte de fatalisme comme l'un des mystères de la vie. Aussi, plutôt que de perdre leur temps en spéculations interminables sur la signification de l'existence, les Égyptiens préféraient-ils prendre des dispositions pour préparer au mieux leur fin. Les plus riches entreprenaient cette démarche le plus tôt possible afin de s'assurer que leurs volontés seraient respectées, supervisaient la construction de leur tombeau et choisissaient les biens qui seraient ensevelis avec eux. Ce souci de planifier leur départ ne relevait cependant pas d'un quelconque désir de cesser de vivre ; dans les textes qui nous sont parvenus, rien ne permet d'affirmer que les propriétaires de tombeaux ont jamais anticipé leur décès avec impatience, à la manière des chrétiens souhaitant quitter la Vallée des Larmes pour passer les Portes du Ciel.

> *J'ai demandé à Sa Majesté, mon Seigneur, qu'un sarcophage de calcaire blanc soit apporté pour moi de Toura. Sa Majesté se chargea elle-même d'accompagner le porteur du sceau divin et un équipage à Toura, afin de trouver ce sarcophage. Il s'en revint sur un grand navire marchand de la Résidence, avec le cercueil...*
>
> *Inscription de la tombe d'Oueni, Ancien Empire*

Tout comme les femmes président aux rituels de la naissance un peu partout dans le monde, ce sont également elles qui, dans de nombreuses civilisations, assistent les mourants, alors que les hommes se chargent de l'organisation des rites funéraires. Naissance et mort deviennent par conséquent indissociables, telles les deux faces d'une même médaille dont l'une représente le passage vers la lumière et l'autre vers l'obscurité. Il semblerait même que par un cheminement complexe, l'on associe parfois la mort à une sorte de souillure, et donc que le sexe faible, impur de nature, soit le plus apte à veiller sur cette transition. Mais cette belle théorie anthropologique résulte peut-être de la sur-interprétation d'une situation beaucoup plus simple : les femmes passant traditionnellement leurs journées à la maison, ce sont elles qui sont amenées à soigner les agonisants. Quoi qu'il en soit, un décès est presque toujours perçu comme un événement effrayant qui met en œuvre des forces inconnues et incontrôlables. Même ceux qui possèdent aujourd'hui des connaissances médicales avancées éprouvent toujours une crainte certaine vis-à-vis de la naissance et de la mort, et jusqu'à une date relativement récente, les hommes refusaient généralement de se mêler à ces deux mystères. En d'autres termes, ils attendaient de leurs compagnes qu'elles restent au chevet des mourants, voire qu'elles fassent leur dernière toilette, avant de procéder eux-mêmes aux rituels funéraires traditionnels.

L'Égypte ne fit pas exception à la règle, et ce n'est pas une coïncidence si les déesses Isis et Nephthys étaient associées à la fois aux cérémonies de la naissance (en tant que sages-femmes) et de la mort (en tant que pleureuses divines). Comme il n'existait pas d'équivalent de nos hôpitaux au cours de la période dynastique, s'occuper des malades était le lot commun des maîtresses de maison. Dans ces conditions, aucun membre de la famille ne pouvait éviter le contact avec la mort. Elle n'avait par conséquent rien d'un concept abstrait ou aseptisé pour les Égyptiens ; elle faisait partie intégrante de la vie, mais l'on pouvait néanmoins tenter d'en repousser l'échéance au moyen de prières et d'amulettes.

> *Lève-toi, Ô Téti. Ramasse ta tête et rassemble tes ossements. Remets tes membres en place et fais tomber la poussière de ta chair. Prends le pain qui ne moisira jamais et la bière qui ne fermentera plus, et avance vers la porte fermée au commun des mortels. Le gardien viendra vers toi. Il te prendra par la main et te conduira vers le ciel, en présence de ton père, Geb.*
>
> *Discours extrait des* Textes des Pyramides *du pharaon Téti, Ancien Empire*

Même si la mort était inévitable, elle ne marquait pas forcément une fin. Tout au long de la période dynastique, les Égyptiens conservèrent une foi inébranlable dans la possibilité de renaître à une autre vie, une foi qui influença profondément le développement de l'art et de l'architecture. Cette croyance évolua cependant avec le temps, si bien que les mourants de l'Époque Archaïque ne nourrissaient pas les mêmes espoirs que leurs descendants de la Basse Époque. Sous l'Ancien Empire, on pensait que seul le roi avait accès à l'autre monde, où il devenait un dieu à l'égal des autres. Pour atteindre ces horizons célestes et achever sa transformation, il disposait, pensait-on, de trois alternatives : monter dans la barque solaire de Rê, le dieu soleil, renaître sous la forme d'une étoile immortelle ou être identifié à Osiris, le dieu des morts. Ses sujets pouvaient eux aussi prétendre à une résurrection, mais leur esprit n'avait pas la possibilité de s'éloigner du corps enseveli dans la tombe. D'où le désir des classes supérieures de se faire édifier des monuments funéraires spacieux. Après tout, personne ne souhaiterait passer une éternité au fond d'un puits étroit, encombré d'un véritable bric-à-brac...

Peu à peu, avec le déclin de l'autorité centrale à la fin de l'Ancien Empire, la population s'octroya nombre des prérogatives religieuses réservées jusque-là aux souverains. Au cours du Moyen Empire, la renaissance dans l'autre monde dépendait essentiellement de l'identification du défunt, homme ou femme, avec Osiris le Mort. Dès lors, tout le monde pouvait espérer gagner le Monde des Ténèbres, le royaume gouverné par Osiris et qui était la réplique du monde réel sur lequel régnait le pharaon, Horus le Vivant. Cette vision quelque peu restreinte des contrées célestes s'enrichit au fil du temps pour devenir l'au-delà du Nouvel Empire, le « Champ des Roseaux » ou le « Champ des Offrandes » : un pays de plaisirs et d'abondance dont Osiris était le maître. On y menait une existence assez semblable à celle des communautés rurales terrestres, mais en mille fois mieux : les récoltes étaient plus abondantes, le bétail plus gras, et dans les rivières, le poisson pullulait. On y croisait des hommes et des femmes jeunes, resplendissants de santé et de beauté qui, parés de lin blanc rehaussé de bijoux chatoyants, se régalaient de mets appétissants tandis que la bière et le vin coulaient à flots. Malheureusement, si l'existence dans le « Champ des Roseaux » présentait des attraits indéniables, il ne suffisait pas de faire preuve d'un comportement exemplaire pour la mériter. L'entrée dans l'au-delà se faisait sur examen seulement, et le système de notation était on ne peut plus strict : les recalés ne se voyaient accorder aucune seconde chance sous la forme d'une épreuve de rattrapage.

> *« Je ne te laisserai pas passer à travers moi », dit le montant de la porte, « si tu ne trouves pas mon nom ».*
> *« Le Plomb dans le Sanctuaire de la Vérité est ton nom ».*
> *Extrait du* Livre des Morts, *Nouvel Empire*

Après la mort, l'esprit du défunt embarquait pour un long voyage fantastique à travers un véritable dédale de couloirs et de salles où on le mettait régulièrement au défi de répondre à des questions complexes posées par les gardiens des portes, voire par les portes elles-mêmes. Ceux qui parvenaient à sortir de ce labyrinthe avaient alors le droit de se présenter devant le tribunal des dieux, où ils justifiaient leurs actes passés dans des discours conventionnels : « J'ai donné du pain aux affamés et de l'eau aux assoiffés, des vêtements aux plus démunis et un bateau à ceux qui n'en possédaient pas ». Enfin, le cœur du défunt était pesé dans une balance où l'on avait placé la plume symbolisant le *maât*, afin que les divinités puissent déterminer le degré de sincérité du candidat. Seuls ceux qui triomphaient de toutes ces épreuves méritaient l'immortalité et l'accès au Champ des Roseaux. Les autres étaient condamnés à une seconde mort plus effrayante encore, et cette fois, définitive.

Mais comme on a déjà pu le constater, les Égyptiens avaient l'esprit pratique et préféraient ne rien laisser au hasard. Ils prenaient donc soin d'emporter dans la tombe l'ensemble des questions et des réponses nécessaires à leur examen de passage, ce qui constituait de fait un passeport pour les délices de l'au-delà. Comme les dieux ne semblaient pas considérer d'un trop mauvais œil cette tricherie évidente, la renaissance dans le Champ des Roseaux était garantie pour les riches. Au cours du Moyen Empire, ce manuel d'instructions à l'usage des aspirants immortels intégra des sortilèges et des incantations extraits des *Textes royaux des Pyramides* de l'Ancien Empire, que l'on peignait ou que l'on gravait sur les flancs des cercueils. Au Nouvel Empire, les défunts avaient droit à leur propre exemplaire des *Chapitres de sortir du jour*, un rouleau de papyrus illustré contenant une liste interminable de formules magiques, rituels, questions et réponses, que l'on connaît mieux aujourd'hui sous le nom de *Livre des Morts*[5]. Les plus fortunés se faisaient faire spécialement une copie de ce recueil alors que leurs concitoyens de condition plus modeste achetaient des rouleaux fabriqués en série, qui comportaient des blancs pour pouvoir y inscrire leur nom et leurs titres. Cette pratique donna lieu à quelques confusions mémorables, et c'est ainsi que plusieurs femmes furent enterrées avec des rouleaux destinés à des hommes.

> *Ils procèdent aux rituels du deuil et des funérailles de la manière suivante. Lorsqu'un homme de bien meurt dans une maison, les femmes de la famille s'enduisent aussitôt de boue la tête et parfois le visage. Puis, laissant le corps à l'intérieur, elles se rendent en ville et errent en se flagellant, seulement vêtues d'une robe nouée par une bande de tissu et qui ne leur couvre pas la poitrine. Leurs amies et parentes proches se joignent à elles et les imitent. Les hommes, vêtus de façon semblable, se frappent aussi le torse. Après cette cérémonie, le corps est emporté dans un atelier d'embaumement.*
>
> *Hérodote*

Les Égyptiens n'étaient certainement pas les seuls, dans le monde antique, à imaginer un au-delà, compte tenu de la propension quasi universelle à rejeter l'idée que la mort puisse être la fin de toutes choses. Ils étaient en revanche les seuls à croire que la conservation des restes physiques assurait la survie de l'esprit ou énergie vitale. D'après eux, deux esprits s'échappaient du corps au moment du décès : le Ka, qui restait dans la tombe, et le Ba, un oiseau à tête humaine, libre de prendre son essor. Simultanément, une troisième composante de l'âme embarquait pour un long voyage vers l'autre monde. Mais le Ka et le Ba devaient pouvoir retourner dans la dépouille ; la destruction de celle-ci signifiait donc la disparition des esprits, auquel cas il n'était plus possible de continuer à exister, même si les statues ou autres portraits du défunt offraient pour un temps des substituts acceptables. C'est cette conviction profonde qui incita au développement de rituels funéraires élaborés, dont la momification, afin de préserver éternellement l'enveloppe mortelle.

Par une de ces ironies dont le destin a le secret, les plus exposés à la décomposition furent ceux qui avaient monnayé à prix d'or la conservation de leur dépouille. Les corps des pauvres ensevelis dans les cimetières du désert se desséchèrent naturellement dans le sable chaud et conservèrent une apparence proche de la vie. Avec l'apparition du cercueil en bois et de la tombe bordée de bois ou de pierre – sans doute conçue à l'origine pour préserver la dépouille des gravats lors de l'inhumation –, il n'y eut plus de contact direct avec le sable, et l'humidité se trouva piégée à l'intérieur, favorisant la putréfaction. Pourtant, cercueils et tombeaux devinrent des accessoires indispensables : le caveau servait de protection contre les voleurs, de réceptacle pour les possessions du défunt, et surtout, de demeure permanente de l'âme ; quant au cercueil, il portait gravées sur ses flancs les formules nécessaires à la résurrection de son occupant. Afin de garder à ce dernier un aspect identifiable, plusieurs techniques ingénieuses furent mises au point.

Le processus de la momification, qui connut quelques ratés au début, évolua tout au long de la période dynastique, permettant d'obtenir des résultats remarquables au Nouvel Empire. L'échec des premières tentatives tient à ce que l'on n'essaya pas d'ôter les organes internes ; les cadavres à demi séchés étaient simplement enveloppés tels quels dans des bandelettes de lin. Comme les corps traités de cette façon pourrissaient, on utilisa de la résine ou du plâtre pour durcir les bandelettes afin de maintenir un aspect extérieur plus acceptable. Ce fut seulement à la IVe dynastie que les embaumeurs pensèrent à retirer les viscères, à les remplacer par différents éléments, puis à faire sécher l'enveloppe charnelle. Les expérimentations se poursuivirent dans ce domaine jusqu'à ce que, à la XXIe dynastie, l'art de la momification atteigne son apogée.

Grâce à Hérodote, nous savons qu'au Nouvel Empire, les représentants de cette profession proposaient toute une gamme de services à leurs clients. La méthode la plus efficace, et bien entendu la plus coûteuse, consistait à enlever le cerveau et les entrailles avant de procéder à une immersion prolongée du corps dans la poudre de natron. Des chiffons et de la résine servaient à apprêter la dépouille, que l'on enveloppait ensuite dans des linceuls. L'opération prenait environ soixante-dix jours. Ainsi qu'on peut le supposer, les techniques d'embaumement moins onéreuses donnaient des résultats médiocres. Le traitement de « seconde classe » impliquait l'injection de fluides pour dissoudre les organes internes sans ouvrir l'estomac, alors que :

> *... la troisième méthode d'embaumement, celle des pauvres, consiste à retirer les intestins à l'aide d'un clystère, puis à laisser le corps reposer dans le natron pendant soixante-dix jours, avant de le rendre à ceux qui sont venus le chercher.*
>
> *Hérodote*

Une fois achevé son long séjour dans l'atelier d'embaumement, le corps présentable et parfumé était placé dans un cercueil avant d'être enterré conformément au rang du défunt. Comme aujourd'hui, les funérailles servaient autant à honorer la mémoire du disparu qu'à indiquer le statut social : plus la cérémonie était fastueuse, plus le prestige de la famille s'en trouvait grandi. Résultat, bien que la majorité des Égyptiens n'eût d'autre solution qu'un rituel simple suivi d'un enterrement dans le cimetière local, les familles riches n'hésitaient pas à dépenser une fortune en célébrations raffinées. Si l'au-delà était au départ accessible au seul souverain, les funérailles traditionnelles lui furent également réservées durant une longue période avant d'être peu à peu récupérées par les nobles. L'origine royale de ce rituel ne s'effaça cependant jamais, et les cérémonies funéraires représentées sur les parois des tombeaux montrent souvent des porteurs d'offrandes dotés des attributs de la royauté, tels que des couronnes et des sceptres, qui ne correspondent pas au statut du défunt.

Les pratiques funéraires varièrent selon les époques et les coutumes locales, mais le principe demeura immuable : on escortait le défunt jusqu'à sa nouvelle demeure, on invoquait la magie pour garantir qu'il ressusciterait, puis le tombeau était scellé afin d'éviter tout risque de pillage. À Thèbes, le rituel se déroulait en quatre étapes : la cérémonie de deuil sur la rive est du Nil, la traversée du fleuve, la procession jusqu'à la nécropole et le trajet jusqu'à la tombe. Chaque phase requérait l'accomplissement de certains rites religieux ou magiques, et était supervisée par l'un des nombreux prêtres amenés à jouer différents rôles dans le processus d'identification du défunt avec Osiris. Neuf hauts fonctionnaires accompagnaient le cortège funèbre, et des danseurs accueillaient la procession à la porte du tombeau. À ce moment-là seulement avait lieu l'« Ouverture de la Bouche » : à l'aide d'instruments investis de pouvoirs surnaturels, on touchait la momie ou son cercueil anthropomorphe pour rendre ses facultés au défunt, et lui permettre de respirer et de manger dans l'autre monde. Parmi les participantes, deux femmes avaient une importance particulière : les *djeryt*, qui accompagnaient le corps et représentaient Isis et Nephthys, les fidèles sœurs d'Osiris transformées en rapaces pour pouvoir rassembler les morceaux épars du corps de leur frère. Leur rôle se limitait apparemment à celui de simples figurantes ; il arrivait d'ailleurs qu'elles fussent remplacées par des statues féminines en bois, avec de grandes ailes d'oiseau à la place des bras. L'assistance se composait en général de la famille du disparu, des groupes de pleureuses payées par ses soins et des serviteurs qui transportaient les biens destinés à l'au-delà.

Les rituels funéraires de la ville de Memphis, au nord, ont laissé beaucoup moins de traces. Nous savons cependant que des abris temporaires étaient édifiés près de la tombe, pour recevoir les hôtes du banquet funéraire, auquel étaient également conviés les pleureuses et les prêtres. La cérémonie se clôturait par le « bris des pots rouges », la destruction de la vaisselle ayant servi à se restaurer.

Généralement, le fils aîné du défunt avait une fonction essentielle lors des funérailles. D'après la légende, Horus, fils loyal et héritier d'Osiris, vengea l'assassinat de son père et accomplit les rites funéraires requis avant de monter sur le trône. Les Égyptiens étaient donc persuadés que la personne présidant la cérémonie deviendrait l'héritière légitime du disparu ; « Que les biens reviennent à celui qui enterre son parent » était apparemment la loi en vigueur. Les rois égyptiens prirent donc soin d'accorder des funérailles dignes de ce nom à leur prédécesseur, moins par décence que pour renforcer leur position sur le trône. S'il était souhaitable que le fils supervise lui-même les opérations, il avait néanmoins la possibilité de rémunérer un prêtre pour officier à sa place, et plus tard, de déléguer l'entretien de la tombe et l'approvisionnement en offrandes quotidiennes à une tierce personne. À la rigueur, la fille ou l'épouse du défunt pouvaient se charger des obsèques, du moment qu'elles parvenaient à financer cette entreprise coûteuse. C'est ainsi qu'Iy dut vendre sa maison, à Deir el-Médineh, pour payer l'enterrement de son époux Houy. Mais tout est bien qui finit bien, puisqu'elle hérita de tous les biens de feu son mari. Au moment de l'arrivée des Romains, les funérailles traditionnelles, incluant la momification, étaient devenues si onéreuses qu'elles faisaient peser un fardeau énorme sur la famille. Certains testaments comportaient des clauses stipulant que les enfants ne toucheraient leur héritage qu'après avoir payé l'enterrement de leur défunt parent ; il existait également des accords légaux entre frères et sœurs pour déterminer leur contribution respective aux dépenses.

Sa femme bien-aimée qui partage son domaine, l'Unique Ornement Royal, Prêtresse d'Hathor, Demyosnai, à la parole sage. Elle, qui fait l'offrande de pain blanc, qui sait se montrer agréable en toutes circonstances et comble tous les désirs. La sœur-du-domaine, louée par Hathor, Dame de Denderah, Demyosnai.

Extrait de la stèle du majordome Merer, Moyen Empire

Seuls les privilégiés pouvaient s'offrir le luxe de faire creuser des tombeaux dans le roc, et seul un petit nombre de femmes possédaient des monuments funéraires prestigieux, la plupart d'entre elles n'ayant pas la possibilité de rassembler la somme nécessaire à leur édification. Les dames royales avaient souvent droit à une tombe près de celle du roi, mais ces sanctuaires, toujours moins imposants que celui du souverain, étaient surtout destinés à donner plus d'importance au complexe funéraire principal. Même lorsque les tombeaux sont physiquement éloignés l'un de l'autre, comme dans la Vallée des Rois et la Vallée des Reines, on a du mal à déterminer si le monument de la souveraine est une extension du complexe royal, un symbole de son indépendance, donc de son prestige, ou au contraire d'une déchéance l'ayant privée du droit de reposer près de son époux.

La plupart des femmes figuraient dans les tombes de pierre au titre d'épouses et de filles du défunt, auquel cas elles assumaient une position secondaire, exactement comme elles le faisaient de leur vivant vis-à-vis de leur père ou de leur époux. Dans ces sépultures, les fresques concernent presque exclusivement l'occupant masculin et sa survie dans l'au-delà, alors que les textes relatent par le menu sa vie et ses hauts faits ; tout juste si l'on mentionne les activités de son épouse, comme si celle-ci était ravalée au rang des possessions qu'il emmenait avec lui dans l'autre monde. Les seules fois où l'on voit une femme agir de son propre chef, c'est lorsqu'elle se lamente à l'enterrement de son conjoint. Mais nulle part on n'a retrouvé de scène montrant un veuf pleurant sa femme défunte.

Ne retarde pas l'édification de ton tombeau dans la montagne ;
tu ne sais pas combien de temps il te reste à vivre.
Instruction des scribes, Basse Époque

La plupart des femmes étaient enterrées dans les tombes individuelles des cimetières de village, en plein désert. Ces sites furent utilisés longtemps et s'agrandirent à mesure que le nombre de décès augmentait ; résultat, certaines sépultures de la Basse Époque se trouvent assez loin de leurs homologues de l'Ancien Empire. Dans l'enceinte du cimetière, les tombes de personnes de moindre importance étaient disposées autour des tombeaux des principaux dignitaires ou simplement creusées là où il y avait de la place. On en marquait l'endroit par une simple croix de bois, une stèle de pierre ou parfois par une superstructure plus massive. Aucun repère de ce genre ne semble avoir été assigné aux paysans illettrés.

Les coutumes relatives à l'inhumation évoluèrent peu à peu lors de la période dynastique, mais en principe, elles incluaient toujours un cercueil en bois et un certain nombre de biens ensevelis avec le corps. Certains d'entre eux correspondaient au sexe du défunt : si les poteries, les récipients en pierre, ou les repose-tête en bois pouvaient être déposés indifféremment dans les tombes des hommes et des femmes, les miroirs et certains bijoux étaient réservés aux dames. Ayrton et Loat, qui dirigèrent les fouilles d'une partie de la nécropole d'Abydos, nous ont légué une description détaillée de leur découverte d'une sépulture féminine presque intacte. L'extrait suivant, bien qu'un peu long, permet cependant d'avoir un aperçu des considérations prises en compte lors des funérailles d'une Égyptienne :

Le squelette (une femme) était couché sur le côté gauche, la tête tournée vers le nord-ouest, les bras le long du corps et les genoux légèrement remontés. Sous la tempe gauche se trouvaient

les restes d'un repose-tête en bois. Devant son visage était placé un grand vase d'albâtre, derrière le crâne un vase aplati en terre cuite rouge, avec des poignées, et derrière la nuque, un petit vase de la même matière.
Devant la poitrine était posé un large miroir en cuivre avec un manche de bois en forme de lotus, derrière les genoux un grand vase en terre cuite polie et une aiguille en cuivre. Autour du cou, deux rangs de perles en stéatite vernie, l'un avec une grosse perle de cornaline en son centre, l'autre soutenant un petit sceau en stéatite représentant un frelon.
Sur le couvercle du cercueil, au-dessus des genoux, on avait mis un petit vase en terre cuite rouge, et à l'extérieur, au niveau des pieds, se dressait un grand vase grossièrement façonné, au-dessus duquel on avait posé à l'envers un petit bol rouge doté d'un bec verseur[6].

D'autre part, comme les Égyptiens croyaient fermement à l'existence des fantômes et autres esprits, la mort ne mettait pas forcément un terme aux échanges entre un homme et une femme, et il était relativement fréquent que le survivant écrive à son conjoint disparu pour solliciter son intervention dans une affaire domestique ou personnelle. La lettre écrite à la XIXe dynastie par un époux convaincu que sa femme décédée le hantait a déjà été citée au chapitre II. Dans une missive semblable, gravée à la surface d'un bol rouge au Moyen Empire, la veuve Dedi demande à son époux le prêtre Intef d'user de son influence pour faire fuir les esprits malins qui affaiblissent une servante du foyer : « Si tu ne m'aides pas sur ce point, ta maison sera détruite… bats-toi pour elle et garde-la, sauve-la de tous ceux qui lui font du mal ». Le bol, retrouvé dans la tombe d'Intef, devait servir à recevoir des offrandes. Un autre exemple nous est fourni par une stèle du Moyen Empire, sur laquelle Merirtifi, malade, prie son épouse décédée Nebitef de l'aider. Il fait le serment que, si elle lui apparaît en rêve, il développera son culte :

… Regarde, je suis ton bien-aimé sur terre, alors bats-toi pour moi et intercède en ma faveur… Chasse la maladie de mon corps. Puisses-tu te montrer à mes yeux, telle une apparition bénie, afin que je te voie lutter pour moi en rêve.

À leur tour, les morts communiquaient avec les vivants via leur stèle funéraire, ces pierres ou ces plaques commémoratives placées dans la nécropole ou le temple, qui comportaient des éléments autobiographiques de même qu'une requête demandant aux passants de réciter une prière pour le bien-être des défunts. Naturellement, c'était le mari qui décidait d'ériger une stèle pour son épouse défunte, et lui encore qui choisissait le texte. La stèle de la dame Taimhotep, remontant à la période gréco-romaine, est assez inhabituelle à cet égard, car elle fournit certains détails de sa vie et de sa mort prématurée : on apprend ainsi qu'elle se maria à l'âge de quatorze ans et mit au monde trois filles et un fils avant de décéder à l'âge de trente ans. Suivent des lamentations relatives au sort cruel qui l'arracha à son époux bien-aimé et à ses enfants, imprégnées du pessimisme caractéristique de la Basse Époque et de la période hellénistique :

> *Oh, mon frère, mon époux. Mon ami, mon haut prêtre. Ne te lasse pas de la boisson et de la nourriture, de l'ivresse et de l'amour... L'ouest est un pays de sommeil sur lequel l'obscurité pèse de tout son poids. Ceux qui vivent ici dorment comme des momies. Ils ne s'éveillent pas pour voir leurs frères, et ne peuvent distinguer ni leur père ni leur mère. Leur cœur a oublié leurs femmes et leurs enfants... Tourne mon visage vers le vent du nord au bord de l'eau. Alors, peut-être, le chagrin sera apaisé dans mon cœur.*

NOTES

Pour les références détaillées des ouvrages cités dans cette partie, se reporter à la bibliographie.

Introduction : Contexte historique et géographique

1. Bien qu'Hérodote ait rédigé cet ouvrage alors que l'Égypte se trouvait sous domination perse, les nombreuses informations qu'il rapporte n'en sont pas moins pertinentes dans le cadre d'une étude sur la période dynastique. Ses observations, ajoutées à celles d'autres visiteurs étrangers tels l'historien Diodore de Sicile et le géographe Strabon, constituent une véritable mine de renseignements. Il ne faudrait pas toutefois les prendre pour argent comptant. Hérodote manquait parfois de discernement et semblait accorder une confiance totale aux propos d'autrui. D'ailleurs, aucune preuve ne permet d'affirmer qu'il s'est bien rendu en Égypte, et des omissions flagrantes, tel le peu de cas fait de Thèbes, ont conduit certaines autorités en la matière à penser qu'il aurait écrit son livre sur la foi de témoignages rapportés. Comme le déclarait Strabon : « Hérodote et bien d'autres racontent beaucoup de bêtises [sur l'Égypte], mêlant des légendes merveilleuses à leur récit afin de lui donner un rythme plaisant. »

2. Cette citation prend aujourd'hui une dimension quelque peu ironique dans la mesure où il ne reste pratiquement plus rien de ce temple autrefois impressionnant.

3. Parce qu'il reste encore des temples et des tombeaux mystérieux à découvrir, les réticences manifestées par de nombreux égyptologues envers l'étude des sites domestiques n'ont fait qu'aggraver le problème. On a en effet trop souvent lié l'importance des trouvailles archéologiques à leur aspect spectaculaire ou à leur valeur marchande. Pour preuve, les égyptologues dont on se souvient sont généralement ceux qui ont eu la chance de découvrir des monuments funéraires regorgeant de trésors.

4. La ville de Kahoun, construite à titre provisoire dans la province de Fayoum, resta habitée pendant la centaine d'années que dura la construction de la pyramide du pharaon Sésostris II, au Moyen Empire. Par la suite, elle fut abandonnée. Le village d'Armana (anciennement Akhétaton) fut occupé pendant environ vingt ans par les ouvriers travaillant à l'édification de la capitale du pharaon Akhénaton, au Nouvel Empire. En revanche, le village de Deir el-Médineh, niché au creux d'une vallée bordée par les collines thébaines en face de la ville moderne de Louxor,

demeura occupé pendant quatre cents ans. Ce site fourmille d'informations sur la vie quotidienne des gens du peuple qui travaillaient à la construction et à la décoration des tombeaux royaux dans la Vallée des Rois et celle des Reines. Pour plus de renseignements sur l'existence au sein de ces communautés, voir Kemp (1989).

Chapitre I : Portraits de femmes

1. Jusqu'à une date assez récente, ce champ de recherches potentiellement fertile a été relégué à l'arrière-plan des études archéologiques et historiques, qui se concentraient plutôt sur le spectaculaire au détriment d'un quotidien plus banal, et donc sur les accomplissements masculins. Or, ce sont presque toujours les aspects triviaux de l'existence qui sont les plus pertinents dans le cadre d'un travail sur les femmes. Elles ne sont d'ailleurs pas les seules à souffrir de ce parti pris. Ce que nous savons d'une société donnée se fonde plus souvent sur les actes atypiques des citoyens influents que sur les tâches quotidiennes des masses laborieuses ; des groupes entiers ont ainsi été écartés dans nos tentatives pour reconstituer le passé. De fait, si les sépultures et autres monuments extraordinaires suscitent toujours l'intérêt, la demande d'informations sur les détails de la vie quotidienne se fait plus forte. On admet également aujourd'hui que la mise à jour méticuleuse d'un site domestique, voire d'une décharge, fournit une mine de renseignements qui, s'ils ne possèdent pas la valeur intrinsèque d'un trésor, n'en sont pas moins déterminants dans la démarche historique.

2. Ces tombes ne constituent pas nécessairement la preuve que les reines d'Égypte possédaient un pouvoir économique. Il est même évident qu'au cours de l'Ancien et du Moyen Empire, les pyramides et mastabas des reines ne servaient qu'à compléter le complexe pyramidal du roi. Quant aux souveraines du Nouvel Empire, même si on leur accordait des funérailles individuelles coûteuses, elles devaient avant tout leur statut à leur mariage.

3. La plupart des sociétés prônant l'attitude pacifique des femmes approuvent en général leur intervention en cas de conflit local ou national. Voir Petrie, W.F.M. (1897), *Deshasheh*, Egypt Exploration Society, Londres.

4. Pour les mêmes raisons, les personnages secondaires menaçants représentés sur les parois des tombes ou inclus dans les hiéroglyphes étaient souvent privés de leurs jambes ou coupés au niveau de la taille. On considérait en effet cette amputation comme une sage précaution, au cas où ces figures dangereuses prendraient vie et s'attaqueraient à l'occupant principal du tombeau.

5. Harris, J.E & Wente, E.F. (1980), *An X-Ray Analysis of the Royal Mummies*, University of Chicago Press, Chicago.

6. Hékanakht était le prêtre funéraire du vizir Ipi, à Thèbes. Il vécut au début du Moyen Empire, alors que l'Égypte tentait de se remettre d'une Première période intermédiaire anarchique, et fut souvent obligé de se rendre en mission dans le nord du pays. Durant ses absences, il rédigea de nombreuses lettres pour continuer à gérer ses affaires et tenter de garder un certain pouvoir sur une famille pour le moins querelleuse. Ces missives ont été conservées par leurs destinataires, et retrouvées dans une tombe secondaire du complexe funéraire d'Ipi. Elles ont été publiées en version anglaise par James (1962).

7. Christie, A. (1945), *Death Comes as the End*, Collins, Glasgow. (*La mort n'est pas une fin*, Le Masque, Librairie des Champs-Élysées, 1995.)
8. C'est ce genre de parti pris évident dans les témoignages écrits qui a conduit certains historiens féministes à demander qu'une distinction soit établie entre « l'Histoire », à savoir la transcription des événements du passé, et « l'histoire », l'ensemble des faits réels, transcrits ou pas. Hommes et femmes ont joué un rôle égal dans le développement de « l'histoire », alors que « l'Histoire » était souvent l'apanage d'une élite masculine instruite et privilégiée. Pour plus de détails sur l'utilisation de cette convention, voir Lerner, G. (1986), *The Creation of Patriarchy*, Oxford University Press.
9. Abana, ou Ibana, était la mère d'Ahmosis.
10. « L'autobiographie » de la dame Taimhotep, à la Basse Époque, fut écrite par son mari après sa mort, et constitue la seule exception à cette règle. Un extrait de ce document est cité dans le chapitre VIII du présent ouvrage.
11. La traduction anglaise de ces papyrus est citée dans la bibliographie.
12. Les œuvres de fiction grecques et romaines ont toujours témoigné d'une position plus ambiguë envers les femmes : le portrait d'un personnage féminin rusé et calculateur est typique de la littérature classique.
13. L'Égypte bénéficia de diverses influences culturelles émanant de ses voisins, et il serait tout à fait intéressant et révélateur d'étudier les coutumes dominantes dans chacune de ces nations. Hélas, si les archéologues approfondissent aujourd'hui leurs recherches sur les femmes du Proche-Orient, rares sont les publications qui leur sont consacrées. Cette pénurie d'informations est particulièrement frappante en comparaison de l'attention accordée aux femmes de la période classique. Dans une tentative pour remédier au problème, Lesko (1987) propose une bibliographie utile à tous ceux qui font un travail dans ce domaine.
14. Ce serait une erreur de vouloir donner une interprétation littérale des lois d'Hammourabi, car il faut les considérer plutôt comme un guide du comportement que comme une réglementation stricte. Nous avons en effet la preuve que des femmes ont pu mener certaines transactions en leur nom propre, et que des veuves fortunées ont bénéficié d'une large autonomie dans la conduite de leurs affaires. Ce code donne toutefois de précieuses indications sur les valeurs de la société à cette époque, et en particulier sur la capacité juridique des citoyennes.
15. Pour plus de précisions sur le rôle des femmes dans le monde classique, voir Clark (1989).
16. Frazer, J.G. (1914), *The Golden Bow*, Londres.
17. Le matriarcat implique la prédominance de la lignée féminine ; les femmes contrôlent le patrimoine, qui se transmet de mère en fille. On admet aujourd'hui qu'il n'y a jamais eu de véritable société matriarcale dans le monde. S'il est possible que la filiation maternelle ait été privilégiée en Égypte, cela n'explique pas forcément le statut d'égalité des femmes. Dans un système matrilinéaire, les droits successoraux passent du frère au fils de la mère, et le lien fraternel est plus fort que le lien conjugal. Ce sont cependant les hommes qui détiennent le pouvoir, et de fait, les femmes ne jouissent pas d'une autonomie plus grande que dans un régime patriarcal. On cite souvent l'exemple de la tombe de Paheri pour tenter de prouver l'existence du matriarcat en Égypte, car on y a découvert des textes éta-

blissant la descendance du défunt à partir de la lignée maternelle. Or il se trouve simplement que Paheri jugeait cette branche de la famille plus digne de figurer dans son tombeau.

18. Pour de plus amples renseignements sur le cas de Mès, voir James (1984).

19. Voir Pestman, P.W. (1961), *Marriage and Matrimonial Property in Ancient Egypt*, E.J. Brill, Leiden.

20. Gardiner, A. (1945), Adoption Extraordinary, *Journal of Egyptian Archeology* n° 26, pp. 23-9.

Chapitre II : Félicité conjugale

1. Passage cité dans Lindsay, J. (1963), *Daily Life in Roman Egypt*, Frederick Muller Ltd, Londres, n° 17.

2. Durant la première année, voire la seconde, qui suit l'arrivée de ses règles, la jeune fille n'est pas vraiment considérée comme féconde ; néanmoins, les grossesses devaient être fréquentes chez les adolescentes.

3. Cette hypothèse se fonde sur la traduction d'un texte concernant la répartition des biens de l'ouvrier Nekhmin. Une phrase cruciale, mais dont il manque une partie, dit en effet : « Pendant qu'elle consommait son... avec Nekhmin. » Pour des raisons philosophiques, on pense que le terme manquant est celui de « sel ». La femme mentionnée ici se nomme Merout, la seconde compagne de Nekhmin ; ce témoignage prouverait que le couple était marié. Cette question est débattue dans Janssen, J.J. (1974), An allusion to an Egyptian wedding ceremony ?, *Goettinger Miszellen*, n° 10, pp. 25-8.

4. Voir Pestman, P.W. (1961), *Marriage and Matrimonial Property in Ancient Egypt*, E.J. Brill, Leiden.

5. Ce point fait l'objet d'une discussion plus approfondie dans Ward, W.A. (1986), *Essays on Feminine Titles of the Middle Kingdom and Related Subjects*, Beyrouth. Voir aussi Ward, W.A. (1983), Reflections on some Egyptian terms presumed to mean « harem, harem-woman, concubine », *Berytus Archaeological Studies*, n° 31, pp. 67-74.

6. Se reporter à Janssen, J.J. (1988), Marriage problems and public relations (P.B.M. 10416), in *Pyramid Studies and other essays presented to I.E.S Edwards*, Baines J. et als (eds.), Egypt Exploration Society, Londres, pp. 134-7. L'hypothèse selon laquelle cette attaque aurait inspiré à Thomas Hardy l'épisode de Skimmington dans son roman *The Mayor of Casterbridge* se trouve réfutée dans cet article.

7. Traduit par Burford (1976), et cité par Miles (Miles, R. (1988), *The Women's History of the World*, Paladin, Londres, 247), qui mentionne d'autres cas où l'on avait recours à des excréments comme contraceptifs. Watterson (1991, p. 88) pense que les déjections de crocodiles trempées dans du lait caillé, un pessaire recommandé par le *Papyrus de Kahoun*, avaient peut-être un léger effet acide semblable à celui de l'éponge trempée dans le vinaigre dont on se servait comme préservatif en Europe occidentale au début du siècle, et que les paysans égyptiens d'aujourd'hui utilisent toujours.

8. On a souvent comparé cet extrait des instructions du scribe Ani, datant du Nouvel Empire, aux propos d'un villageois égyptien recueillis par Winifred Blackman en 1927 : *Ma femme est bonne, et je suis content d'elle, mais elle doit rester là [geste vers le bas]. Ma mère est là-haut [geste vers le haut]. Ne m'a-t-elle pas porté pendant neuf mois [il presse les mains sur son ventre] ? N'a-t-elle pas souffert pour me donner le jour, et ne m'a-t-elle pas nourri à son sein ? Comment pourrais-je ne pas l'aimer ? Ma femme risque de changer, de ne plus m'aimer. Ma mère restera toujours la même ; son amour pour moi ne disparaîtra jamais.*

9. Les *mammisi* étaient de petites chapelles annexées aux temples, destinées à commémorer la naissance du dieu du sanctuaire principal.

10. Baines, J. (1985), Egyptian Twins, *Orientalia*, n° 54, pp. 461-82.

11. Pour plus de détails sur l'enfance dans l'Égypte pharaonique, se reporter à Janssen R.M. & Janssen J.J. (1990), *Growing up in Ancient Egypt*, The Rubicon Press, Londres.

Chapitre III : Maîtresse en sa demeure

1. Pour des schémas permettant de visualiser les variations de la taille du foyer de Hori, voir Kemp (1989), pp.157-8.

2. Pour en savoir plus sur les techniques de blanchissage, voir Hall, R.M. (1986), *Egyptian Textiles*, Shire Egyptology, Shire Publications, Aylesbury.

3. Pour de plus amples informations sur les mets de prédilection des Égyptiens de l'Antiquité, voir Darby, W.J., Ghaliongui, P. & Grivetti, L. (1977), *Food : the Gift of Osiris*, Academic Press, Londres ; Wilson, H. (1988), *Egyptian Food and Drink*, Shire Egyptology, Shire Publications, Aylesbury.

4. Emery, W.B. (1962), *A Funerary Repast in an Egyptian Tomb of the Archaic Period*, Nederlands Instituut voor het Nabije Osten, Leiden.

5. Le principal danger lié à la consommation de la viande de porc, surtout si elle n'est pas assez cuite, est celui de la transmission de parasites. Pour un débat passionnant sur le rôle d'éboueur naturel assumé par le cochon domestique dans les villes d'Égypte, consulter Miller, R.L. (1990), Hogs and Hygiene, *Journal of Egyptian Archeology*, n° 76, pp. 125-40. Cet article fourmille d'informations surprenantes, allant du pourcentage de blessures graves occasionnées par des cochons déambulant librement en Nouvelle-Guinée, aux rituels du ramassage des détritus par le *zabbalin* dans la ville moderne du Caire.

6. Il est également plus facile pour un artiste de conférer un air digne à un noble en train de boire qu'à ce même noble en train de dévorer une oie.

7. Pour de plus amples renseignements sur la consommation de vin et de bière, voir Lesko, L.H. (1977), *King Tut's Wine Cellar*, B.C. Scribe Publications, Californie.

Chapitre IV : Travail et loisirs

1. Il faut cependant se garder de tirer des conclusions hâtives de ces scènes qui représentent des femmes avec pinceaux et palette. Une célèbre illustration retrouvée dans une tombe de l'Ancien Empire montre par exemple la princesse Idout voguant sur le Nil avec son matériel de scribe auprès d'elle, comme si elle attachait une grande importance à sa capacité à lire et à écrire. Or on sait aujourd'hui que le personnage principal de ce tableau devait être à l'origine un homme – un vizir de la Ve dynastie du nom d'Ihoui –, et que la présence de l'attirail de scribe résulte peut-être d'une simple erreur typographique.

2. Janssen, J.J., (1986), A Notable Lady, *Wepwawet*, n° 12, pp. 30-31.

3. Pour plus de renseignements sur les différents titres portés par les femmes au cours de l'Ancien et du Moyen Empire, se référer à Fischer, H.G. (1976), *Varia*, Metropolitan Museum of Art, New York.

4. On sait que la dame Péseshet (Ancien Empire) a obtenu le titre de « Chef des femmes-médecins », ce qui laisserait supposer qu'il existait une sorte d'association des praticiennes spécialisées dans les soins féminins. Mais Péseshet appartenait à une famille de prêtres et, comme son fils Akhetope, « Surveillant des prêtres du Ka de la mère du roi », hérita du titre maternel de médecin, on peut se demander s'il ne s'agissait pas d'une dénomination purement honorifique. Nous ne disposons d'aucune autre information relative au travail des « doctoresses ».

5. Bien que dieux et déesses fussent servis par des prêtres du même sexe qu'eux, c'était en général un homme qui assumait la fonction de chef de chaque culte, sous l'autorité du roi bien entendu, prêtre suprême de tous les cultes.

6. Il ne fait aucun doute que le titre de vizir fut donné à Nébèt et non à son époux Khouy. Celui-ci remplissait cependant la fonction de « Surveillant de la Ville Pyramide », théoriquement incluse dans les attributions du vizir durant l'Ancien Empire et, selon toute vraisemblance, c'était lui qui assumait la charge de sa femme. Dans son ouvrage *Varia*, H.G. Fischer étudie ce cas et conclut que son titre n'était sans doute qu'honorifique et destiné à rehausser le prestige d'une dame d'origine relativement modeste qui fit un beau mariage avant de devenir la grand-mère d'un roi d'Égypte.

7. Ward, W.A. (1984), The Case of Mrs Tchat and her Sons at Beni Hassan, *Goettinger Miszellen*, n° 71, pp.51-59.

8. Pour de plus amples renseignements sur la musique et les musiciens en Égypte, consulter Manniche, L. (1991), *Music and Musicians in Ancient Egypt*, British Museum Publications, Londres.

9. Pénélope, la fidèle épouse d'Ulysse, qui passait ses journées à tisser en attendant le retour de son mari, accomplissait une tâche féminine tenue en haute estime pour souligner son attitude vertueuse.

10. Voir James (1984), pp. 175-7, pour tous les détails concernant la disparition de cette jeune servante.

11. Aujourd'hui encore, les spécialistes sont toujours divisés sur l'importance réelle qu'avait l'esclavage dans l'Égypte ancienne, et il est assez difficile de distinguer les véritables esclaves des domestiques. Indéniablement, la structure pyramidale de la société égyptienne, alliée au système de la corvée, rendait l'esclavage périphérique à l'économie égyptienne. Le point de vue le plus intéressant sur cette question est celui donné par Bakir, A.M. (1952), dans *Slavery in Pharaonic Egypt*, Institut français d'Archéologie orientale, Le Caire.

12. Pour plus de détails sur la manière de fixer les prix durant la période dynastique, voir Janssen, J.J. (1975), *Commodity Prices from the Ramessid Period*, Brill, Leiden.
13. Janssen, R.M. & Janssen, J.J. (1989), *Egyptian Household Animals*, Shire Publications, Aylesbury.

Chapitre V : Reines de beauté

1. Pour une étude de la circoncision dans l'Égypte ancienne, se reporter à Janssen, R.M. & Janssen, J.J. (1990), *Growing Up in Ancient Egypt*, The Rubicon Press, Londres.
2. Dans les régions où elle se pratique, l'excision se justifie de deux manières : d'une part, il faut éviter que les organes génitaux de la femme grandissent comme ceux d'un homme et d'autre part, il est nécessaire de diminuer son désir sexuel en l'empêchant de parvenir à l'orgasme. Tous les témoignages existants indiquent que les femmes de l'Égypte ancienne étaient censées avoir une vie amoureuse aussi épanouie que celle de leurs partenaires masculins, d'où l'inutilité de recourir à l'excision.
3. Pour plus de détails sur la fabrication des perruques, voir Cox, J.S. (1977), The Construction of an Ancient Egyptian Wig, *Journal of Egyptian Archeology*, n° 63, pp. 67-70. Apparemment, même les perruques d'excellente qualité ne présentaient pas un aspect aussi naturel que voudraient nous le faire croire les fresques funéraires quelque peu idéalisées.
4. Riefsthal, E. (1952), An Ancient Egypt Hairdresser, *Bulletin of the Brooklyn Museum*, n° 13-14, pp. 7-16 ; (1956), Two Hairdressers of the 11th Dynasty, *Journal of Near Eastern Studies*, n° 15, pp.10-17.
5. Keimer, L. (1948), *Remarques sur le tatouage dans l'Égypte ancienne*, Institut français d'Archéologie orientale, Le Caire.
6. Pour plus de précisions sur la fabrication du textile en Égypte, voir Hall, R.M. (1986), Egyptian Textiles, Shire Egyptology, Shire Publications, Aylesbury. Les différents styles de vêtements féminins sont étudiés en détail dans Riefsthal, E. & Chapman, S. (1970), A Note on Ancient Fashions, *Bulletin of the Museum of Fine Arts, Boston*, n° 68, pp. 244-59.
7. Certaines des robes découvertes dans les tombeaux ont dû être confectionnées uniquement pour figurer parmi les biens enterrés avec le défunt, car elles étaient à la fois trop longues et trop étroites pour lui (ou elle). La coutume de doter les morts de vêtements se rapproche beaucoup de celle consistant à leur attribuer des bijoux, évoquée plus loin dans ce chapitre ; grâce à une intervention surnaturelle, ces ornements devaient jouer pleinement leur rôle dans l'au-delà. Pour plus de détails sur les atours trouvés dans les monuments funéraires, ainsi que des commentaires intéressants sur le rôle de la manche dans le code vestimentaire égyptien, voir Hall, R.M. (1981), Two linen dresses from the 5th Dynasty site of Deshasheh, *Journal of Egyptian Archaeology* n° 67, pp.168-71 ; Hall, R.M. et Pedrini, L. (1984), A pleated linen dress from a Sixth Dynasty tomb at Gebelein, *Journal of Egyptian Archaelogy*, n° 70, pp. 136-9.

8. Pour plus d'informations au sujet de l'oracle d'Amenhotep I, voir McDowell, A.G. (1990), *Jurisdiction in the Workmen's Community of Deir el-Medina*, Nederlands Instituut Voor Het Nabije Oosten, Leiden.
9. Lorsque l'or contient une proportion importante d'argent, il constitue un alliage appelé l'électrum, que l'on confond facilement avec l'argent, et qui était très recherché par les bijoutiers égyptiens.

Chapitre VI : Perles du harem royal

1. L'interprétation correcte des termes fréquemment traduits par « harem » ou « harem royal » fait l'objet d'une étude détaillée dans Ward, W.A. (1983), Reflections on some Egyptian terms presumed to mean « harem, harem-woman, concubine », *Berytus Archaeological Studies*, n° 31, 67-74.
2. Cette situation présente un contraste saisissant avec le site de Saqqara, où les caveaux secondaires en rangs bien nets étaient destinés essentiellement à des artisans ou à des administrateurs, c'est-à-dire à des personnes ne faisant en général pas partie des proches des nobles défunts.
3. Emery, W.B. (1954), *Great Tombs of the First Dynasty*, Vol.2, Egypt Exploration Society, Londres, p. 142.
4. Pour une description détaillée et poignante de la découverte du Cimetière Royal, voir Woolley, L. (1934), *Ur Excavations*, Vol.2, The Royal Cemetery, The Trustees of the British Museum, Londres.
5. Consulter Ward, W.A. (1983), Reflections on some Egyptian terms presumed to mean « harem, harem-woman, concubine », *Berytus Archaeological Studies*, p. 31.
6. Le titre d'épouse secondaire n'est mentionné nulle part, mais il est évident que ces princesses étrangères qui, à une exception près, n'eurent jamais droit à l'appellation de « Grande Épouse Royale », n'étaient pas considérées comme de simples concubines.
7. Sous le règne d'Amenhotep III, l'émission de scarabées commémoratifs comportant de longs textes hiéroglyphiques était un moyen couramment employé pour annoncer des événements importants tels que les mariages royaux, les principales expéditions de chasse, ou même la création d'un lac artificiel à l'intention de la reine Tiy.
8. Nous savons que l'épouse hittite de Ramsès II, ainsi que sa suite, résidèrent à *Mer-Our* un certain temps, car lors des fouilles sur ce site, le professeur Petrie retrouva la liste des effets que la reine avait confiés au blanchisseur.
9. Le corps de Ramsès III ne présente aucune marque laissant supposer une attaque, mais le poison, l'arme féminine par excellence, ne laisse pas de traces.
10. Le cartouche, apparu dès l'Ancien Empire, est un symbole hiéroglyphique destiné à entourer le nom d'un roi. Il se présente comme une boucle ovale constituée d'une double épaisseur de corde dont les extrémités sont nouées pour former une ligne droite à la base de l'ovale. Un cartouche comportait toujours deux des noms du souverain : celui qu'il avait reçu à sa naissance et celui sous lequel il régnait.

11. L'évolution du rôle de la « reine consort » égyptienne, ainsi qu'une liste exhaustive de titres et épithètes réservés aux dames royales, font l'objet d'une étude dans Troy, L. (1986), *Patterns of Queenship in Ancient Egyptian Myth and History*, Acta Universitatis Upsaliensis, Uppsala.
12. Certaines sources permettent d'affirmer qu'au moins six femmes exceptionnelles (Mérit-Neïth, Nitocris, Sobek-Néférou, Hatshepsout, Néfertiti et Taousert) montèrent sur le trône d'Égypte et régnèrent sur le pays en tant que souveraine en titre ou « reine consort ». Le chapitre 7 offre une étude plus approfondie des différents témoignages relatifs à ces règnes atypiques.
13. Les scènes qui montrent ces dames en visite dans une ferme et buvant du lait auprès d'une vache et de son veau sont probablement des représentations imaginaires de la vie bucolique dans l'au-delà plutôt que l'illustration d'événements réels.
14. Pour une étude approfondie des arguments pour ou contre la théorie de la « princesse-héritière » et du droit successoral à la royauté, ainsi qu'une liste détaillée d'ouvrages de références sur le sujet, voir Robin, G. (1983), A Critical Examination of the Theory that the Right to the Throne of Ancient Egypt Passed Through the Female Line in the 18th Dynasty, *Goettinger Miszellen*, Heft, n° 62, pp.67-77.

Chapitre VII : Pharaons en jupons

1. Le *maât* était personnifié par la déesse du même nom. Celle-ci, la fille de Rê, portait une coiffe particulière composée d'une unique plume d'autruche maintenue par une résille en or. On l'associait généralement à la vérité et à la justice.
2. Cette discrimination visant à écarter les femmes du trône s'explique partiellement en Europe par la volonté de maintenir une filiation patrilinéaire. Une préoccupation qui ne semble cependant pas s'appliquer à l'Égypte, où il arrivait que le pharaon désigne un successeur avec lequel il n'entretenait aucun lien de parenté, privilégiant apparemment les mérites du candidat plutôt que les liens du sang.
3. La célèbre reine Cléopâtre VII, dernière souveraine d'Égypte, régna pendant la période gréco-romaine qui suivit l'ère dynastique et n'est donc pas intégrée dans cet ouvrage.
4. Il existe une autre interprétation au sujet de ces premiers tombeaux royaux : chaque roi faisait édifier un tombeau à Abydos, le cimetière royal de leur patrie du sud ; les tombes de Saqqara étaient réservées aux courtisans nobles et aux prêtres. Ce qui n'explique pas la présence des barques solaires à Saqqara ; à l'exception de Mérit-Neïth, ces embarcations étaient réservées aux seuls souverains.
5. Ce texte conservé dans le magnifique temple d'Hatshepsout à Deir el-Bahari est pratiquement identique au décret de co-régence entre Amenemhat III et Sésostris III (Moyen Empire), dont il est vraisemblablement une copie fidèle. En faisant reproduire un document existant, Hatshepsout cherchait sans doute à donner plus de poids à son message en établissant un lien avec son père royal mais aussi avec les souverains de la XIIe dynastie. Or la continuité de la royauté était primordiale aux yeux des Égyptiens, car elle témoignait de la présence du *maât* dans le pays.

6. Pour de plus amples détails sur Sénènmout, consulter Dorman, P.F. (1988), *The Monuments of Senenmut*, Kegan Paul, Londres.

Chapitre VIII : Figures religieuses de vie et de mort

1. Juvénal, Satire 15, cité en traduction dans Lindsay, J. (1963), *Daily Life in Roman Egypt*, Frederick Muller Ltd, London, p. 113.

2. Le *Conte de la destruction de l'humanité*, au Nouvel Empire, raconte comment Rê décida de se débarrasser du genre humain qui complotait contre lui. Il créa « l'œil de Rê », Sekhmet, afin de perpétrer les massacres, mais se repentit un peu plus tard de sa décision hâtive. Pour arrêter Sekhmet, il mélangea de l'ocre rouge à de la bière ; la déesse lionne, persuadée qu'il s'agissait de sang, lapa cette boisson et devint trop ivre pour poursuivre son œuvre de destruction.

3. Pour de plus amples renseignements sur la religion domestique, consulter : Pinch, G. (1983), Childbirth and Female Figurines at Deir el-Medina and el-Armana, *Orientalia* n° 52, pp.405-14 ; Kemp, B.J. (1979), Wall Paintings from the Workmen's Village at el-Armana, *Journal of Egyptian Archaelogy*, n° 65, pp.52-3.

4. Certains chercheurs pensent que la coiffe singulière de Meskhénet, maintenue par un bandeau, se compose en fait de deux longues palmes à l'extrémité incurvée.

5. Budge, W. (1910), *Book of the Dead*, Text II, Kegan Paul, Londres.

6. Ayrton, E.R. (1909), Untitled report in F.Ll, Griffith (ed.), *Egypt Exploration Fund Archaeological Report 1908-1909*, Egypt Exploration Fund, London, n° 3.

LISTE DES DESSINS

3.2 Femme portant des produits domestiques (d'après Wild, H., 1953, *Le Tombeau de Ti, II*, Institut français d'Archéologie orientale, Le Caire, ill. n° 1011)
3.3 Femme aux fourneaux (d'après Hornemann, B., 1951-69, *Types of Egyptian Statuary*, Munksgaard, Copenhague, 1011)
3.4 Deux dames et une servante lors d'un banquet au Nouvel Empire (d'après Davies, N. de G., 1963, *Privates Tombs at Thebes : scenes from some Theban tombs*, vol. 4, Oxford University Press, ill. 6)
3.5 Dame vomissant lors d'un banquet (d'après Davies, N. de G., 1963, *Privates Tombs at Thebes : scenes from some Theban tombs*, vol. 4, Oxford University Press, ill. 18)

Chapitre IV

4.1 La déesse Séchat (d'après Bonnet, H., 1952, *Reallexicon der Ägyptischen Religiongeschichte*, Walter de Gruyter & Co, Berlin, fig. 399)
4.2 Hiéroglyphes primitifs de Deir el-Médineh (d'après Bruyère, B., 1937, *Rapport sur les fouilles de Deir el-Médineh*, Institut français d'Archéologie orientale, Le Caire, fig. 32)
4.3 Musiciennes animant un banquet (d'après Davies, N. de G., 1963, *Privates Tombs at Thebes : scenes from some Theban tombs*, vol. 4, Oxford University Press, ill. 6)
4.4 Groupe de percussionnistes (d'après Davies, N. de G., 1933, *The Tomb of Neferhotep at Thebes*, Metropolitain Museum of Art, ill. 18)
4.5 Pleureuses représentées dans la tombe de Néferhotep (d'après Davies, N. de G., 1933, *The Tomb of Neferhotep at Thebes*, Metropolitain Museum of Art, ill. 22)
4.6 Scène de troc au marché (d'après Scheil, V., 1894, Tombeaux thébains : Le Tombeau d'Apoui, Leroux, Paris, ill. 2)
4.7 Singe dressé arrêtant un voleur (d'après Moussa, A.M. & Altenmuller, H., 1977, *Das Grab des Nianchchnum und Chnumhotep*, P. von Zabern, Mainz am Rhein, abb. 10)

Chapitre V

5.1 Reine de l'Ancien Empire portant une étonnante perruque rouge et jaune, et sans doute le premier modèle d'épaulettes (d'après Dunham, D. & Simpson, W.K., 1974, *The Mastaba of Queen Merysankh III*, Musée des Beaux-Arts, fig. 7)
5.2 Jeune fille portant dans les cheveux un ornement en forme de poisson (d'après Blackman, A.M. & Apted, R.M., 1953, *The Rock Tombs of Meir*, VI, Egypt Exploration Society, Londres, ill. 14)
5.3 Robe fourreau sous l'Ancien Empire (d'après Wild, H., 1953, *Le Tombeau de Ti, II*, Institut français d'Archéologie orientale, Le Caire, ill. 39)
5.4 La mode au Nouvel Empire
5.5 Miroir en bronze (d'après Hornemann, B., 1951-69, *Types of Egyptian Statuary*, Munksgaard, Copenhague, 963)

Chapitre VI

Chapitre VII

Chapitre VIII

PHOTOGRAPHIES

Les photographies des objets découverts par le professeur John Garstang dans les fouilles de Beni Hassan et Abydos, ont été prises lors de l'exhumation en 1904 et 1907-1909.

Nous remercions le professeur Slater de l'université de Liverpool d'avoir autorisé la reproduction de ces documents inédits.

BIBLIOGRAPHIE

De nombreux ouvrages et articles contiennent des informations sur la vie de la femme égyptienne. Mais elles ne constituent la plupart du temps qu'une partie mineure d'une étude plus générale, et les documents spécifiquement consacrés à des sujets féminins sont rares. La liste des références donnée ci-dessous inclut certaines des publications les plus importantes, et toutes comportent des bibliographies intéressantes pour le lecteur à la recherche de détails plus précis sur des sujets déterminés. D'autres références relatives à des points abordés dans ce livre sont insérées dans les notes.

Archéologie féminine

Cameron, A. & Kuhrt, A., ed. (1983), *Images of Women in Antiquity*, Croom Helm, Londres.
Clark, G. (1989), *Women in the Ancient World*, New Surveys in the Classics 21, Oxford University Press, Oxford.
Desroches-Noblecourt, C. (1986), *La Femme au Temps des Pharaons*, Stock/ Laurence Pernoud, Paris.
Lesko, B.S., ed. (1987), *Women's Earliest Records From Ancient Egypt and Western Asia : Proceedings of the Conference on Women in the Ancient Near East*, Brown University, Brown Judaic Studies 166, Scholars Press, Atlanta.
Moore, H.L. (1988), *Feminism and Anthropology*, Polity Press, Oxford.
Pomeroy, S.B. (1984), *Women in Hellenistic Egypt*, Schocken Books, New York.
Watterson, B. (1991), *Women in Ancient Egypt*, Alan Sutton, Stroud.
Wenig, S. (1969), *The Woman in Egyptian Art*, traduit par B. Fischer, Edition Leipzig, Leipzig.

Voyageurs d'hier et d'aujourd'hui

Atiya, N. (1984), *Khul-Khaal : five Egyptian women tell their stories*, American University in Cairo Press, Le Caire.
Blackman, W.S. (1927), *The Fellahin of Upper Egypt*, Harrap, Londres.
Breasted, J.H. (1930), *The Edwin Smith Medical Papyrus*, University of Chicago Press, Chicago.

Diodorus Siculus, *Bibliotheca Historica*, traduit par Oldfather, C.H. & Sherman C.L. (1933-67), Loeb Classical Library, New York.
Ebbell, B. (1937), *The Papyrus Ebers*, Levin & Muksgaard, Copenhague.
Griffith F.Ll. (1898), *Hieratic Papyri from Kahun and Gurob*, Bernard Quaritch, Londres.
Hérodote, *The Histories*, traduit par A. de Selincourt, version révisée, Introduction et Notes de A.R. Burn, (1983), Penguin Books, Londres.
James, T.G.H (1962), *The Hekanakhte Papers and other early middle documents*, Metropolitan Museum of Art, New York.
Lichtheim, M. (1973), *Ancient Egyptian Literature I : The Old and Middle Kingdoms*, University of California Press, Los Angeles.
Lichtheim, M. (1976), *Ancient Egyptian Literature II : The New Kingdom*, University of California Press, Los Angeles.
Lichtheim, M. (1980), *Ancient Egyptian Literature III : The Late Period*, University of California Press, Los Angeles.
Parkinson, R.B. (1991), *Voices from Ancient Egypt : an anthology of Middle Kingdom writings*, British Museum Press, Londres.
Rugh, A.B. (1986), *Reveal and Conceal : dress in contemporary Egypt*, American University in Cairo Press, Le Caire.
Simpson, W.K. ed. (1972), *The Literature of Ancient Egypt : an anthology of stories, instructions and poetry*, Yale University Press, New Haven.
Strabo, *The Geography of Strabo VII*, traduit par H.L. Jones (1932), Loeb Classical Library, New York.
Watson, H. (1992), *Women in the City of the Dead*, Hurst & company, Londres.

Histoire et géographie

Aldred, C. (1973), *Akhenaten and Nefertiti*, Brooklyn Museum, New York.
Baines, J. & Malek, J. (1980), *Atlas of Ancient Egypt*, Facts on File, New York.
Brovarski, E., Doll, S.K. & Freed, R.E., ed. (1982), *Egypt's Golden Age : the art of living in the New Kingdom*, Museum of Fine Arts, Boston.
Emery, W.B. (1961), *Archaic Egypt*, Penguin, Londres.
Gardiner, A. (1961), *Egypt of the Pharaohs*, Oxford University Press, Oxford.
Hayes, W.C. (1953), *The Scepter of Egypt Vol I : from earliest times to the end of the Middle Kingdom*, Metropolitan Museum of Art, New York.
Hayes, W.C. (1959), *The Scepter of Egypt Vol II : the Hyksos Period and the New Kingdom*, Metropolitan Museum of Art, New York.
Kemp, B.J. (1989), *Ancient Egypt : anatomy of a civilization*, Routledge, Londres.

Vie quotidienne

Bourriau, J. (1988), *Pharaohs and Mortals : Egyptian art in the Middle Kingdom*, Cambridge University Press, Cambridge.

James, T.G.H. (1984), *Pharaoh's People : scenes from life in Imperial Egypt*, Oxford University Press, Oxford.
Janssen, R.M. & Janssen, J. (1990), *Growing Up in Ancient Egypt*, The Rubicon Press, Londres.
Manniche, L. (1987), *Sexual Life in Ancient Egypt*, Kegan Paul International, Londres.
Morenz, S., *Egyptian Religion*, traduit par A. Keep (1973), Methuen, Londres.
Spencer, A.J. (1982), *Death in Ancient Egypt*, Penguin Books, Londres.
Stead, M. (1986), *Egyptian Life*, British Museum Publications, Londres.
Wilkinson, A. (1971), *Ancient Egypt Jewellery*, Methuen, Londres.

Cet ouvrage a été réalisé par la
SOCIÉTÉ NOUVELLE FIRMIN-DIDOT
Mesnil-sur-l'Estrée
pour le compte des Éditions du Rocher
en mars 1998

Éditions du Rocher
28, rue Comte-Félix-Gastaldi
Monaco

Imprimé en France
Dépôt légal : mars 1998
CNE section commerce et industrie Monaco : 19023
N° d'impression : 42325